Es ist wie verhext: Wir bemühen uns einzuschlafen und werden immer wacher. Wir wollen den Menschen fürs Leben finden und bleiben solo. Wir sagen unseren Kindern, was sie tun sollen, und die machen exakt das Gegenteil. Christian Ankowitsch erklärt anhand von lebensnahen Beobachtungen, überraschenden Beispielen und aktuellen wissenschaftlichen Erkenntnissen, warum vieles so falsch läuft, und zeigt, wie man diesen Mechanismus zum eigenen Vorteil nutzen kann. So bringt gekonntes Nichtstun oft mehr als konsequente Betriebsamkeit; so besiegt man Konkurrenten, indem man sie für ihre Quertreibereien lobt; so läßt sich die Sicherheit auf den Straßen erhöhen, indem man Verkehrsschilder entfernt; so rettet man die Beziehung der besten Freundin, indem man ihr erklärt, mit dem größten Versager zusammenzusein; und so stachelt man den anderen durch nichts mehr an als durch ein zweifelndes «Das schaffst du nie!». Ein unentbehrliches Buch für alle, die die Kraft des Paradoxen verstehen und nutzen wollen.

Christian Ankowitsch, geboren 1959 in Klosterneuburg bei Wien, lebt als freier Journalist und Buchautor mit seiner Familie in Berlin. Nach Stationen in den Redaktionen von «Falter» und «Standard» arbeitete er von 1993 bis 2001 für «Die Zeit», wo er zuletzt das Ressort «Leben» leitete. Zahlreiche Buchveröffentlichungen, u. a. die Bestseller «Dr. Ankowitschs Kleines Konversationslexikon» (2004), «Dr. Ankowitschs Kleines Universalhandbuch» (2005) und «Dr. Ankowitschs Kleiner Seelenklempner». Außerdem moderiert Christian Ankowitsch das Literaturmagazin «les.art» im ORF.

Christian Ankowitsch

Mach's falsch,
und du machst es richtig

Die Kunst, auf überraschende Weise
ans Ziel zu kommen

Rowohlt
Taschenbuch
Verlag

Überarbeitete Taschenbuchausgabe

Veröffentlicht im Rowohlt Taschenbuch Verlag,

Reinbek bei Hamburg, März 2013

Copyright © 2011 by Rowohlt · Berlin Verlag GmbH, Berlin

Umschlaggestaltung ZERO Werbeagentur, München,

nach einem Entwurf von any.way, Walter Hellmann

(Abbildung: Skip O'Donnell/iStockphoto.com)

Innengestaltung Daniel Sauthoff

Satz DTL Dorian und Clarendon PostScript (InDesign)

bei pagina GmbH, Tübingen

Druck und Bindung CPI – Clausen & Bosse, Leck

Printed in Germany

ISBN 978 3 499 62745 3

INHALT

EINLEITUNG:
HEILSAME ZUMUTUNGEN

Wie es kommt, daß wir leichter einschlafen können,
wenn wir versuchen, wach zu bleiben; warum Ärzte
ihren Patienten mitunter das Falsche verordnen, ihnen
damit das Leben schwermachen und schließlich doch
das Richtige für sie erreichen; und wie wir es anstellen,
persönlich von diesen Erkenntnissen zu profitieren.

1. EINFACHE REGELN

Warum wir nur überleben können, wenn wir uns ständig etwas vormachen; wie es kommt, daß wir den größten Langweilern zu tiefstem Dank verpflichtet sind;
und wann es überlegenswert ist, andere nach Dingen zu
fragen, die uns nicht im geringsten interessieren.

2. VERFÜHRERISCHE STÖRUNGEN

Wie es kommt, daß uns das Schild «Frisch gestrichen!»
dazu verführt, mit dem Finger dranzugehen; wie wir
die Beziehungen unserer Freunde kitten, indem wir
ihnen erklären, daß sie mit den größten Versagern der
Welt liiert sind; und warum uns ein kleines Wörtchen
wie «noch» die Welt mit völlig neuen Augen sehen läßt.

[INHALT]

3. DOPPELTE BOTSCHAFTEN

Warum uns abschreckende Beispiele dazu verführen, ins eigene Unglück zu rennen; wie es kommt, daß Berichte über kriminelle Machenschaften als Gebrauchsanweisungen dienen; und wann es sinnvoll ist, andere danach zu fragen, wie man uns am besten schaden kann.

4. GEHEIME VERSPRECHEN

Warum wir die Spitzenforschung effizienter fördern, indem wir ihre Anträge auf Unterstützung ablehnen; wie es kommt, daß Schnurrbartprämien die Autorität der Polizei stärken; und warum das Gehirn uns die besten Dienste leistet, indem es uns ständig stört.

5. PARADOXE VERHÄLTNISSE

Warum wir erst unseren Schreibtisch aufräumen, bevor wir aus einem brennenden Haus flüchten; wie es kommt, daß wir manche Forderungen nur erfüllen können, indem wir ihnen keinesfalls folgen; wann wir uns unter der Hand verblöden und warum wir andere nur dadurch retten können, daß wir uns zum Affen machen.

[INHALT]

6. GEKONNTES NICHTSTUN

Wie wir zu Verbrechern werden können, obwohl wir keinen Finger rühren; warum Buddhisten besonders gut geeignet scheinen, Weltkonzerne zu führen; und wie es kommen konnte, daß uns jemand vor dem Atomkrieg rettete, indem er nichts unternahm.

7. HILFREICHE NEINS

Warum es uns das Leben leichter macht, wenn wir bestreiten, was wir gerade vor aller Augen tun; wie es kommt, daß wir einen Politiker am effektivsten mit der Mafia in Verbindung bringen, indem wir es in Abrede stellen; und wie es uns gelingen kann, die Kraft des Unbewußten zu nutzen, ohne dafür esoterisch werden zu müssen.

EINLEITUNG

HEILSAME ZUMUTUNGEN

Wie es kommt, daß wir leichter einschlafen können, wenn wir versuchen, wach zu bleiben; warum Ärzte ihren Patienten mitunter das Falsche verordnen, ihnen damit das Leben schwermachen und schließlich doch das Richtige für sie erreichen; und wie wir es anstellen, persönlich von diesen Erkenntnissen zu profitieren.

Alles begann damit, daß ich nicht einschlafen konnte. Erst versuchte ich, nicht darüber nachzudenken – und blieb wach. Dann sagte ich mir vor, endlich müde zu werden – und wurde noch wacher. Schließlich malte ich mir aus, wie erschöpft ich anderntags sein würde, wenn ich nicht *sofort* einschlief – und blieb erst recht wach. Nach ein paar Wochen wuchs sich die Sache zu einem Problem aus. War ich früher unbekümmert zu Bett gegangen und kurze Zeit später eingeschlafen, ohne einen Gedanken daran zu verschwenden, begann ich mich nun vor der Schlaflosigkeit zu fürchten. Jeden Tag ein wenig mehr. Und je stärker ich versuchte, diese Furcht zu verdrängen, desto hartnäckiger beschäftigte sie mich. Wie lange würde ich mich heute abend wieder schlaflos im Bett wälzen? Wann würde dieses Schreckgespenst endlich verschwinden? Woher war es überhaupt gekommen?

Ich fing an, mich umzuhören, und bekam viele Ratschläge. Keiner von ihnen half. Und die vereinzelten, die womöglich doch hätten helfen können, waren ungesunde Notlösungen. Irgendwann stieß ich dann auf folgende Empfehlung: «Wenn Sie nicht einschlafen können», lautete sie, «dann versuchen Sie, unbedingt wach zu bleiben.» Weil sie so absurd klang, jedoch einfach zu realisieren war, und mir ohnehin schon alles egal war, legte ich mich an diesem Abend hin, starrte mit offenen Augen an die Decke und tat, wie mir geheißen. Mit dem Ergebnis, daß ich nicht mehr dazu kam, darüber nachzudenken, wie eigenartig das aussehen mußte, wie ich da mit weit aufgerissenen Augen im Bett lag, weil ich wenige Minuten später – eingeschlafen war.

Erst hielt ich das Ergebnis meines kleinen Selbstversuchs für einen Zufall. So müde, wie ich mittlerweile war, hatte es irgendwann klappen müssen mit dem Einschlafen. Als es mir dann aber gelang, meine Schlaflosigkeit ein zweites, ein drittes und ein viertes Mal zu überlisten, ließ mich die Frage nicht mehr los: Wie kommt es, daß ich mein Ziel erreichen konnte, indem ich mich um dessen exaktes Gegenteil bemühte? Wie hatte es klappen können, etwas Falsches zu tun und damit das – zumindest für mich – Richtige zu erreichen?

Ich sah mich ein wenig um und stieß bald auf eine Reihe weiterer Beispiele, die allesamt zeigten, daß wir mitunter erfolgreicher sind, wenn wir uns paradoxer, also erst einmal widersinnig erscheinender Strategien bedienen, um unsere Ziele zu erreichen. Was diese Beispiele noch bemerkenswerter machte, war der Umstand, daß sie von anerkannten Wissenschaftlern stammten und diese Wissenschaftler begründen konnten, warum man zum Beispiel leichter einschlafen kann, wenn man sich bemüht, wach zu bleiben.

Die folgende Geschichte hat mich aus mehreren Gründen besonders beeindruckt. Zum einen zeigt sie, daß die «Kunst der paradoxen Lebensführung» sogar dazu in der Lage ist, das Leben eines kranken Kindes radikal zum Besseren zu wenden; daß diese «Kunst» oft nur kleiner Eingriffe bedarf; und daß der Mut von engagierten Ärzten, Psychologen und deren jungen Patienten belohnt wird. Denn Mut ist eine der Grundvoraussetzungen, wenn wir uns daranmachen, die gewohnten Wege zu verlassen – und in die entgegengesetzte Richtung losmarschieren. Mut, die eigenen Vorstellungen in Frage zu stellen. Und Mut, die Ratschläge der anderen in den Wind zu schlagen, die es zwar gut meinen, aber auf die Frage, wie wir schneller einschlafen können, doch nur das Glas Wein oder die Baldrianpillen zu nennen wissen. Die Geschichte von Martin beginnt hoffnungslos – und endet auf eine so optimistische Weise, daß ich sie mir immer wieder in Erinnerung rufen werde, für den Fall, daß ich wieder einmal nicht weiterweiß.

Als Martin in die Klinik kam, wollte er nicht mehr. Der Elfjährige lag da, sah mit seinen dunklen grünen Augen von einem Erwachsenen zum anderen und ertrug unbeteiligt, was man sich für ihn ausgedacht hatte. Martin hatte eine schwerkranke Mutter. Und er selbst litt an chronischen Schmerzen. Es war nicht mehr zu rekonstruieren, woher sie kamen. Die einen in der Familie sagten, sie hätten mit einer heftigen Magen-Darm-Grippe begonnen, andere glaubten sich daran zu erinnern, daß er eines Tages aus der Schule nach Hause gekommen war und über bohrende Schmerzen in der Magengegend geklagt hatte. Mittlerweile war das egal: Jetzt waren sie da und gingen nicht mehr weg, obwohl es keine körperlichen Ursachen für sie gab. Seit zwei Jahren hatte es kaum eine Stunde im Leben des klugen, begabten Jungen gegeben, in dem sich nicht alles um sie gedreht hätte, um diese rätselhaften, beißenden, hartnäckigen Schmerzen im Bauch.

Manchmal wurden sie schwächer, doch anstatt sich darüber zu freuen, war es die Angst vor den Schmerzen, die nun an Martin nagte. Irgendwann würden sie natürlich zurückkehren, manchmal schneller, manchmal langsamer. War es Martin anfangs noch gelungen, sie zwischendurch zu vergessen, weil sie nur alle paar Tage wiederkamen, sorgte seine Umgebung dafür, daß sie ihm wieder einfielen. Was liebevolle Eltern, besorgte Verwandte und gute Freunde eben so reden: «Wie geht es dir denn?» wollten sie wissen. «Hast du wieder Schmerzen?» Oder: «Mensch, du Armer, diese Schmerzen müssen ja schrecklich sein, kann man da denn gar nichts tun?» Schließlich blieben sie für immer und verschlangen jede Form von Freude, Lebensenergie und Aufmerksamkeit. Die Eltern versuchten vieles, um sie wieder zu vertreiben. Erst verordneten sie dem Jungen Coolpacks und Massagen, dann besuchten sie Homöopathen und Akupunkteure. Es nutzte nichts. Also fuhr man schwerere Geschütze auf. Ein Arzt entfernte Martin den Blinddarm, der nächste verschrieb ihm Medikamente. Ärzte hassen das Gefühl, nicht helfen zu können, genau wie besorgte Eltern. Deshalb tun sie gelegentlich irgend etwas, auch wenn sie schon ahnen, daß es nichts bringt.

Schmerzen sind eine eigenartige Sache. Sie lassen sich nur verstehen, wenn man ihren Doppelcharakter würdigt. Sie sind nämlich ebenso *real* wie *eingebildet*, also das Produkt unseres Körpers ebenso wie unserer Wahrnehmung. So müssen wir einerseits akzeptieren, daß Martins Schmerzen echt sind, auch wenn sie keine körperliche Ursache (mehr) haben. Immer wieder feuert das Schmerzzentrum in seinem Gehirn, der somatosensorische Cortex, und überschwemmt den Körper des Elfjährigen mit jenen Gefühlen, die wir «Normale» empfinden, wenn wir die Hand auf eine heiße Herdplatte legen. Andererseits jedoch entscheidet Martins Aufmerksamkeit und Wahrnehmung darüber, wie stark er diese Schmerzen empfindet bzw. ob er sie überhaupt spürt. So hängt die Intensität unserer Schmerzen *auch* davon ab, ob wir den lieben langen Tag in uns hineinhorchen, um sie im Körperinneren zu suchen; ob wir von unserer Umgebung ständig auf sie hingewiesen werden («Oh, ein blauer Fleck, du Armer. Das muß doch weh tun!»); ob wir sozialen Gewinn aus ihnen ziehen (bemitleidet oder geschont werden) oder ob wir sie bloß als hilfreiche Warnsignale interpretieren.

Jetzt saß Martin also in der Klinik und wollte nicht mehr. Ein Arzt hatte seinen Eltern empfohlen, mit ihm nach Datteln zu kommen, wo sich die einzige deutsche Einrichtung ihrer Art befindet. Sie ist auf Fälle wie Martin spezialisiert, auf Kinder und Jugendliche mit chronischen Schmerzen also[1]. Die Leute in der Klinik wußten, was zu tun war, um Martins Lage schnell und merklich zu verbessern. Als erstes ließen die Ärzte die Medikamente verschwinden, weil damit bei chronischen Bauchschmerzen nachweislich nichts zu erreichen ist. Dann verbot Michael Dobe der Familie, über die Schmerzen von Martin zu sprechen – und sollte es *doch* einer tun, mußte er Martin einen Euro zahlen. Und schließlich lenkte Dobe die Aufmerksamkeit seines Patienten auf andere Dinge, fragte ihn nach seinen Hobbys, ermunterte ihn, mit anderen zu sprechen, über Gott und die Welt, aber keinesfalls über seinen Zustand. Der Kinderpsychotherapeut und sein neuer Patient trafen sich mehrmals die Woche, im Alltag stand ihm das Schmerzteam zur Seite. Martin atmete auf. Die Familie atmete auf. Nicht aber

Michael Dobe. Es gab nämlich etwas, das er weder bei Martin noch bei all seinen anderen Schmerzpatienten je zum Thema gemacht hatte: das bange Warten auf die Schmerzen. Die Angst vor der nächsten Welle.

Fragt man den Psychotherapeuten heute, wann und wie er auf die Idee gekommen ist, Kindern wie Martin völlig neue Perspektiven zu eröffnen, dann weiß er das nicht mehr so genau. Die Idee sei weniger das Ergebnis einer plötzlichen Eingebung gewesen – vielmehr habe sie sich langsam, während vieler Monate in seinem Kopf geformt, vorangetrieben durch Gespräche mit seinen Kolleginnen und Kollegen. Losgegangen sei es 2003, ein Jahr bevor er Martin kennengelernt hatte. Damals kam eine Reihe von Kindern mit chronischen Schmerzen in die Klinik. Während sich Michael Dobe und die vielen anderen Spezialisten auf der Schmerzstation um ihre Patienten kümmerten, stellte sich heraus, daß die meisten dieser Kinder unter Traumata litten: Manche hatten den Krieg im Kosovo miterlebt, andere schwere Verkehrsunfälle und wieder andere familiäre Gewalt – Erlebnisse, die ein verhängnisvolles Wechselspiel in Gang gesetzt hatten: Die belastenden Erinnerungen lösten chronische Schmerzen aus, diese Schmerzen wiederum riefen die Erinnerungen an den Krieg oder den Verkehrsunfall wach, die Erinnerungen wiederum neue Schmerzen und immer so fort.

Eine klassische Strategie der Traumatherapie besteht darin, die Opfer im Laufe der Behandlung mit ihren quälenden Erfahrungen zu konfrontieren, damit sie diese in den Griff bekommen. Eine Methode, so fiel Michael Dobe auf, die in der Schmerztherapie nicht verfolgt wurde. «Warum eigentlich nicht?» fragte er sich. «Weichen wir der Angst vor den Schmerzen nicht aus, wenn wir unsere Patienten bloß darin unterstützen, ihre Aufmerksamkeit anderem zuzuwenden?» Und: «Ist das nicht eine Vermeidungsstrategie, wie man sie in der Traumatherapie nicht akzeptieren würde?» Er dachte nach. Und kam

[HEILSAME ZUMUTUNGEN]

zu dem Ergebnis, daß es genau so sein mußte: Wer Kindern zeigt, wie sie besser mit ihren Schmerzen umgehen können, dabei aber die Angst vor den Schmerzen unangetastet läßt, der hilft ihnen – aber nur halb. So machte sich Michael Dobe auf die Suche nach einem Weg, die Kinder und ihre Angst miteinander bekannt zu machen.

Wir sollten uns Michael Dobe nicht als einen jener Psychotherapeuten vorstellen, die gerne den Kopf ein wenig zur Seite legen, verständnisvoll lächeln und mit leiser Stimme besänftigende Worte sprechen. Mit diesem Modell kann er wenig anfangen. Vielmehr liebt Dobe klare Worte und klare Forderungen. Daß er dennoch überaus liebenswert wirkt, liegt an seiner lebendigen Art ebenso wie an dem Umstand, daß er aus eigener Erfahrung weiß, wie sich starke Schmerzen anfühlen und wie man erfolgreich mit ihnen umgeht. Dobe litt in der Vergangenheit manchmal unter Migräneanfällen. Daher weiß er auch, was seine Patienten brauchen und was nicht: «Verständnisvolle Gespräche helfen weder Traumatisierten noch Schmerzpatienten», sagt er. Statt hilfreich gemeinten «Geblubbers» müsse man den Kindern Fertigkeiten an die Hand geben, mit denen sie sich selber helfen können. Mit denen sie sich von ihm, dem Team und von der Klinik unabhängig machen. Mit denen sie ihrer Angst auf Augenhöhe begegnen und sie am Ende überwinden können. Nur, wie sollte das klappen? Michael Dobe hatte erst keine rechte Vorstellung davon. Also begann er zu experimentieren. Mit einer kleinen Intervention hier, einer kleinen Intervention da. Immer wieder fragte Michael Dobe seine Patienten, die er seine «kleinen Mitwissenschaftler» nennt, ob ihnen seine Angebote etwas gebracht hätten oder nicht. Der Kinderpsychotherapeut verwarf das eine, probierte das andere, rätselte über das dritte. Bis er schließlich im Austausch mit Kollegen entwickelt hatte, was seit kurzem unter Kinderschmerzspezialisten für Aufmerksamkeit sorgt: die Schmerzprovokationstechnik bzw. «Pain Provocation Technique» (PPT).

Diese Methode ist eine Zumutung. Michael Dobe weiß das. Und seine Patienten sorgen dafür, daß er es nicht vergißt: «Fast alle Eltern und Kinder reagieren erst einmal ziemlich fassungslos. Unser Vorgehen stellt ihre bisherigen Denkvorstellungen und Bewältigungsstrategien auf den Kopf. Und bis zur genauen Erklärung des Wieso, Weshalb, Warum stellt sie auch tatsächlich ein Paradoxon dar.» Dobe tut nämlich erst einmal das Falsche. Im Wissen darum, daß es sich bald als das Richtige herausstellen wird, also das Hilfreiche. So mutet er Patienten wie Martin allen Ernstes zu, sich ganz auf ihre Schmerzen zu konzentrieren. Sich ihrer bewußt zu werden, ihnen nicht mehr auszuweichen, ihnen gleichsam ins Gesicht zu sehen. Das ist deshalb eine Zumutung, weil diese Anweisung nicht nur der klassischen Anweisung der Schmerztherapie widerspricht, die Aufmerksamkeit auf anderes zu lenken. Sondern auch, weil Schmerzen, auf die man seine Aufmerksamkeit richtet, zwangsläufig *größer* werden. Sich auf einen Schmerz zu konzentrieren ist gleichbedeutend mit dem Befehl: «Werde größer, Schmerz! Quäl mich!»

Kein Wunder also, daß die Kinder erst einmal Angst bekommen, wenn Dobe ihnen von seiner Idee erzählt. Sie fürchten zweierlei. Den Schmerz, was sonst. Und daß sie es nicht mehr schaffen, den herbeigerufenen Geist wieder in seine Flasche zurückzubefehlen. Dennoch lassen sich die Kinder auf Michael Dobes Zumutung ein, denn er stellt ihnen während seiner Vorgespräche höchst verlockende Dinge in Aussicht. Schleichen wir uns also für einen Moment in eine dieser Sitzungen, wie sie Michael Dobe mit seinen kleinen Mitwissenschaftlern veranstaltet.

Als er ihn bittet, sich ganz auf seinen Schmerz zu konzentrieren, zögert Martin erst, schließt die Augen und beginnt mit der peinigenden Übung. Weil Michael Dobe nicht weiß, wann Martin es geschafft hat, seine Schmerzen hervorzulocken, haben die beiden eine Verabredung getroffen. Sobald Martin es geschafft hat, muß er laut «stopp!»

sagen. Nach etwa ein bis zwei Minuten ist es soweit. Martin sagt «stopp!». Das ist Michael Dobes Stichwort, um mit jener «Ablenkungstechnik» zu beginnen, die die beiden ausführlich besprochen haben und die Martin als Hausaufgabe zusammen mit dem Team und alleine mehrmals pro Tag geübt hatte. «Jetzt geh mit dem Schmerz einen Punkt nach unten, Martin», sagt Dobe dann. Martin schließt die Augen, kurze Zeit später lächelt er ein wenig. «Jetzt geh mit dem Schmerz zwei Punkte nach oben», sagt Michael Dobe. Martins Lächeln verschwindet. Eine halbe Minute später nickt er. «Jetzt geh drei Punkte nach unten, Martin.» So sitzen die beiden da, und Martin läßt seine Schmerzen Achterbahn fahren.

Aus der Perspektive des interessierten, im Grunde aber unbeteiligten Beobachters wirkt diese kleine Übung nicht weiter aufregend. Für Kinder wie Martin hingegen ist sie der Schritt in eine neue Welt. Das schreibt sich leicht hin, aber genau so ist es. In dieser neuen Welt ist der chronische Schmerz keine dunkle, unbeherrschbare Macht mehr, die kommt und geht, wann sie will. Vielmehr läßt sie sich bewußt herbeizitieren. Sie läßt sich Befehle erteilen, größer zu werden oder kleiner, in den Hintergrund zu treten oder sich wichtig zu machen. Und wie das so ist mit Monstern, die unseren Befehlen gehorchen – sie hören auf, welche zu sein. Und verwandeln sich … Ja, in was verwandeln sie sich? Dazu sagen Kinder wie Martin: «Ich bin jetzt der Chef!»

Der weitere Weg der Patienten ist beileibe nicht einfach. Da ist zum Beispiel Martins kranke Mutter: Ihr langes Leiden und die Sorge um ihren Sohn haben dazu beigetragen, daß Martins Schmerzen chronisch wurden. Da ist seine Familie, die genauso wie Martin lernen muß, mit der eigenartigen Methode umzugehen. Aber haben die Kinder diese Übung erst einmal erfolgreich hinter sich gebracht, dann ist ihre bisherige Schmerzwelt aus den Angeln gehoben. Nicht, daß sie für immer verschwunden wären, ihre Schmerzen. Aber sie verlieren ihre Schicksalhaftigkeit und verwandeln sich in eine beherrschbare

Größe. Es ist nichts mehr wie zuvor – was die Kinder eine Freude emp-finden läßt, die ihnen fremd geworden war: «Jetzt kann ich endlich wieder alles machen, was ich will!»

Fragt man Michael Dobe und seine Kollegen nach dem Drum-herum ihrer Methode, dann bemühen sie sich zwar, nicht allzu wissen-schaftlich zu werden, landen aber letztlich doch bei jenen Begriffen und Erklärungen, die die Medizin braucht, um eine Methode wie die PPT ernst zu nehmen. «Die Schmerzprovokation ist eine ‹interozep-tive Exposition›», sagt daher auch Tanja Hechler, die Leiterin des For-schungsteams um Boris Zernikow, das in den Jahren 2004 bis 2006 die Wirksamkeit der Methode in einer «quasi-experimentellen Studie»[2] überprüfte. Das heißt: Man leitet die Patienten dazu an, sich unange-nehmen inneren Reizen auszusetzen. Eine Methode, die auf anderen Gebieten bereits erfolgreich angewandt worden sei, etwa in der The-rapie von Panikstörungen.

Kann alles sein – den Kindern werden diese akademischen Credits egal sein. Denn für sie gilt bloß eines: daß ein paar Ärzte und Kinder-psychotherapeuten den Mut hatten, sich erst mal des Falschen zu bedienen, um das Richtige für sie zu erreichen. Um genau dieses Thema soll es in diesem Buch gehen.

EINFACHE REGELN

Warum wir nur überleben können, wenn wir uns ständig etwas vormachen; wie es kommt, daß wir den größten Langweilern zu tiefstem Dank verpflichtet sind;
und wann es überlegenswert ist, andere nach Dingen
zu fragen, die uns nicht im geringsten interessieren.

Daniel Keel war immer gerne zu Hause. Viele Jahrzehnte verbrachte er «mindestens die halbe Woche hier», wie er dem Autor und Journalisten Fritz J. Raddatz in einem Interview einmal erzählt hat[1], «um in Ruhe zu arbeiten, zu planen und vor allem, um zu lesen». Das ist deshalb so bemerkenswert, da der im September 2011 verstorbene Keel über sechzig Jahre Verleger war und vom heimischen Schreibtisch aus – zumindest phasenweise – den «größten rein belletristischen Verlag Europas» führte. Das kann man auf der Homepage des Züricher Diogenes Verlags nachlesen[2]. Dort steht auch, worauf diese Selbsteinschätzung beruht. So habe der Verlag seit seiner Gründung im Jahr 1952 über 5800 Titel herausgebracht und insgesamt rund 190 Millionen Bücher verkauft. Von solchen und ähnlichen Zahlen wird wohl auch im Jahr 2006 die Rede gewesen sein, als Daniel Keel seine Mitarbeiter zu sich nach Hause eingeladen hatte. Es war ein heißer Sommertag, teilt man uns über dieses Treffen mit, man habe im Garten gesessen und über die Auflagen bestimmter Bücher gesprochen, wie die Aussichten stünden, was zu tun sei, um noch mehr Menschen für das literarische Programm des angesehenen Hauses zu begeistern – was man eben unter Menschen so bespricht, die über verlegerische Leidenschaft und kommerziellen Erfolg gleichermaßen zu beratschlagen haben. Da überraschte Keel die Anwesenden mit einer Idee: Was, fragte er, wenn man am Schluß der nächsten Taschenbuchvorschau eine Liste mit Diogenes-Büchern abdruckte – und zwar nicht die zehn bestverkauften Bände, sondern die «Worstseller 2005», also die zehn literarischen Ladenhüter des vergangenen Jahres?

Die Reaktion der Mitarbeiter war enttäuschend – nicht für Keel, sondern für den Chronisten dieser kleinen Geschichte, der sich ein wenig Dramatik gewünscht hätte. «Keine Zweifel, kein Widerstand», faßt die Pressesprecherin die Reaktion der Runde an diesem Sommertag zusammen. Also wurde gemacht, was der Verleger vorgeschlagen hatte. Man kontaktierte die Kollegen vom Vertrieb und fragte sie nach den am schlechtesten verkauften Büchern des Vorjahres. Mit einer entscheidenden Einschränkung: Diese Liste dürfe keine lebenden Autoren enthalten; ihnen sei ein solches Ranking nicht zuzumuten. Gleichwohl geriet die – in ihrer Gestaltung der *Spiegel*-Bestsellerliste nachempfundene – Seite sehr eindrucksvoll. Denn sie machte klar, daß der Verlag mit den wenig gefragten Titeln höchstens zweistellige Auflagenzahlen erreicht hatte; was ihn nicht daran hinderte, sie unverdrossen anzubieten. Auf Platz 1 rangierten Frank O'Connors «Meistererzählungen» (3 verkaufte Exemplare), auf Platz 2 George Orwells «Im Innern des Wals» (8), auf Platz 5 William Faulkners «Griff in den Staub» (36) und auf dem zehnten Platz Dashiell Hammetts «Das Haus in der Turk Street» (67).

Die mediale Aufregung war groß. Wie könne man nur, fragten die einen; recht so, sagten die anderen. Alle Zeitungen berichteten. Die *Frankfurter Allgemeine Zeitung*[3] zum Beispiel widmete der ganzen Aktion einen fröhlich-kulturpessimistischen Artikel – er trug den Titel «Der Gammelbuchskandal». Die Aktion von Diogenes und Berichte wie jene der FAZ konnten nicht ohne Wirkung bleiben. Kaum war die Liste mit den «Worstsellern» erschienen, änderten sich die Dinge: Die Menschen begannen, sich für die Ladenhüter zu interessieren. So stiegen beispielsweise die Verkaufszahlen der «Meistererzählungen» des irischen Klassikers Frank O'Connor in den ersten beiden Jahren nach Erscheinen der Worstsellerliste jeweils um fast tausend Prozent! Nun gut, in absoluten Zahlen entsprach das immer noch bloß 29 Exemplaren (2006) und 288 Exemplaren (2007)[4], dennoch bedarf das Phänomen einer Erklärung.

Manchmal besteht der Kern einer charmanten Idee also aus nichts anderem, als bewußt gegen eine sehr einfache Regel zu verstoßen. Und der Einstieg eines Buchs aus nichts anderem, als ein paar einfache Fragen zu stellen: Woher kennen wir diese einfachen Regeln? Haben wir einen gewissen Hang dazu, einfache Regeln zu bilden? Wenn ja:

[1. KAPITEL]

Sind einfache Regeln überhaupt in der Lage, uns wohlbehalten durch unser komplexes Leben zu manövrieren? Und was kommt eigentlich dabei heraus, wenn wir ein und dieselbe einfache Regel immer wieder von neuem anwenden? Eine Menge Fragen, zweifellos. Auf die es im Moment nur eine einfache Antwort gibt: Ich will versuchen, sie auf den folgenden Seiten zu beantworten. Möglichst einfach natürlich.

Unser Gehirn reduziert die komplexe Umwelt auf einfache Annahmen und konstruiert daraus ein ebenso einfaches Weltbild. Mit der Wirklichkeit hat all das nur bedingt zu tun.

Die Welt ist kompliziert. Wollen wir überleben, müssen wir sie radikal vereinfachen. Das beste Beispiel für diese These sind die beiden vorangegangenen Sätze. Sie reduzieren die sehr große Frage nach unseren Strategien, uns in der Welt zurechtzufinden, auf – zwei kurze Sätze. Und sparen auf diese Weise alle möglichen Einwände, Ergänzungen und Zweifel aus. Vorerst zumindest. Dabei lenken sie unser Augenmerk auf den Kern der Aussage: Wir können uns in der Welt nur zurechtfinden, wenn wir die allermeisten Dinge ignorieren. Wer das nicht glaubt, der sollte nur kurz die Lektüre unterbrechen, ein paar Minuten aus dem Haus gehen und versuchen, seine Umgebung in allen Details wahrzunehmen. Es wird Ihnen nicht nur *nicht* gelingen, sondern der Versuch wird Ihnen eine Ahnung davon vermitteln, wie lebenswichtig es für uns ist, die meisten Dinge *nicht* zur Kenntnis zu nehmen.

Nicht nur die schiere Quantität an äußeren und inneren Reizen übersteigt unsere Fähigkeiten, sie wahrzunehmen, um ein Vielfaches. Auch unsere Sinnesorgane haben ihren Anteil daran, daß wir bloß einen Teil unserer Umwelt erfassen. So gibt es Töne, die wir nicht hören, weil sie zu hoch oder zu tief sind für unsere Ohren; es gibt Gerüche, die wir nicht wahrnehmen, weil sie zu fein sind für unsere Nasen; und es gibt Wellen im Spektralbereich, für die unsere Augen nicht gemacht sind, wie die Infrarotstrahlung. Womit wir bei der ersten These wären: Wir bekommen von der Welt immer nur einen kleinen Ausschnitt mit, niemals das große Ganze. Es ist wie bei einem Besuch in einem gigantischen Supermarkt: Wie ausladend unsere Einkaufswagen auch sein mögen, wir können immer bloß einen winzigen Teil des Angebots mit uns nehmen.

Doch wie weiter, nachdem wir nun die Welt auf einzelne Details reduziert haben? Diese Frage ist deshalb so wichtig, weil das Beispiel mit dem Supermarkt anschaulich, aber irreführend ist. Wir bekommen nämlich von unseren Sinnesorganen keinen Einkaufswagen sinnvoller Wirklichkeitsausschnitte präsentiert; vielmehr liefern sie uns bloß eine Sammlung unzusammenhängender Kontraste, Linien und Farben, die keine Bedeutung haben. Es ist eine der großen Leistungen unseres Gehirns, diese Bruchstücke sinnvoll zusammenzusetzen. Über diesen komplexen Vorgang schreibt der Hirnforscher Gerhard Roth: «Dies heißt, daß Bewegungen, Farben, Formen und der uns umgebende Raum nicht direkt von den Bewegungen, Wellenlängenunterschieden, Kontrasten und räumlichen Anordnungen in der Welt abgeleitet, sondern das Produkt von Berechnungen in neuronalen Netzwerken sind.»[5] Doch was berechnen die Netzwerke in unserem Kopf da genau? Etwas sehr Existentielles: das Bild einer Wirklichkeit, mit dem wir etwas anfangen und mit dessen Hilfe wir überleben können. Und im selben Moment konstruiert es auch eine lange Reihe weiterer Annahmen, die von essentieller Bedeutung für die Entstehung unseres Ichs, für unser Selbstbild, unserer Beziehung zur Umwelt sind: was wir da sehen, hören, riechen und warum; in welchem Kontext die wahrgenommenen Objekte, Personen und Geschehnisse stehen; welche Beziehung sie zueinander haben; wie dieses «Ich» eigentlich

[1. KAPITEL]

beschaffen ist, das all die Dinge wahrnimmt und interpretiert; welche Ordnung dem zugrunde liegt und welche Gesetze diese Ordnung herstellen. Unser Gehirn erschafft ein Modell von unserem klar erkennbaren Ich, der Welt und den darin herrschenden Regeln.

In dieser Konstruktion sinnvoller Zusammenhänge übt sich unser Gehirn schon die gesamte Evolution, also seit mindestens 160 000 Jahren. Es ist daher nachvollziehbar, daß unser «Sehsystem» zum Beispiel nicht nur einige Übung darin hat, sondern daß es das «meist völlig automatisiert, ja geradezu zwanghaft»[6] betreibt, wie Gerhard Roth schreibt. Das heißt: Unser Gehirn *kann* gar nicht anders, als aus abstraktem, bedeutungsleerem Material etwas Sinnvolles zu konstruieren. Das führt dazu, daß wir selbst dort Kontraste entdecken, wo keine existieren. «Die Netzwerke, die mit Gestaltwahrnehmung befasst sind, konstruieren sie automatisch hinzu. Sehr schön sehen wir dies, wenn wir in die Wolken schauen und überall Gestalten und Gesichter entdecken.»[7] Doch unsere Fähigkeiten beschränken sich nicht auf das Erkennen von Wolkengesichtern. Eine Reihe von Studien zeigen anschaulich, mit welchem oft überschießenden Fleiß unser Gehirn Zusammenhänge und Bedeutungen herstellt, wo keine sind – mitunter gegen unsere Interessen. Zwei Beispiele will ich kurz erwähnen. Das eine liefert uns der Schweizer Neuropsychologe Peter Brugger[8], der sich mit dem Phänomen beschäftigt hat. Er führt die überschießende Sinnproduktion auf unseren archaischen «Gefahren-Erkennungsapparat» zurück. Der sorge bis heute dafür, daß wir stets «ein bisschen mehr» sehen, «als wirklich da ist». Der ursprüngliche Zweck dieser Überproduktion hat Sinn: In der freien Wildbahn wäre es tödlich gewesen, sich vor einer Reaktion erst einmal in Ruhe umzusehen. «Überlegt man sich lange, ob sich da wirklich etwas bewegt hat, statt sofort die Flucht zu ergreifen», wären wir von dem im Gebüsch lauernden Tiger längst aufgefressen worden. Um unsere Chancen zu erhöhen, ihm zu entkommen, hätten wir die Gewohnheit entwickelt, mehr zu erkennen, als es zu erkennen gibt. Erst dieser Überschuß an Erkenntnis habe uns besonders vorsichtig gemacht und dazu animiert, lieber einmal zu oft wegzurennen. «Eine Prise Paranoia ist wertvoll für den Gefahren-Entdeckungsapparat. Das hält zudem fit, man bewegt sich mehr, auch wenn nichts war. Springt man nicht, ists endgültig vorbei mit der Fitness, und man kann seine Gene nicht weitergeben. Das ist die evolutionäre Kraft hinter dem Zu-viele-Muster-Sehen.»

Die Tiger sind verschwunden, unsere Fähigkeit und Gewohnheit, mehr zu sehen, ist geblieben. «Heute sind wir in der luxuriösen Situation, in abstrakten Ideen zu viele Muster zu sehen», sagt Brugger. Das Ergebnis: Wir erkennen in Talismanen die Kraft, unser Geschick zu wenden. Wir erkennen in harmlosen Milchzuckerkügelchen die Potenz, schwere Krankheiten zu heilen. Und wir betrachten Gebete als Form der Zwiesprache, die uns mit Gott in Berührung bringt. Diese Art der Sinngebung sei freilich keine Frage einer bestimmten sozialen Gruppe, so Brugger, sondern gerecht verteilt, weil sie «unabhängig von Bildung» ist.

Bei dem anderen Beispiel spielt Hitlers Pullover eine zentrale Rolle. Nein, nicht das tatsächliche Kleidungsstück, sondern bloß die Behauptung, ein bestimmter Pullover habe diesem Herrn gehört. Der US-amerikanische Psychologe Paul Rozin hat die Strickware für eine mittlerweile berühmt gewordene Studie erfunden und sie seitdem immer wieder verwendet. So konfrontierte er seine Versuchspersonen mit der Frage[9], ob sie den abgelegten, gereinigten Pullover eines anderen Menschen tragen würden. Je nachdem, welche Eigenschaften diesem Menschen zugeschrieben wurden, variierte auch die Bereitschaft der Versuchspersonen, das Teil anzuziehen. Die geringsten Probleme hatten die Befragten damit, den Pullover eines gesunden Fremden überzuziehen. Unüberwindlich groß wurde der Widerstand hingegen, wenn man den Probanden sagte, der Pullover habe früher einmal Adolf Hitler gehört. Dieser Effekt ist ebenso verständlich wie rätselhaft. Verständlich, denn wer will schon etwas anfassen, das einem Massenmörder gehört hat – welch absurde Zumutung! Rätselhaft, weil ein lebloses Ding wie ein Pullover keine Eigenschaften auf andere Menschen übertragen kann; wenn er vorher gereinigt wurde, nicht einmal irgendwelche mikroskopisch kleinen Bakterien. Tatsachen, die sich jedem rational denkenden Menschen problemlos erschließen dürften. Und dennoch werden es die allermeisten Menschen rigoros ablehnen, diesen verdammten Pullover auch nur anzufassen. Und das aus einem naheliegenden Grund: Unser Gehirn kann gar nicht anders, als in dem – für sich genommen – stummen Pullover den Widerschein eines Massenmörders zu erkennen, ihm einen Sinn zu verleihen, der sich materiell nicht manifestiert.

Es sind also zwei komplementäre Bewegungen, die unsere Weltaneignung bestimmen: Reduktion und Konstruktion. Erst lösen wir die Komplexität des großen Ganzen auf, um anschließend einzelne Elemente auf subjektiv sinnvolle Weise wieder zusammenzusetzen.

Das Gedächtnis spielt eine zentrale Rolle bei der Konstruktion unseres einfachen Weltbildes. In dessen Zentrum stellen wir unser «Ich». Von ihm glauben wir, es verfüge über einen freien Willen und die Macht, die Welt nach eigenen Ideen zu ändern.

In diesem Wechselspiel von Reduktion und Konstruktion bedienen wir uns eines mächtigen Apparats: unseres persönlichen Gedächtnisses. Für Roth ist es der Schlüssel zum Verständnis unserer Weltaneignung: «Wir können ohne Übertreibung sagen, dass bei komplexen Wahrnehmungen unser *Gedächtnis* das wichtigste Wahrnehmungsorgan ist.»[10] Es liefert die Elemente für unsere Konstruktionsprozesse –

von den ersten Vermutungen über die Bedeutung einzelner Objekte bis hin zu komplexen Erklärungsmodellen für «das Leben, das Universum und den ganzen Rest»[11]. Auch unser Gedächtnis folgt den eben beschriebenen Strategien von Reduktion und Konstruktion. Einerseits verringert es den Umfang und die Komplexität der Erinnerungen an innere und äußere Reize, indem es Nebensächliches ignoriert, vergißt, vereinfacht, um dagegen Ereignisse zu fokussieren, die ihm wichtig und nützlich erscheinen, etwa für die Entwicklung anwendbarer Regeln und unseres Selbstbildes.

Andererseits speichert unser Gedächtnis Sinneseindrücke, Bilder, Gefühle, Episoden, Erfahrungen, Handlungen etc. nicht einfach ab, sondern verändert sie auf unterschiedlichste Weise. Wenn wir zum Beispiel etwas vergessen, dann füllt unser Gedächtnis diese Lücken mit Geschichten aus anderen Zusammenhängen, zur Not sogar mit Erlebnissen fremder Menschen; es verdichtet langwierige Vorgänge zu prägnanten Momentaufnahmen; es speichert Wissen und kombiniert es auf eigenwillige Art und Weise. Mit einem Wort: Unser Gehirn baut mit Hilfe unseres Gedächtnisses einen weitläufigen inneren Raum subjektiven Zuschnitts. Und ins Zentrum dieses inneren Raums, da positioniert es unser «Ich». Es gibt viele Theorien über dessen Entstehung; Roth qualifiziert sie allesamt als mehr oder minder nichtssagende Versuche, etwas Rätselhaftes zu begründen.[12] Ich will mich daher auf jene wenigen Zuschreibungen beschränken, die in unserem Zusammenhang von Bedeutung sind. Die wichtigste besteht meines Erachtens darin, daß wir uns als Subjekte ansehen, die in der Annahme leben, die Welt von einer einzigen Position aus zu betrachten und zu steuern.

Mit der Etablierung eines singulären, gleichsam «einäugigen» Ichs gehen noch zwei weitere, wichtige Annahmen einher: daß wir über einen freien Willen verfügen und daß wir in der Lage sind, etwas zu bewirken, also im eigenen Interesse tätig zu werden. Diese Annahmen wiederum stellen einen kausalen Zusammenhang her zwischen der eigenen, frei entscheidenden Person, ihren Taten und den damit erzielten Ergebnissen. Erst auf dieser Basis wird es möglich, daß wir uns als weltverändernde Subjekte begreifen und die Aussicht auf Belohnungen uns dazu motiviert, damit weiterzumachen.

Wer sich als autonomes Ich erlebt, das komplexe Verhältnisse auf einfache Regeln zurückführen kann, der leitet daraus weitere stabilisierende Selbstdefinitionen ab. Zum Beispiel die, nicht nur die Gegenwart bewältigen, sondern auch Kommendes vorwegnehmen zu können. Basis dieser Überzeugung ist eine wesentliche Grundqualität von Regeln: deren Verläßlichkeit. Wer davon überzeugt ist, jene Mechanismen zu kennen, nach denen bestimmte Ereignisse ablaufen, der wird zumindest die Sicherheit gewinnen, sie zu verstehen – wenn nicht sogar die Überzeugung, sie anstoßen oder lenken zu können. Wer zu wissen glaubt, wie Dinge funktionieren, der berechnet anhand vorhandener Regeln, wie sich die Dinge in naher und ferner Zukunft entwickeln könnten. Aufgrund unserer Tendenz zur Vereinfachung hat sich die Vorstellung durchgesetzt, die Welt funktioniere wie eine lange Reihe penibel hintereinander aufgestellter Dominosteine: Tippen wir den ersten an, kippt einer nach dem anderen um, bis das Umkippen mangels weiterer Steine irgendwann zu seinem Ende kommt. Und Schluß.

Da kommt uns der weiter oben vom Schweizer Neuropsychologen Peter Brugger eingeführte Tiger sehr gelegen. Denn wir sollten davon ausgehen, daß wir die meiste Zeit unserer evolutionären Entwicklung damit zugebracht haben, unsere Weltaneignungsstrategien anhand von Raubtieren zu schulen, die im Gebüsch lagen und uns auffressen wollten. Um ihnen zu entkommen, war es unabdingbar, schnelle Entscheidungen zu treffen: ruhig bleiben, angreifen oder flüchten. Grundvoraussetzung für solch schnelle Entscheidungen waren Bilder von der Welt, die sich durch eine entscheidende Eigenschaft auszeichneten:

[EINFACHE REGELN]

ihre Eindeutigkeit. Also dadurch, klar, plakativ und schnell lesbar zu sein. Dasselbe galt für die Konstruktion jener Regeln, die uns das Überleben sichern sollten. Auch sie mußten diesen Qualitäten gehorchen. Für die Idee, daß die Wirklichkeit auf verschiedene Weise lesbar sein könnte, war in solchen Momenten nicht nur keine Zeit, sie waren schlicht und einfach lebensgefährlich. Kein Wunder also, daß unser Gehirn sich über Jahrtausende darin übte, in einfachen Mustern zu denken und zu planen. Dieser Tradition sind wir bis heute treu geblieben.

Auf diese Weise haben wir zum Beispiel eine der einfachsten und effektivsten Regeln gebildet, die sich denken läßt. Sie klingt im ersten Moment aufreizend selbstverständlich: Gut ist, was wir wiedererkennen – also von dem wir das Gefühl haben, ihm schon einmal begegnet zu sein, wenn wir auch nicht zu sagen wissen, wo, wann, warum und was wir von ihm halten. Und doch bestimmt diese Regel unser Verhalten auf mitunter weitreichende Weise. Wie etwa der Psychologe Gerd Gigerenzer herausgefunden hat, Direktor am Max-Planck-Institut für Bildungsforschung. In einer Studie befragte er gemeinsam mit dem Volkswirt Andreas Ortmann hundert Passanten in Berlin, von welchen Aktien auf seiner Liste sie schon einmal gehört hätten[13]. Aus den zehn Aktien, die am häufigsten wiedererkannt wurden, bildeten sie ein Portfolio. Damit beteiligten sie sich dann an einem Börsenspiel, das das Wirtschaftsmagazin *Capital* im Jahr 2000 veranstaltet hat. Als das Spiel losging, herrschte gerade Flaute auf dem Aktienmarkt. Dennoch stieg Gigerenzers Portfolio, das «nicht auf Expertenwissen und raffinierter Software» basierte, «sondern auf kollektiver Unwissenheit», immerhin um 2,5 Prozent. Das Portfolio des Chefredakteurs von *Capital* hingegen fiel in derselben Zeit um eindrucksvolle 18,5 Prozent. Und damit nicht genug: «Unser Portfolio erzielte auch bessere Gewinne als 88 Prozent aller eingereichten Aktienpakete und schnitt besser ab als verschiedene *Capital*-Indizes.» Von wegen Insidertips! Zum Vergleich

[1. KAPITEL]

hatte Gigerenzer noch ein zweites Portfolio eingerichtet und es mit jenen Aktien bestückt, die von den ahnungslosen Passanten am seltensten wiedererkannt worden waren. Es lag gleichauf mit jenem des *Capital*-Chefredakteurs, eines Mannes also, «der mehr wusste als alle hundert Passanten zusammen».

Ein anderer Versuch Gigerenzers erbrachte ein ebenso eindeutiges Ergebnis. In dessen Rahmen fragte er amerikanische und deutsche Studenten: «Welche Stadt hat mehr Einwohner, Detroit oder Milwaukee?»[14] Das Ergebnis: Nur zwei Drittel der amerikanischen, aber alle deutschen Studenten gaben die richtige Antwort (die übrigens – wie lautet?). Wieder spielte die «Hab ich schon mal gehört, nehm ich»-Regel eine entscheidende Rolle. Und begünstigte die deutschen Studenten: Die kannten zwar Detroit, von Milwaukee hatten sie aber noch nie etwas gehört. Aus diesem simplen Umstand schlossen sie haarscharf (und richtig), daß erstere die bevölkerungsreichere Stadt sein müsse. Den amerikanischen Studenten hingegen wurde ihr (partielles) Wissen zum Verhängnis: Viele von ihnen kannten beide Städte. Und schon war es um ihr Entscheidungsvermögen geschehen. Damit diese mächtige Regel nicht allzu simpel erscheint, hat sie auch einen klingenden Namen erhalten: Rekognitionsheuristik. Womit Sie dafür gerüstet sein müßten, den Begriff beim nächsten Mal zumindest wiederzuerkennen.

Es würde zu weit führen, all die hilfreichen und mächtigen Regeln aufzuzählen, die wir gebildet haben, um unsere komplexe Welt zu verstehen und zu steuern. Daher muß ein Hinweis auf die Arbeiten Gerd Gigerenzers genügen, dessen Bücher immer wieder auf den Bestenlisten auftauchen und vielfach zitiert werden. Das unterscheidet ihn nicht nur von unzähligen anderen Psychologen seines Fachgebiets, sondern reicht auch vollkommen aus, die Legitimität meiner Vorliebe für Gigerenzer zu begründen. Hintergrund dieser These ist eine weitere einfache Regel, die uns schnelle und effektive Entscheidungen fällen läßt. Sie heißt «Take-the-Best-Regel»[15] und besagt, daß wir lange Entscheidungswege erfolgreich abkürzen können, indem wir nach *einem* Qualitätsmerkmal suchen, das eine Person oder ein Objekt von anderen unterscheidet, gleichzeitig aber alle weiteren ignorieren. Und genau so verfahren wir täglich von neuem: Wir suchen uns den erstbesten Hinweis auf den Qualitätsunterschied zwischen zwei Optionen und treffen auf dieser Basis unsere – meist richtigen – Entscheidungen. «Zahlreiche psychologische Experimente lassen darauf schließen», schreibt Gigerenzer, «dass sich Menschen bei ihren intuitiven Urteilen oft auf einen einzigen guten Grund verlassen.»[16] Und zwar zu Recht.

Wer nun einwendet, solche Regeln mögen privaten, aber keinesfalls professionellen Entscheidungen zugrunde liegen, der irrt. So hat die Psychologin Susanna Niehaus gezeigt, daß in der «deutschsprachigen Vernehmungsliteratur» bis heute zu lesen ist, daß Lügner an ihrem Mienenspiel zu erkennen seien.[17] Salopp gesagt: daß die Polizei davon ausgeht, den Bösen an der sprichwörtlichen Nasenspitze zu erkennen. Diese simple Regel hat auch tatsächlich viel für sich. Das einzige, was man dafür lernen muß, ist die Sprache der Mimik, wie das die US-amerikanische TV-Serie «Lie to me» so wunderbar vorführt, in der die Hauptfigur Dr. Cal Lightman Mörder allein dadurch überführt, daß sie im falschen Moment die Lippen aufeinanderpressen oder sich am Ohrläppchen ziehen. Die Sache hat nur einen Schönheitsfehler: Sie ist weitgehend Fiktion.

Immer wieder greifen wir auf unsere einfachen Regeln zurück. Komplexe, vieldeutige oder unklare Verhältnisse erfüllen uns mit Unbehagen – gerne ignorieren wir sie.

Für das Modell einer hochkomplexen, tendenziell undurchschaubaren Welt, deren Funktionieren durch Zirkel, Zufälle, kontraintuitive Ereignisse und phasenweise Unsteuerbarkeiten gekennzeichnet ist, bleibt in diesen simplen Welterklärungstheorien ebensowenig Platz wie in den eigenen Annahmen. Nach dem bisher Gesagten ist das auch mehr als plausibel, symbolisiert doch Komplexität jenen Zustand, der für uns am Anfang neuer Erkenntnisse steht; er eignet sich daher auch nicht als vielversprechendes Ziel, sondern bloß als ein Ort, den wir verlassen wollen. Das Bild von Komplexitäten erzeugt daher auch stets eine Kraft, die wir im Rücken fühlen, die uns also vor sich herschiebt. In dem Moment, da wir komplexe Zustände zulassen oder gar herbeiführen, erleben wir das als eine Art Rückschritt, eine Regression in eine frühere Phase, in der wir bloß chaotische Mischzustände kannten und keine klaren Bilder und Strukturen. So betrachtet gibt es gute Gründe, komplexe Zustände nicht nur zu ignorieren, sondern ihnen aktiv zu begegnen. Dafür bedienen wir uns der beschriebenen Dekonstruktions-Konstruktions-Schleife als einer Art magischer Abwehrzauber und Eindeutigkeitsgenerator, der jede Paradoxie zum Verschwinden bringen soll – mit dem paradoxen Ergebnis, daß sie diese Paradoxie erst hervorbringt, wie wir nun sehen werden.

Welche suggestive Kraft das Versprechen entwickelt, unser kompliziertes Leben durch simple Tricks vereinfachen zu können, zeigt sich anhand des seit über zehn Jahren anhaltenden internationalen Erfolgs eines Ratgebers, der die Simplifizierungsideologie schon im Titel trägt: «Simplify your Life»[18]. Das Buch hat mittlerweile nicht nur eine Gesamtauflage von rund 2,5 Millionen Exemplaren erreicht

(Stand: Juni 2011), sondern sich zu einer Art Ersatzreligion entwickelt, die immer wieder neue Schriften für immer weitere Bereiche unseres Lebens produziert. Ihr Glaubensbekenntnis steht im Untertitel des Buchs: «Einfacher und glücklicher leben». Das heißt: Einfachheit bedeutet Glück, was im Umkehrschluß nur bedeuten kann, daß in der Kompliziertheit das Unglück liegt. Klickt man auf der Homepage des Verlags[19] auf den Button «Die Idee», sieht man sich daher auch als erstes mit der Frage konfrontiert: «Spüren Sie oft unnötigerweise die Kompliziertheit des Lebens?» Dann bekommt man eine siebenstufige «simplify-Pyramide» präsentiert, die unsere Schritte zum Glück klar und deutlich vorzeichnet. Sie ruht auf einer Basis, die «Sachen» heißt – verknüpft mit der Aufforderung, erst mal aufzuräumen, damit unser Leben seinen Komplexitätsschrecken verliert. Und in dieser Tonart geht es weiter. Oben an der Spitze der Pyramide thronen wir selbst. Der Ratschlag der Vereinfacher: «Lernen Sie, sich selbst besser zu verstehen und Ihrem Lebenszweck näher zu kommen.»

Doch vielen von uns ist selbst der einfache Weg zum Glück noch zu kompliziert. Daher haben sie beschlossen, das Thema überhaupt auszublenden. Eric Bonabeau weiß davon ein Lied zu singen; er hat es vor acht Jahren schon einmal gesungen[20], singt es heute immer noch, und zwar in derselben Lautstärke wie damals. Bonabeau ist Gründer und Chefwissenschaftler eines in Cambridge (Massachusetts) ansässigen Unternehmens[21], das sich auf das Verständnis hochkomplexer Abläufe spezialisiert hat (etwa durch das Studium der Selbstorganisation von Insekten). Das Ergebnis sind Erkenntnisse, wie man die Eigendynamik komplexer Abläufe zum eigenen Vorteil einsetzen kann. Bonabeau hat seine Grundlagenforschung in eine Dienstleistung verwandelt, die er an große Unternehmen verkauft. Seit vielen Jahren seien die «wirtschaftlichen Anwendungen der Komplexitätstheorie» bestens erforscht, wurde Bonabeau in einem Artikel zitiert[22] – und dennoch wollten die Manager nichts davon wissen. Sie ließen sich die Instru-

[**1. KAPITEL**]

mente zur Analyse ihres Unternehmens zwar präsentieren, legten sie dann aber weg, «weil sie ihren Erfahrungen völlig widersprächen». Ein schwerer Fehler, sagt der Unternehmer: «Je komplexer unsere Geschäftswelt wird, desto weniger kann man sich auf sein Gespür verlassen.» Und: «Im Chaos nach altbekannten Mustern zu suchen ist die schlechteste aller Optionen.» Seit dieser Analyse sind acht Jahre vergangen. Heute danach befragt, ob sich an seinem Befund irgend etwas geändert habe, schreibt Eric Bonabeau desillusioniert: Es habe sich seitdem wenig getan, die Manager würden ihre Entscheidungen immer noch aufgrund ihrer alten, einfachen Regeln treffen, «trotz aller einschlägiger Bücher». Analysen, wie er sie biete, seien ein «low level toolkit» für mittlere Manager, keinesfalls für die ganz oben.[23] Womit wir bei der Frage gelandet wären, was von unseren simplen Annahmen und Regeln angesichts der komplexen Realität zu halten ist.

Einfache Regeln sind sehr hilfreich, haben aber nicht nur Vorteile. Immer wieder geraten sie in Konflikt mit den komplexen Strukturen unserer Umwelt.

Unsere Fähigkeiten, Komplexes zu reduzieren, simple Regeln zu formulieren und uns selbst als autonome Subjekte zu definieren, haben also das Ziel, uns unbeschadet durchs Leben zu bringen. Da liegt die Frage nahe: Tun sie das auch wirklich? Ein auf den ersten Blick sinnloser Einwand. Daß ich hier sitze und einen solchen (sinnlosen?) Satz formulieren kann und Sie da sitzen und diesen (sinnlosen?) Satz lesen können, verstehen und im Kopf bewegen, um ihn schließlich für sinnlos zu halten bzw. gar nicht *so* sinnlos – all das sollte Antwort genug sein. Ganz offensichtlich haben wir uns mit unseren Patentrezepten erfolgreich bis an diesen Lebenspunkt manövriert. Sie können so falsch nicht sein. Und doch erscheinen Zweifel angebracht. Leistet die eigene Weltsicht wirklich die besten Dienste? Sollen wir uns ganz auf unseren Hang zur Schematisierung verlassen?

Es gibt Gründe, darüber nachzudenken. Um mit dem fundamentalsten zu beginnen: Allein die Tatsache, daß wir erfolgreich bis zum heutigen Tag über- bzw. gelebt haben, ist *nicht* dazu geeignet, die These zu belegen. Wir könnten auch aus ganz anderen Gründen so weit gekommen sein – aus Gründen, von denen wir nichts ahnen und die dennoch von entscheidender Bedeutung waren (und sind). Das gilt übrigens ganz prinzipiell für alle unsere Beweisführungen. Nassim Taleb hat auf polemisch-unterhaltsame Weise gezeigt, daß die Ursachen, die wir für unsere Erfolge nennen, im besten Fall halb zutreffen, wenn sie nicht überhaupt vollkommen danebenliegen.[24] So spiele die «Macht höchst unwahrscheinlicher Ereignisse» oft eine viel entscheidendere Rolle, als wir aufgrund unseres Selbstbildes wahrhaben wollten.

Der zweite Grund, an unseren Annahmen und Regeln zu zweifeln: Wir sind immer mittendrin im Geschehen. Das kann sehr schön sein, wenn dieses Geschehen beglückend ist. Einer objektiven Beschreibung aber ist das abträglich. Denn um Systeme wirklich erfassen zu können, müssen wir uns außerhalb von ihnen befinden. Und das läßt sich bei der Frage, wie wir zur eigenen Person und zur Welt stehen, aus einem naheliegenden Umstand nicht realisieren: Wir stecken selbst mit drin – in unserem Körper, in unserem Kopf, in unserer Familie, in unserer Gesellschaft. Daß wir stets Teil des Ganzen sind, fällt uns nur selten auf, da wir ein großes Talent dafür entwickelt haben, dieses Involviertsein zu ignorieren und unsere Umwelt zu betrachten, als hätten wir mit deren Zustand nichts zu tun. Am einfachsten läßt sich das auf verstopften Autobahnen beobachten: In jedem einzelnen Auto sitzt ein Fahrer, der sich lautstark darüber beklagt, daß so viele Leute unterwegs sind und den Verkehr zum Erlahmen bringen. Und übersieht dabei, daß er Teil des Problems ist. Ein *kleiner* Teil des Problems, das zweifellos, aber wie wir schon in der Schule gelernt haben, ergeben viele kleine Problemteile in der Summe einen sieben Kilometer langen Stau, an dem wir unseren Anteil haben. Wenn wir jetzt noch an jene Untersuchungen denken, die eindrucksvoll gezeigt haben, daß ein einziger Autofahrer durch ein unbedachtes Bremsmanöver einen Stau aus dem Nichts auslösen kann – dann, ja, dann müßten wir zumindest eine Ahnung davon bekommen, daß wir enger mit unserer Umwelt verbunden sind, als es unser autonomes Ich wahrhaben will.

Weil wir also immer irgendwie beteiligt sind, können wir unsere Welt (und uns selbst) nur ausschnitthaft erkennen und beschreiben. Das wird sich auch nicht ändern, bis ein Weg gefunden ist, wie man gleichzeitig drinnen *und* draußen sein kann. Doch halt! Einigen Menschen ist es gelungen, zumindest das System «Erde» für kurze Zeit von außen zu betrachten: den Astronauten, die auf dem Mond gelandet sind. Und tatsächlich hat das ihre Sicht der Dinge radikal verändert. Der Journalist Alex Rühle hat das in einem kurzen Text sehr schön beschrieben. Er beginnt mit den Sätzen: «Das Wichtige, das Bleibende war nicht der Ausflug auf den Mond. Das Wichtige an den Apollo-Missionen war der Blick zurück: Dank der Bilder, die die amerikanischen Astronauten aus dem Weltall mitbrachten, konnte sich die Erde zum ersten Mal wie in einem Spiegel selber sehen, in ihrem wahren astronomischen Zustand.»[25] Und was sah sie da, die Erde? Nichts Heroisches, ganz im Gegenteil. Einen kleinen, blauen Planeten im leeren Weltraum. Rühle zitiert das Buch von Günther Anders, das den Titel «Der Blick vom Mond» trägt; es ist bereits 1970 erschienen, und darin denkt der Philosoph über das Paradox nach, «dass wir justament im Moment unseres größten technischen Triumphes so eindrücklich wie nie zuvor unsere unendliche Winzigkeit erfahren haben». Ein Phänomen, das die Tendenz unseres Gehirns, die Dinge auf den einfachsten Nenner zu reduzieren, ein weiteres Mal höchst plausibel erschei-

[EINFACHE REGELN]

nen läßt. Wenn nämlich unsere Fähigkeit, uns und unsere Welt von außen zu sehen, solch schreckliche Auswirkungen hat, dann kann ein auf Selbsterhaltung programmiertes System wie unser Gehirn *kein* Interesse daran haben, daß wir klüger werden, als wir es die meiste Zeit unseres Lebens sind. Überspitzt formuliert: Wir Menschen haben einen Selbstverblödungsautomatismus eingebaut, der uns davor bewahren soll, aufgrund unserer realistischen Selbsteinschätzungen lebensüberdrüssig zu werden. Es muß daher wenigen Menschen vorbehalten bleiben, das wahre Ausmaß unserer Winzigkeit zu erkennen, weil wir andernfalls alle traurig zu Hause in unseren Betten liegen bleiben und uns fragen würden, wozu aufstehen. Davor schützt uns – Gott sei Dank! – unser angeborener Hang zur Vereinfachung und zur Selbstüberschätzung.

Was uns zum nächsten Grund führt, warum unsere Weltaneignungsstrategien nicht so perfekt sein können, wie wir glauben: Wie wir gesehen haben, entsprechen sie definitiv *nicht* der objektiven Wahrheit. Sie sind nicht nur Meisterwerke der Vereinfachung, sondern zudem mit individuellen Interpretationen und Bewertungen vermengt. Daher könne man von unserem Welt-Modell auch «nicht die Beschaffenheit der bewusstseinsunabhängigen Welt erschließen, weil das, was ‹von draußen› kommt, von dem, was das konstruktive Gehirn ‹hinzutut›, nicht verlässlich unterschieden werden kann»[26], wie Gerhard Roth schreibt. Wir sollten uns diesen Umstand immer wieder ins Gedächtnis rufen, vor allem bei Debatten, in denen Sätze vorkommen wie: «Um das ein für allemal klarzustellen!» oder «An diesen Fakten gibt es nichts zu rütteln!» Doch, es gibt *immer* etwas zu rütteln. An der subjektiven Überzeugung etwa, genau Bescheid zu wissen, was da draußen vorgeht. Daß wir dennoch unverbrüchlich an ihr festhalten, liegt an der Verläßlichkeit, mit der das Gehirn uns mit Bildern von der Welt versorgt. Daher «halten wir sie fälschlich für Zustände der bewusstseinsunabhängigen Welt»[27].

Weil wir uns ein subjektiv-simples Bild machen, entgeht uns auch die Komplexität jener Verhältnisse, durch die wir uns da bewegen. So braucht es schon viel Statistik und den analytischen Blick eines Wissenschaftlers wie Dirk Helbing, um zum Beispiel beim Betrachten einer Fußgängerzone voll herumwuselnder Menschen mehr zu entdecken als eine Fußgängerzone voll herumwuselnder Menschen – nämlich ein riesiges Beziehungswerk, in das wir einerseits eingebunden sind und das wir zugleich beeinflussen (wie wir im Kapitel «Verführerische Störungen» sehen werden).

Folgen wir dem Sozialwissenschaftler Herbert A. Simon, dann entspricht die Einfachheit unserer Annahmen und Regeln dem Umstand, daß wir genau so gebaut sind: «Ein Mensch, betrachtet als System mit bestimmtem Verhalten, ist recht einfach.» Das, was wir als unsere Vielschichtigkeit wahrnehmen, also die «scheinbare Komplexität» unseres «Verhaltens in der Zeit», spiegele «weitgehend die Komplexität der Umgebung wider»[28], in der wir uns befinden. In unserer strukturellen Einfachheit seien wir übrigens, schreibt Gigerenzer, den Ameisen nicht unähnlich; auch deren Komplexität sei weniger Ausdruck eines ebensolchen Geistes, sondern vielmehr ihrer Umgebung.[29]

Es wird Gegenstand des fünften Kapitels sein, uns genauer mit jenen «paradoxen Verhältnissen» zu beschäftigen, die uns umgeben (an dieser Stelle muß der Hinweis genügen, daß jene Regeln, die unser aller Leben von außen organisieren, recht kompliziert sind, auf vielfache Weise auf uns zurückwirken; ganz so, wie wir auf sie einwirken). Dort will ich mich – unserer Gewohnheit zur Vereinfachung folgend – auf die Frage konzentrieren: Wie kann es kommen, daß uns jene einfachen Annahmen und Regeln, die wir über Gott und die Welt entwickelt haben, uns einerseits die besten Dienste leisten, andererseits aber das genaue Gegenteil des Geplanten bescheren? Um das zu verstehen, wäre es natürlich besser, Sie hätten das entsprechende Kapitel bereits gelesen. Daher mache ich Ihnen an dieser Stelle einen ungewohnten

Vorschlag: Blättern Sie auf die Seite 172, lesen Sie bis Seite 217, und kehren Sie anschließend an diese Stelle zurück. Einverstanden? Bis später dann!

Indem wir unsere einfachen Regeln ohne Rücksicht auf die konkrete Situation anwenden, erreichen wir immer wieder das Gegenteil des Geplanten.

Willkommen zurück! Schlauer? Fein! Wo waren wir stehen geblieben? Ach ja. Es ging um die Frage, ob unsere simplen Annahmen und Regeln tatsächlich die idealen Werkzeuge sind, um die Welt zu erkennen und zu steuern. Das sind sie definitiv nicht, auch wenn sie uns sehr oft die besten Dienste leisten. Sie besitzen nämlich einen Doppelcharakter, sind Lösung und Problem in einem. Auf der einen Seite ermöglichen sie uns, die komplexe Realität zu meistern, auf der anderen Seite führen sie zu Ergebnissen, die nicht nur weit von den erhofften entfernt sind, sondern deren gerades Gegenteil darstellen.

Die folgende Geschichte stammt aus dem Jahr 1974 und hat mittlerweile mythischen Rang erreicht. Aufgeschrieben hat sie Jerry B. Harvey, der an der George-Washington-Universität (in Washington) als Professor für Betriebswirtschaft lehrte. Daher ist sie auch ein wenig holprig erzählt[30]:

«An einem heißen Nachmittag, zu Besuch in Coleman, Texas, spielt die Familie gemütlich Domino auf der Veranda, bis der Schwiegervater vorschlägt, man könne doch ins 53 Meilen nördlich gelegene Abilene fahren, um dort zu Abend zu essen. Die Ehefrau antwortet: ‹Klingt nach einer großartigen Idee.› Obwohl er Vorbehalte wegen der langen und heißen Fahrt hat, geht der Ehemann davon aus, seine Präferenzen würden jenen der Gruppe widersprechen, und sagt: ‹Klingt gut. Ich hoffe nur, daß deine Mutter auch fahren will.› Da sagt die

Schwiegermutter: ‹Natürlich will ich fahren. Ich war schon lange nicht mehr in Abilene.›

Die Fahrt ist heiß, staubig und lang. Als sie im Selbstbedienungsrestaurant ankommen, erweist sich das Essen als ebenso schlecht wie die Fahrt. Vier Stunden später kommen sie nach Hause zurück, erschöpft.

Da schummelt einer der Familie und sagt: ‹Das war ein großartiger Ausflug, nicht wahr?› Die Schwiegermutter antwortet, sie wäre eigentlich lieber zu Hause geblieben, sei aber mitgekommen, da ja die anderen drei so begeistert gewesen seien. Da sagt der Ehemann: ‹Ich war nicht darüber erfreut zu tun, was wir dann getan haben. Ich bin nur mitgefahren, um euch zufriedenzustellen.› Da sagt die Ehefrau: ‹Ich bin mitgekommen, um euch glücklich zu machen. Ich hätte verrückt sein müssen, um während dieser Hitze rauszugehen.› Der Schwiegervater sagt, daß er den Vorschlag nur gemacht habe, weil er gedacht habe, die anderen könnten gelangweilt sein.

Da lehnt sich die ganze Gruppe zurück, darüber verblüfft, daß sie gemeinsam beschlossen hatten, einen Ausflug zu machen, den keiner von ihnen gewollt hatte. Jeder wäre lieber gemütlich sitzen geblieben, wollte sich aber nicht dazu bekennen, als noch genug Zeit dafür war, den Nachmittag zu genießen.»[31]

Ohne den Tiger, von dem hier schon mehrfach die Rede war, totreiten zu wollen, muß ich ihn ein letztes Mal auf die Bühne bitten, um diese Anekdote zu erklären. Als wir Menschen noch auf den Bäumen saßen bzw. in wilden Rudeln zusammenlebten, gehörte es zu einer existentiellen Lebensstrategie, *kein* Individualist zu sein. Am besten, man aß, tat und sagte, was die anderen schon zigfach gegessen, getan und gesagt hatten. Daß sie es überlebt hatten, bewies schließlich, daß es zumindest nicht akut gesundheitsgefährdend gewesen sein konnte. Und ebenso empfehlenswert war es über lange Zeit, nicht alleine durch die Steppe zu streifen, sondern in Gruppen. Dann hatte man größere Chancen, den Tiger zu entdecken oder ihn abzuwehren. Und selbst für den Fall, daß die Gruppe von ihm angegriffen wurde, erhöhte ein Auftritt in der Gruppe die Chance zu überleben, weil der Tiger – ein bißchen Glück vorausgesetzt – den Nebenmann im Menschenrudel auffraß und nicht einen selbst. Das heißt: Wir haben während einer sehr langen Zeit gelernt, uns in jeder Hinsicht an den anderen zu orientieren, weil das unser Überleben sicherte.

Gigerenzer hat auf die Macht solcher Regeln hingewiesen, als er in seinem Buch ein paar «Bauchentscheidungen in Aktion» vorführte: «Tue das, was die Mehrheit in deiner Bezugsgruppppe tut»[32] oder «Tanz nicht aus der Reihe»[33]. Konformismus mag unelegant oder unoriginell sein, aber er ist kein Defekt, wie uns die zeitgenössische Ideologie des Individualismus einreden will, sondern eine tief in uns eingewurzelte Überlebensstrategie, die uns lange beste Dienste erwiesen hat und bis heute erweist. Da wir aber hier nicht von den Sonnen-, sondern von den Schattenseiten unserer einfachen Regeln sprechen wollen, sollten wir einen Blick auf die kleine Geschichte vom Ausflug nach Abilene werfen, einer Stadt im Westen von Texas. Während es gewöhnlich reale Taten und Sätze sind, die uns dazu motivieren, den anderen nachzueifern, zeigt die als «Abilene-Paradox» in die Management- theorie eingegangene Anekdote anschaulich, wie sich eine einfache Regel in unserem Kopf verselbständigen kann. Ganz nach dem Motto: Nun haben wir so oft die Erfahrung gemacht, daß es vorteilhaft ist, uns aneinander zu orientieren – machen wir es also diesmal automa- tisch. Mit dem entscheidenden Unterschied, daß niemand den Prozeß angestoßen hat, sondern er sich eigenmächtig etabliert hat.

Der unfreiwillige Ausflug nach Abilene mag für alle Beteiligten unbequem gewesen sein, mehr aber auch nicht. Es gibt jedoch Bei- spiele, die zeigen, wie die simple Regel «Tue, was die anderen machen» zu ungleich katastrophaleren Ergebnissen führen kann. So sind im Zusammenhang mit den Folterungen irakischer Gefangener im Gefängnis von Abu Ghraib 2004 drei Psychologinnen der Frage nach-

gegangen, warum normale Menschen feindliche Gefangene foltern[34] –
und dabei auf die vertraute Regel gestoßen. Dazu haben die Wissen-
schaftlerinnen von der amerikanischen Princeton-Universität rund
25 000 Studien ausgewertet, in denen das Verhalten von acht Millionen Probanden Eingang gefunden hat. Eine der Thesen, die sie
anschließend formuliert haben, lautet: «Untergebene machen nicht
nur, was ihnen befohlen wird, sondern das, von dem sie denken, dass
ihre Vorgesetzten ihnen dies nach ihrem Verständnis der allgemeinen
Ziele der Vorgesetzten befehlen würden.» In diesem Fall haben sie aufgrund ihrer Erfahrung, sich besser an Konventionen zu halten, eine
einfache Regel entwickelt, wie man in einem Gefängnis mit seinen
Feinden verfahren sollte – und diese Regel dann angewendet in der
Überzeugung, damit richtigzuliegen. Es gibt zweifellos andere Gründe
für das erschreckende Phänomen gleichsam «aus dem Nichts» kom-
mender Gewalt, aber die simple Regel, im Zweifelsfall simplen Regeln
zu folgen, spielt dabei sicher eine große Rolle.

Wie ich weiter oben ausgeführt habe, gehört es zur Eigenart einfacher Annahmen und Regeln, daß sie keine Rücksicht nehmen auf
komplexe Verhältnisse. Vielmehr gehen sie von einer simplen Ursache-Wirkung-Mechanik aus. Das mag in manchen Momenten funktionieren. Da unser Leben aber ein offenes, dynamisches System ist,
wirkt es in vielfacher Weise auf unsere einfachen Regeln und Handlungen ein und wendet sie auf diese Weise immer wieder gegen uns;
wir werden noch sehen, warum. So haben wir es zum Beispiel
geschafft, durch unser vorbildliches Umweltverhalten das exakte
Gegenteil zu erreichen. Und das kommt laut *Spiegel* so[35]: Während es
den Deutschen seit Jahrzehnten nicht gelinge, ihren Treibstoff- und
Stromkonsum markant zu verringern, würden sie das bei ihrem täglichen Wasserverbrauch seit langem schaffen. Der sei zwischen 1990
und 2010 von 147 Liter pro Person auf 122 gesunken; damit gehören die
Deutschen zu den sparsamsten Verbrauchern in Europa. So wunder-

bar das auf den ersten Blick aussieht, so grundfalsch stellt es sich auf den zweiten dar. Und das aus einem doppelten Grund. Die Deutschen zum Sparen von Wasser zu animieren, wie es immer noch geschieht, um es südlichen, wasserarmen Regionen zukommen zu lassen, sei so sinnvoll, wie die Südspanier aufzufordern, im Interesse Finnlands nachmittags kein Sonnenlicht mehr in die Häuser zu lassen. Also vollkommen widersinnig. Das in Deutschland eingesparte Wasser sei nämlich über so weite Strecken nur theoretisch, praktisch aber nur unter Aufbietung absurden Aufwands transportabel. Weshalb auch niemand daran denkt, es zu tun. Gleichzeitig schädigten wir mit unserer Sparsamkeit bestehende Anlagen: Weil mittlerweile so wenig von dem in Deutschland reichlich vorhandenen und anderswo nicht verwendbaren Wasser durch die Leitungen fließe, müßte es zusätzlich aufbereitet werden, damit es genießbar bleibe. Und weil auch in den Abwassersystemen ein so geringer Durchsatz herrsche, verklebten Speisereste die Rohre, was wiederum dazu führe, daß es in regenarmen Zeiten unangenehm aus der Kanalisation rieche. Daher richten wir durch unser Wassersparen bloß Schaden an. «Eigentlich wäre es nämlich besser, die Deutschen würden etwas mehr statt weniger Wasser verbrauchen», wird Martin Weyand vom Bundesverband der Energie- und Wasserwirtschaft zitiert.

Ganz ähnliche Effekte können wir an einer Vielzahl weiterer Beispiele beobachten. So veranlaßt etwa der Einsatz von Energiesparlampen laut Gigerenzer viele Menschen dazu, mehr Lampen als bisher in Betrieb zu nehmen, diese länger brennen zu lassen und solcherart den eingesparten Strom wieder zu verplempern. Der Grund für dieses paradoxe Verhalten: Da unsere simplen Regeln nach dem Ursache-Wirkung-Prinzip aufgebaut sind, endet in unserer Vorstellung der Akt des Stromsparens mit dem Einschalten der Energiesparlampe – Aufgabe erledigt. Eine Gesamtschau aller brennenden Lampen erscheint demnach für viele von uns bereits zu komplex zu sein. Ganz zu schweigen davon, daß die Produktion der Energiesparlampen eine Art der Umweltverschmutzung verursacht, die bei der Produktion simpler Glühlampen nicht angefallen ist, wodurch die Ökobilanz der europaweit verordneten Lampen noch schlechter wird.

Eine andere unserer simplen Annahmen wiederum geht davon aus, soziale Netzwerke wie Facebook oder Google+ seien in ihrem Kern überaus taugliche Instrumente: um die Macht von uns Konsumenten zu organisieren und die Demokratisierung einzelner Länder voranzutreiben, weil es die Chance biete, sich zu vernetzen und zu verabreden. Ein freundlicher Gedanke, zweifellos, der seine Berechtigung haben mag, nur leider zu kurz greift. So vertritt Evgeny Morozov in einem Essay mit dem Titel «Vorsicht, Freund hört mit»[36] die These, soziale Netzwerke seien keinesfalls der schnellste Weg, um Widerstand zu organisieren, sondern führten die Geheimdienste und Diktatoren «geradewegs zu ihren Gegnern». Und weiter schreibt der Autor in einem Buch über die Beziehung von Demokratie und Internet[37]: «Die sozialen Netzwerke haben es also ungewollt leichter gemacht, Erkenntnisse über Aktivistennetzwerke zu gewinnen. Selbst eine kleine Sicherheitslücke in den Einstellungen eines einzigen Facebook-Profils kann die Sicherheit vieler anderer Nutzer gefährden.» Doch damit nicht genug: «Zudem wenden sich viele autoritäre Regimes an spezielle Data-Mining-Unternehmen, die ihnen dabei helfen, Unruhestifter zu identifizieren.» Zwar seien soziale Netzwerke durchaus in der Lage, demokratischen Widerstand zu organisieren. Das jedoch sei nicht selbstverständlich, sondern vielmehr die Frage einer differenzierten Strategie. Etwas, das sich mit unseren einfachen Annahmen und Regeln bekanntlich nur schwer verträgt.

[EINFACHE REGELN]

Die Wirksamkeit unserer einfachen Regeln verführt uns dazu, sie immer wieder anzuwenden und solcherart zuviel des Guten zu tun. Mit dem Ergebnis, daß wir ein weiteres Mal das Gegenteil des Geplanten erreichen.

Während ich für dieses Buch recherchierte, verschickte ich E-Mails an einige Personen, von denen ich mir passende Anekdoten erhoffte. Einer der Angeschriebenen hat gleich mehrere davon geschickt, und zwar Sebastian Turner, Partner der Agentur Scholz & Friends. «Höchst frisch im Gedächtnis» von einem Wettbewerb um die kreativste Radiowerbung, schrieb er mir im Mai 2010, sei ihm ein Radiospot für ein großes deutsches Auto-Magazin geblieben. Erst habe man Musik gehört, die aber sehr schnell durch jenes typische Geknatter gestört worden sei, das wir hören, wenn wir ein Handy zu nahe an das Radio legen. Dann habe sich eine Stimme gemeldet und den Zuhörer ermahnt, während der Fahrt das Handy auszuschalten, nur so fahre man wirklich sicher. So weit, so gut. Tatsächlich aber, schreibt Turner, «wird der gewöhnliche Autofahrer bei dem Geräusch erst einmal panisch nach seinem Handy greifen und verwirrt und verärgert denken: ‹Kaputt?› Oder: ‹Was habe ich verpasst?› Kurzum: Der Sicherheitsspot gefährdet den Verkehr.»

Von einer ganz ähnlichen Paradoxie erzählt die folgende Geschichte, die ebenfalls mit Autos zu tun hat. Auch hier können wir dabei zusehen, wie eine ebenso gute wie einfache Regel sich plötzlich gegen uns wendet. Die Regel lautet: «Tue alles, um die Umwelt zu schonen!» Sie ist mittlerweile so fest in unseren Köpfen verankert, daß kein Unternehmen mehr daran vorbeikommt. Auch die Autoindustrie nicht. Daher bemüht sie sich, in immer mehr Autos Elektromotoren einzubauen. Solcherart werden nicht nur weniger schädliche Abgase ausgestoßen, sondern es wird möglich, unsere Autos durch Energie anzutreiben, die im Idealfall auf klimaneutrale Weise gewonnen wird. Und noch einen großen Vorteil haben diese Motoren: Sie machen keinen Krach, sondern schnurren leise vor sich hin. Doch genau darin liegt das Problem. Denn sowohl Fußgänger als auch Fahrradfahrer könnten «sie kaum hören», weshalb «die Unfallgefahr größer als bei Benzinmotoren»[38] sei, wie wir in der FAZ lesen konnten. Um diese Gefahr abzuwenden, habe der japanische Autohersteller Toyota beschlossen, «für seine erfolgreichen Hybridautos, die von einem Benzin- und einem Elektromotor angetrieben werden, künftig zusätzliche Krachmacher» anzubieten. Damit sollen «Motorengeräusche imitiert werden, wenn die Autos mit dem leisen Elektromotor fahren».

Auch das dritte und letzte Beispiel hat, einem seltsamen Zufall folgend, mit Autos zu tun. Darauf gestoßen bin ich im Blog[39] von Steven D. Levitt und Stephen J. Dubner, die sich in ihren beiden «Freakonomics»-Bänden mit der «versteckten Seite von allem»[40] beschäftigen. In einem Beitrag[41] widmen sich die beiden einer speziellen Eisenstange namens «Club», die viele Autobesitzer verwenden, um ihre Wagen zusätzlich gegen Diebstahl zu sichern. Das Ding wird an Lenker und Bremspedal angebracht, um das Wegfahren zu erschweren. Doch ein ehemaliger Konstrukteur von Chrysler, Jim Burns, habe sie auf den wahren Wert dieses «Club» hingewiesen: Unter professionellen Dieben genieße die Eisenstange besondere Wertschätzung. Sie ist zwar aus gehärtetem Stahl, also schwer zu durchtrennen, aber am Lenkrad befestigt; das bestehe meist aus Plastik, sei also mit Hilfe einer kurzen, leicht transportablen Eisensäge in wenigen Sekunden durchzuschneiden. «Club» ringt den Dieben nicht nur ein mitleidiges Lächeln ab, sondern kommt ihnen sogar höchst gelegen, denn mit seiner Hilfe ließen sich die Lenkradschlösser der Autos leicht knacken. Daher würden Profis gezielt nach Autos suchen, die mit dieser Stange gesichert seien, da ihnen solcherart die Mühe und das Risiko erspart blieben, ein auffälliges Brecheisen mit sich herumzuschleppen.

[EINFACHE REGELN]

Wollen wir den gemeinsamen Angelpunkt der drei Beispiele benennen, empfiehlt sich dafür die klassische Redewendung, da habe wohl jemand «zuviel des Guten» getan. So haben sich die Macher des Radiospots so konsequent der simplen Kunstmittel des Mediums bedient, daß die ahnungslosen Autofahrer die Werbung für echt hielten und paradoxerweise auf jene Weise reagierten, die die Macher eigentlich verhindern wollten: Sie begannen, an ihren Handys herumzufummeln. Im zweiten Fall folgten die Auto-Konstrukteure so lange der Regel, Motoren umweltfreundlicher zu machen, bis sie nicht nur deren negative Auswirkungen, sondern auch gleich deren sinnvolle Seiteneffekte beseitigt hatten. Und die ängstlichen Autobesitzer schließlich folgten so lange der simplen Konvention, den eigenen Besitz zu schützen, bis sie den Dieben nicht nur das nötige Werkzeug für ihr Vorhaben geliefert, sondern ihre Autos erst besonders attraktiv für sie gemacht hatten. Wer nun einwenden mag, die Beispiele seien ganz unterhaltsam, unsere Tendenz zu übertreiben aber die Ausnahme – den muß ich leider enttäuschen. Unser Hang, des Guten zuviel zu tun, ist ironischerweise die Regel. Denn: Eine simple Annahme zu entwickeln und diese immer wieder anzuwenden, gehört zu einer unserer liebsten Gewohnheiten; daran kann auch nichts ändern, daß wir damit immer wieder das Gegenteil des Geplanten erreichen. Der Psychotherapeut und Kommunikationstheoretiker Paul Watzlawick geht in seinem Essay «Vom Schlechten des Guten» genauer darauf ein[42]: «Was scheint logischer», fragt er einleitend, «als von einer einmal gefundenen und seither vielfach bewährten Lösung anzunehmen, daß sie sich – entsprechend multipliziert – auf immer größere Problemkreise anwenden ließe.» Nichts! Denn sobald wir die Erfahrung gemacht haben, mit der Anwendung einer bestimmten Regel erfolgreich gewesen zu sein, belohnt uns das Gehirn mit den wunderbarsten Glücksgefühlen – im Kapitel über «Geheime Versprechen» wird davon die Rede sein.

[1. KAPITEL]

Das Resultat dieses Mechanismus: Sobald wir es für angemessen halten, greifen wir auf die entsprechende Regel zurück. Diese Wechselbeziehung zwischen zielgerichtetem Handeln und Belohnung ist ein zentraler Baustein menschlichen Lernens. Das Richtige ruft gute, das Falsche schlechte Gefühle in uns hervor. Da überrascht es nicht, daß wir auf den von uns entwickelten Bausatz einfacher Regeln nicht nur immer wieder gerne zurückgreifen, sondern dazu neigen, sie im Übermaß anzuwenden. Auch Gigerenzer stützt die These Watzlawicks, daß uns dieser Hang in Fleisch und Blut übergegangen sei: «Wir alle haben das vermeintliche Ideal des Maximierens im Kopf: Mehr Information ist immer besser. Mehr Zeit ist immer besser. Mehr Optionen sind immer besser. Mehr Berechnungen sind immer besser. Dieses Schema steckt tief in uns drin, aber es ist falsch.»[43] Mit einer kleinen Einschränkung, denn auch Gigerenzer folgt in seiner abschließenden Formulierung jenem «Ideal des Maximierens», das er im selben Atemzug kritisiert: Es *kann* falsch sein, einfache Regeln immer wieder anwenden zu wollen. Oder noch besser: Es ist falsch und richtig zugleich. Denn zum einen motiviert unser Wiederholungszwang uns, unermüdlich weiterzumachen, weil wir ja die komplexe Welt erfolgreich in den Griff bekommen wollen. Zum Problem wird unser Hang erst, wenn die Umwelt uns keine Grenzen setzt, niemand uns bremst. Dann geschieht nämlich, was Watzlawick folgenderweise beschreibt: Wer eine Regel immer wieder anwende, der übersehe die Dynamik, daß «die Dinge im entscheidenden Augenblick von Quantität auf Qualität überspringen», was «zu den unerwartetsten Pannen» führe.[44] Der springende Punkt: Dieses «Umschlagen einer versuchten Lösung in mehr derselben Problematik» geschehe nicht langsam oder absehbar, sondern «dieser Sprung kommt für den gesunden Menschenverstand ganz überraschend».

Kein Wunder also, daß wir die Angewohnheit entwickelt haben, Regeln bis zu ihrem bitteren Ende anzuwenden – daß wir zuviel des

Guten getan haben, erkennen wir immer erst, wenn es zu spät ist. Watzlawick bezieht sich mit seiner These vom Umkippen des Guten ins Schlechte auf eine Grundidee des griechischen Philosophen Heraklit, der den Begriff der «Enantiadromie» geprägt hat, was soviel bedeutet wie «Gegenlauf». Heraklit war davon überzeugt, daß sich unsere Welt durch den Zusammenprall gegenläufiger Kräfte entwickle, durch These und Gegenthese. Wir dürfen in diesem Zusammenhang aber eines nicht übersehen: Daß die exzessive Anwendung einfacher Regeln uns schaden kann, sagt nichts über die Qualität der einfachen Regel aus. Es hängt von der konkreten Situation ab, wohin sie uns führt. So hat Watzlawick zu Recht darauf hingewiesen, daß nur ein *Übermaß* an Patriotismus zu Chauvinismus führe – was im Umkehrschluß nur bedeuten kann, daß eine angemessene Form durchaus sinnvoll sein kann. Wie immer die im konkreten auch aussehen mag. Watzlawick sieht in unserem Hang, stets zuviel des Guten zu tun, eine «Patendlösung»[45] – ein Begriff, den er aus den beiden Wörtern «Patentlösung» und «Endlösung»[46] zusammengesetzt hat. Er versteht darunter «eine Lösung, die so patent ist, daß sie nicht nur das Problem, sondern auch alles damit Zusammenhängende aus der Welt schafft – etwa im Sinne des alten Medizinerwitzes: Operation erfolgreich, Patient tot».

Wer sich mit dieser These im Kopf umsieht, wird eine Vielzahl von Belegen für sie entdecken – selbst wenn er all jene Belege ignoriert, die er nur deshalb entdeckt hat, weil sein interessegelenkter Blick sie ihm nahegelegt hat (eine weitere einfache Regel, die wir im Hinterkopf behalten sollten, wenn wir nach Beweisen für unsere Thesen suchen). So neigen zum Beispiel viele Unternehmen dazu, uns eine große Zahl von Optionen anzubieten: bei den Benutzeroberflächen unserer Handys und Computerprogramme, bei den Varianten ein und desselben Produkts (wie es die Schokolade- oder Autohersteller tun) oder bei den Details der angebotenen Dienstleistungen (wie das die Versicherungen tun). Mit ihrer Strategie folgen die Unternehmen einer einfachen Regel: Gib den Kunden eine große Auswahl, und sie werden dich lieben. Bis zu einem gewissen Grad stimmt das auch. Doch erreicht die Anzahl der Optionen eine bestimmte Grenze, löst sie den gegenteiligen Effekt aus, wie der Psychologe Barry Schwartz in seinem bekannten Buch «The Paradox of Choice: Why More Is Less»[47] gezeigt hat. Wir Konsumenten fühlen uns schlicht und einfach überfordert. Schwartz geht sogar noch einen Schritt weiter: Er vertritt die These, daß auch ein Übermaß an Freiheit in ihr Gegenteil umschlägt: «Wenn man den Menschen zu viele Wahlmöglichkeiten gibt, nimmt man ihnen etwas von ihrer Freiheit. Es wird schwieriger, eine Entscheidung zu fällen, schlimmstenfalls wird man entscheidungsunfähig – und das ist dann genauso, als ob man überhaupt keine Entscheidungsfreiheit hätte.»[48]

Meine entsprechende Lieblingsanekdote spielt bei einem gemeinsamen Mittagessen mit einem ehemaligen Arbeitskollegen. Wir hatten uns beim nahe gelegenen Chinesen verabredet. Über der Selbstbedienungstheke, an der man sein Essen bestellt, hing eine riesige Tafel, auf der rund einhundert Speisen angeboten wurden. Eine jede fein säuberlich mit einer Nummer versehen. Steffen legte den Kopf in den Nacken und begann damit, die lange Liste durchzulesen. Er las und las, während die Leute in der Schlange hinter ihm anfingen zu drängeln. Die Lage wurde immer ungemütlicher, Steffen immer unentschlossener. Bis er schließlich, am Höhepunkt seiner Verzweiflung, laut ausrief: «Ich kann nicht! Ich weiß nicht, was ich essen soll.» Danach befragt, was ihn davon abhalte, irgend etwas auszusuchen, rief er ebenso laut aus: «Ich leide unter einer akuten Indifferenz-Attacke!»

Gigerenzer begründet unsere Probleme, mit einer übergroßen Auswahl zurechtzukommen, mit der Leistungsfähigkeit unseres Gehirns: «Es gibt eine Grenze für die Information, die der Mensch verdauen kann, eine Grenze, die oft der magischen Zahl Sieben entspricht, plus/minus zwei, der Kapazität des Kurzzeitgedächtnisses.»[49] Wie erfolgreich ein Unternehmen sein kann, das diesen – wiederum eindrucksvoll einfachen – Ratschlag beherzigt, zeigt das Beispiel Apple. Der Konzern verkauft, genau betrachtet, weder Computer, noch Software, Handys oder Musik, sondern Schlichtheit. Indem er exakt jene Zahl an Optionen anbietet, die wir Menschen als angenehm empfinden – und nicht mehr (dazu mehr im Kapitel «Gekonntes Nichtstun»).

Es gäbe noch viele weitere einschlägige Beispiele für diese These, allein: Ich denke, sie ist bereits jetzt hinlänglich klargeworden. Zudem laufen Autoren, die zur Erklärung komplexer Sachverhalte zu viele Beispiele verwenden, ständig Gefahr, sich ihren Lesern gegenüber zu verhalten wie engagierte Eltern ihren Kindern gegenüber: zu fürsorglich. Es also mit dem Guten zu übertreiben und dadurch den Wechsel in die Selbständigkeit zu behindern, anstatt sie zu fördern. Der Psychoanalytiker Fritz B. Simon hat auf diesen paradoxen Effekt elterlichen Verantwortungsgefühls hingewiesen und auf diese Weise eine der vielen Ambivalenzen unseres Lebens wunderbar beschrieben: «Das Überraschende und Tragische» am Aushandeln der Eltern-Kind-Beziehung sei, «daß sie um so schwieriger und anstrengender gerät, je größer die emotionale Bindung aneinander ist. Kinder, denen ihre Eltern, oder Eltern, denen ihre Kinder gleichgültig sind, versuchen niemals, sich gegenseitig zu retten oder zum jeweils Besten des anderen zu manipulieren. Sie respektieren daher gegenseitig die Grenzen des anderen viel mehr.» Sich hingegen von fürsorglichen und liebevollen Eltern zu trennen fällt ungleich schwerer. «So entsteht die paradoxe Situation, daß diejenigen Eltern bei der Aufgabe, ihren Kindern den Weg in die Selbständigkeit zu eröffnen, die ‹besten› sind, die nicht so ‹gut› sind. Schlechte Eltern sind gute Eltern und gute Eltern sind schlechte Eltern.» Am besten seien «wahrscheinlich die mittelmäßig ‹guten› oder ‹schlechten› Eltern, die ihren Kindern ein gesundes Maß an Vernachlässigung angedeihen lassen – weder zuviel noch zuwenig»[50].

Woraus sich ein kleiner Hinweis in eigener Sache ergibt: Ich will in der Kritik an unseren simplen Weltaneignungsregeln nicht wiederholen, was ich diesen vorwerfe – zu einfach zu sein. Vielmehr geht es mir darum, deren Doppelcharakter zu veranschaulichen. Also zu zeigen, daß uns einfache Regeln helfen *und* schaden können, beides mitunter im selben Moment; wenn Sie meiner Empfehlung weiter oben nachgekommen sind, haben Sie davon schon im Kapitel «Paradoxe Verhältnisse» gelesen. Auch die folgenden Hinweise bitte ich Sie in diesem Sinne zu verstehen: nicht als bedenkenlos anwendbare Patentrezepte (schon gar nicht als «Patendrezepte»), sondern als Empfehlung, manche Dinge gegen den Strich zu bürsten, andere hingegen exakt nach jenen Regeln zu behandeln, die uns die Evolution beigebracht hat. Je nach Zusammenhang, Lust, Laune, Talent und Großwetterlage. Das gilt selbstverständlich für alle Ratschläge in diesem Buch.

Die gewonnenen Erkenntnisse über die Macht einfacher Regeln lassen sich auch im eigenen Interesse einsetzen. Wir sollten dabei freilich auf die konkreten Zusammenhänge achten.

Verstoßen Sie bewußt gegen Regeln: Hier ist sie endlich, die Auflösung der Einstiegsgeschichte. Sie erinnern sich: Die Sache mit den «Worstsellern», also den am schlechtesten verkauften Diogenes-Büchern des Jahres 2005. Der Kniff von Verlagschef Daniel Keel bestand darin, eine einfache, weit verbreitete Regel bewußt umzukehren. Also *vorsätzlich* das Gegenteil des Üblichen zu tun. Normalerweise überbieten die Verlage einander ja mit Jubelmeldungen.

Die simple Regel dahinter: Zeige den Menschen, daß du erfolgreiche Bücher machst, und es werden noch mehr kommen, um sie zu kaufen – und gleich alle anderen Bücher mit. Wer hingegen verlauten läßt, er gebe Bücher heraus, die exakt drei Käufer in einem Jahr gefunden haben (Frank O'Connor), der riskiert, daß man ihn für unfähig hält, und die Autoren ebenfalls. Aber wie wir gesehen haben, muß das nicht unbedingt so kommen. Vielmehr zeigt das Beispiel des Diogenes Verlags, daß auch das Schlechte in etwas Gutes umschlagen kann: indem man erst die Aufmerksamkeit der Menschen erregt und sie dazu bringt, sich die Sache genauer anzusehen. Im konkreten Fall mit durchschlagendem Erfolg, verzeichneten die Verkäufe des O'Connor-Bandes doch gigantische Steigerungsraten (+ 1 000 %!). Nun gut, die Auflage betrug, in absoluten Zahlen gemessen, immer noch bescheidene 288 Exemplare, aber was soll's – die Regel hat sich bewährt.

Neigen Sie zu Einfallslosigkeit, blättern Sie ein wenig in der Weltliteratur der Regelverletzer – und Sie werden Ihren Weg finden: Lange Zeit mußten nur Menschen wie Künstler oder Journalisten um die Aufmerksamkeit der anderen buhlen, damit sie ihr Werk verkaufen konnten. Spätestens seit Beginn des Internetzeitalters müssen das auch alle anderen, um voranzukommen: wegen eines Jobs, einer Beziehung, ihres Selbstwertgefühls. Wer das Spiel in Echtzeit erleben will, der muß sich nur ein paar Tage in einem sozialen Netzwerk herumtreiben. Oder auf der Video-Plattform YouTube umsehen. Ein klassisches Mittel, dabei schnell voranzukommen, besteht darin, gegen eine einfache Regel zu verstoßen. Denn wir Menschen haben die entwicklungsgeschichtlich sinnvolle Angewohnheit, nicht weiter auf die vertraute Basisausstattung unseres Lebens zu achten (auf die sanft wogenden Wiesen, das Vogelgezwitscher, das Rauschen der Klimaanlage, das Schnurren des Automotors, das geschäftige Treiben der Kollegen, brave Kinder). Ungleich stärker reagieren wir auf die Ausnahmen von den einfachen Regeln. Jene könnten uns nämlich gefährlich werden oder dazu zwingen, unsere Annahmen zu modifizieren.

Es hängt von Ihrem persönlichen Geschmack und von Ihren Zielen ab, wo Sie sich Anregungen für Ihre Regelverletzungen holen könnten. Die einen werden sie im «Guinness Buch der Rekorde» finden (1000 Hamburger in einer Minute hinunterschlingen), die anderen bei «Wetten, daß ...» (mit einem Bagger eine Uhr reparieren) oder in der Literatur (bei dem amerikanischen Schriftsteller Ernest Vincent Wright, der 1939 die Novelle «Gadsby» veröffentlicht hat, in der es kein einziges «e» gibt) oder in der Kunstgeschichte (bei dem Künstler Marcel Duchamp, der 1917 einen trivialen Alltagsgegenstand für eine Kunstausstellung einreichte, ein Urinal, das er «Fountain» nannte). Und wieder andere werden sich an Werbeagenturen orientieren, die sich neben den Künstlern wohl am besten mit den «So brechen Sie erfolgreich die Regeln»-Regeln auskennen. Ein Meilenstein dieser Art ist eine Kampagne aus dem Jahr 1966. Damals ließ die Deutsche Bundesbahn Plakate aufhängen, auf denen man nicht lesen konnte, was sie *tat*, sondern was sie *nicht tat*. Nämlich von Dingen reden, die für sie keine Relevanz hatten (für alle anderen hingegen schon). Der Spruch lautete: «Alle reden vom Wetter. Wir nicht.» Wir werden uns das Thema im Kapitel «Hilfreiche

Neins» noch genauer ansehen. Bedienen Sie sich also in der großen Weltbibliothek der Regelverletzer und suchen Sie sich eine passende Strategie aus, um die Aufmerksamkeit der anderen zu gewinnen. Was Sie damit anfangen – das ist freilich eine andere Frage.

Rechnen Sie mit der Ambivalenz Ihrer Regelverletzungen:
Wenn wir gegen einfache Regeln verstoßen, tun wir mehr, als wir ahnen und uns mitunter lieb ist. Wer nämlich Regeln bricht, löst damit bei den anderen (und sich selbst) oft gemischte Gefühle aus. Denn einerseits kann es erleichternd sein, wenn endlich einmal jemand gegen bestimmte Regeln verstößt, vor allem, wenn alle sie als belastend oder gar autoritär-antidemokratisch empfinden. Andererseits haben Regelverletzungen auch etwas Beängstigendes: Regeln haben ja die Eigenschaft, verläßlich zu sein, weshalb sie uns das Gefühl der Sicherheit vermitteln. Sie werden also mit Ihren Regelverletzungen entweder Freude oder Ablehnung auslösen, in den meisten Fällen beide Gefühle gleichzeitig. So erklärt sich übrigens auch der ambivalente Ausdruck auf den Gesichtern all jener Menschen, die Sie eben jetzt mustern, da Sie bei einem großen, feierlichen Abendessen mit den Fingern essen. Es hängt vom Kontext, der Gruppendynamik und dem persönlichen Hintergrund jedes einzelnen ab, ob man Sie rauswirft, über Sie lacht oder geflissentlich ignoriert. An Sie erinnern aber – das wird man sich. Wenn darin das Ziel Ihrer Aktion bestanden hat: Gratulation!

Doch diese gemischten Gefühle müssen uns nicht unbedingt bekümmern. Viel wichtiger ist ein anderer Aspekt unserer Regelverletzungen. Wer gegen Richtlinien verstößt, erreicht damit, daß die Menschen überhaupt erst von deren

Existenz erfahren. Wer also zu einem feierlichen Essen in abgerissenen Jeans erscheint und dann mit den Fingern ißt, der macht den anderen bewußt, daß es Benimmregeln gibt. Das dürften sie gewußt haben, dennoch läuft die Sache darauf hinaus, daß wir diese Regeln beglaubigen, indem wir gegen sie verstoßen. Genau so ist die gerne mißverstandene Redewendung «Ausnahmen bestätigen die Regel» gemeint: Sie verweist darauf, daß erst eine Ausnahme die Existenz eines Regelwerks belegt; Regeln ohne Ausnahmen hingegen können wir als solche nicht erkennen, weil ihnen gleichsam das Kontrastmittel fehlt.

Solange Sie also mit Ihrer Regelverletzung genau das erreichen wollten, ist alles in Ordnung. Haben Sie hingegen vor, eine Regel aus der Welt zu schaffen, die Sie für spießig, überflüssig oder lästig halten, dann sollten Sie nicht gegen sie verstoßen, sondern einen großen Bogen um sie machen. Indem Sie zum Beispiel aus dem betreffenden Bezugssystem ganz aussteigen. Wer diese Regel fortgeschrittenen Regelverletzens verletzt, findet sich daher mitunter in der Rolle des Regel-Bewahrers wieder, also in einer Funktion, der seine Ablehnung gilt.

Würdigen Sie, daß Regelverletzer dazu beitragen, daß noch irgend etwas funktioniert. Mal angenommen, Sie sitzen im Auto und schleichen damit die Autobahn entlang. Dichter Verkehr, sehr dichter Verkehr. Plötzlich überholt Sie rechts, auf dem Pannenstreifen, ein anderes Auto, und das auch noch mit deutlich überhöhter Geschwindigkeit. Bevor Sie nun losbrüllen: «Unverschämtheit – was bildet der sich ein!», sollten Sie kurz innehalten. Und dem rücksichtslosen Autofahrer danken. Ja, danken! Denn es sind mitunter genau jene rücksichtslosen Verkehrsrowdys, die den drohenden Megastau verhindern und dadurch garantieren, daß Sie doch noch nach Hause kommen. Exakt diesen Schluß legt die Untersuchung von fünf Physikern der Umeå-Universität in Schweden nahe.[51] Sie haben in einer Computersimulation zweierlei herausgefunden. Daß es Situationen gibt, in denen eine «zu strikte Befolgung der Verkehrsregeln zu einem gigantischen Verkehrsstau führen kann». Und daß sich diese Staus verhindern lassen, «wenn es einige Leute gibt, die die Verkehrsregeln ignorieren». Die Wissenschaftler haben ihre Behauptung mit jeder Menge Diagrammen belegt, die derart komplex aussehen, daß sie einfach stimmen müssen. Abschließend schreiben sie: Die Ergebnisse ihrer Studie «implizieren, daß eine bestimmte Menge an Regelverletzern die Neigung zu Verkehrsstaus verringern, weil sie das Risiko verkleinern, daß zu hohe lokale Verkehrskonzentrationen entstehen». Die Betonung liegt auf «eine bestimmte Menge an Regelverletzern». Sollte also der Rowdy, der Sie eben rechts überholt hat, keine weiteren Nachahmer finden, spricht nichts dagegen, daß Sie ihm hinterherrasen. Um bei einer etwaigen Polizeikontrolle nicht den kürzeren zu ziehen, sollten Sie einen der fünf schwedischen Physiker dabeihaben, um plausibel machen zu können, welchem höheren Zweck Ihre Regelverletzung dient.

Achten Sie die Konformisten! Und unterstützen Sie sie gegebenenfalls: Regelverletzer brauchen Regeln, um gegen sie verstoßen zu können. Eine im ersten Moment einfach anmutende Aussage. Sie gewinnt schlagartig an Brisanz, wenn wir sie ein wenig genauer betrachten. Dann muß uns nämlich klarwerden, daß wir untrennbar mit jenen Regeln verbunden sind, gegen die wir verstoßen wollen, um unsere Ziele zu erreichen. Und dieses innige Verhältnis zu den Regeln sollten wir respektieren – sowie den Umstand, daß wir existentiell auf jene Menschen angewiesen sind, die diese einfachen Regeln pflegen und schützen. Sie sorgen nämlich dafür, daß wir unser paradoxes Spielchen überhaupt treiben können. Oft jedoch genießen die Hüter der einfachen Regeln den Ruf, Apologeten des Mainstreams oder dumbe Konformisten zu sein. Diese Haltung erscheint mir unangemessen. Vielmehr muß jedem Regelverletzer daran gelegen sein, daß es viele Konformisten gibt. Daß also möglichst viele Menschen den Mainstream verteidigen.

Es ist doch so: In dem Moment, in dem die Konformisten ihren Job vernachlässigen, zerbröselt das Geschäftsmodell von uns Regelverletzern. Umgekehrt freilich sind auch die Hüter der Regeln existentiell auf den Regelverletzer angewiesen. Schließlich sind es erst die Ausnahmen bzw. Verletzungen der Regel, die uns ihre Existenz bewußtmachen bzw. ihre Gültigkeit beglaubigen. Daraus ergibt sich eine wunderbare Kreisbewegung, die wir im Kapitel über die «paradoxen Verhältnisse» kennenlernen werden. Für Hochmut jedenfalls ist in diesem Spiel kein Platz (wenn er auch zum Geschäftsmodell der Regelverletzer gehört): Wer sich also mit provokativer Kunst profilieren will, der ist sehr gut beraten, all jene Menschen zu achten, die ihn in ihrem Konformismus zum Glänzen bringen, also Hirsche im Sonnenuntergang malen, anstatt dieselben Hirsche in Formalin einzulegen und auszustellen. Ebenso wie der Konformist und Hirsch-im-Sonnenuntergang-Maler seinen Spaß dran haben sollte, daß der Avantgardist seine (spießigen) Regeln beglaubigt. Aus dem Gleichgewicht gerät die

[EINFACHE REGELN]

ganze schöne Kreisbewegung freilich, wenn eine der beiden Gruppen die Oberhand gewinnt. Und manchmal sieht es beinahe so aus. Wenn wir nämlich die Medienberichte über das Internet verfolgen, so können wir bisweilen den Eindruck gewinnen, daß die Regelverletzung zur Normalität geworden ist und die Befolgung der einfachen Regel zur Ausnahme.

Doch keine Angst: Wenn diese Analyse stimmen sollte, wir also mit der klassischen Regelverletzung niemanden mehr aufmerksam machen können auf uns – die Mechanik bleibt davon unberührt. Wir müssen dann nur unsere Wahrnehmung justieren. Also die Regelverletzung als die neue einfache Regel betrachten und die Befolgung der einfachen Regel als die neue Regelverletzung. Klingt ein wenig kompliziert – aber hat irgend jemand behauptet, die Kunst der paradoxen Lebensführung sei ein Kinderspiel? Eben. Wer Regeln verletzen will, der ist gut beraten, sie sehr gut zu kennen. Je besser, desto geschickter werden wir darin sein, sie zu verletzen. Wer hingegen glaubt, es genüge, sich «irgendwie» anders als die anderen zu benehmen, der wird vielleicht kurzfristig erfolgreich damit sein, weil ihn alle beachten – aber er wird wahrscheinlich von den Mechanismen, deren er sich da unwissentlich bedient hat, beschädigt oder sogar verschlungen werden. So wird beispielsweise jeder, der mit den Regeln der medialen Öffentlichkeit nicht vertraut ist und dennoch Geheimnisse über seinen Job ausplaudert, zwar breite Beachtung finden, sich gleichzeitig aber so nachhaltig beschädigen, daß er alles verlieren wird.

Eine möglichst gute Kenntnis jener Regeln, die Sie verletzen wollen, hat noch einen weiteren Vorteil: Sie können gegebenenfalls die Seiten wechseln – also zum Hüter jener Regeln werden, die Sie eben noch verletzt haben. Es wäre nicht das erste Mal, daß so etwas geschieht. So konnten wir verfolgen, wie sich ein ehemaliger Straßenkämpfer in einen erfolgreichen Außenminister verwandelte (Joschka Fischer), eine kämpferische Feministin in die Autorin eines antifeministischen Boulevardblatts (Alice Schwarzer) und ein gefürchteter Hacker, der Dutzende Male in das Computernetzwerk des Pentagons und des amerikanischen Militärnachrichtendienstes NAS eingedrungen war, in den Eigentümer einer angesehenen Beratungsfirma für Computersicherheit (Kevin Mitnick)[52].

Übertreiben Sie es nicht! Und wenn doch, bewußt: Wer Regeln verletzt, um damit etwas Bestimmtes zu erreichen, sollte sich darüber im klaren sein, daß er aus dem Regelverletzen keine Regel machen darf. Vielmehr sollte sie die Ausnahme von der Regel bleiben. Machen wir hingegen die Regelverletzung zur Gewohnheit, setzen wir jenen Mechanismus in Gang, den wir weiter oben kennengelernt haben: Es wäre zuviel des Guten. Die Regelverletzung wird nicht nur selbst zur Regel und verliert auf diese Weise ihren Überraschungseffekt und ihre Sprengkraft. Sie bringt auch das ganze sorgsam ausbalancierte System zum Einsturz, indem sie der Regelverletzung ihre Basis entzieht. Wo sich niemand mehr an die Regel hält, verliert deren Übertretung ihren Sinn. Wir können natürlich eine neue Regelverletzungsregel aufstellen, müssen uns dann aber bewußt sein, daß von da an eine wirkliche Regelverletzung darin besteht, die Regelverletzungsregel zu verletzen – also sich an die Regeln zu halten bzw. die Regeln von neuem zu etablieren. Doch bevor es zu kompliziert wird,

beherzigen Sie einfach den Ratschlag, es nicht zu übertreiben.

Fragen Sie nach Dingen, die Sie nicht erfahren wollen: Das
Problem vieler Interviews und Gespräche besteht darin,
daß die Beteiligten Übung haben, sie zu führen. Daß wir
also auf die Frage, wie es uns gehe, antworten, was wir zu
antworten gelernt haben: «Gut, danke. Und dir?» Diese
Unverbindlichkeit und Knappheit hat nichts damit zu tun,
daß wir unehrlich wären oder unfreundlich. Vielmehr ist
daran die Gewohnheit schuld, uns die Dinge möglichst
einfach zu machen – angesichts der Tatsache, daß wir am
Tag mindestens ein dutzendmal gefragt werden, wie es um
unser Seelenheil bestellt sei, eine mehr als nachvollziehbare
Reaktion. Ganz davon zu schweigen, daß eine ehrliche
Antwort die allermeisten der Fragenden ohnehin nichts
angeht bzw. irritieren würde. Unsere Kommunikation wird
von Routinen bestimmt. Vor allem gilt das für Menschen,
die den ganzen Tag danach gefragt werden, was sie tun
und denken und meinen. Politiker und Top-Manager zum
Beispiel. Nicht nur, daß sie im Zweifel jede Frage schon
tausendfach gehört haben, hat jede ihrer Antworten das
Zeug dazu, für öffentlichen Wirbel zu sorgen. Weil man sie
falsch verstanden oder zitiert hat, weil sie Blödsinn geredet
haben, weil der Journalist einen schlechten Tag hatte oder
alles zusammen. Als wohl bekanntestes Beispiel kann das
Interview mit dem damaligen Chef der Deutschen Bank,
Rolf Breuer, gelten; der hatte Anfang Februar 2002 in
einem *einzigen* Satz an der Kreditwürdigkeit des Medien-
unternehmers Leo Kirch gezweifelt. Das Ergebnis: der
Zusammenbruch des Unternehmens.
Das bedeutet: Interviews mit Politikern und Top-Managern

[**1. KAPITEL**]

müssen nichtssagend sein, weil sie im Grenzgebiet zwischen nervtötender Routine und politischer Brisanz stattfinden. Eine Situation, in der man eindeutig mehr falsch als richtig machen kann, weshalb Vorsicht angebracht ist. Nicht ganz so brisant gestalten sich Gespräche in Partnerschaften, aber auch hier bilden sich über die Jahre klare Konventionen aus, Regeln, wie wir in bestimmten Situationen antworten und agieren. So wissen wir zum Beispiel, mit welchen Halbsätzen wir den anderen kränken, besänftigen, ablenken oder zum Schweigen bringen können. Und wir verfügen über einen stetig wachsenden Schatz an gemeinsamen Erinnerungen und Sprachregelungen, die wir für unsere Zwecke einsetzen können. Es gehört zur Dynamik lang andauernder Beziehungen, daß wir all jene Fragen und Feststellungen auszumustern beginnen, die die Basis der Beziehung erschüttern könnten. Diesen Gewinn an Sicherheit erkaufen wir freilich damit, daß der andere für uns berechenbarer und eindimensionaler wird. Wollen wir als Journalisten oder langjährige Lebensgefährten dennoch etwas Interessantes in Erfahrung bringen, müssen wir uns etwas einfallen lassen. Wie wäre es, wenn Sie Ihr Gegenüber zu Beginn Ihres nächsten Gesprächs nach Dingen fragen, die Sie gar nicht erfahren wollen? Oder die im Gegensatz zu dessen erklärten Zielen stehen? So könnten Sie beispielsweise Ihren Partner fragen, wie Sie ihn binnen kürzester Zeit garantiert unglücklich machen könnten. Oder den Vorstandsvorsitzenden einer Bank, womit man erfolgreich ein Geldinstitut ruinieren kann. Oder den Politiker, welchen Nutzen er davon hat, daß seine großangelegte Gesetzesinitiative gescheitert ist. Sie sollten davon ausgehen, daß Sie entweder eine verblüffende

[**EINFACHE REGELN**]

Antwort bekommen oder in hohem Bogen rausfliegen.
Aber den Versuch war es immerhin wert, oder nicht? Ganz
zu schweigen von der durchaus realistischen Chance, daß
Ihr Gegenüber auf Ihre paradoxe Frage einsteigt und
Ihnen zum erstenmal seit langer Zeit eine Antwort gibt, die
Sie aufhorchen läßt. Ein Beispiel für so eine Antwort kann
ich Ihnen nicht geben – das müssen Sie schon selber
erledigen.

Sagen Sie die Wahrheit: Neulich auf dem Flohmarkt. Zwischen den Hunderttausenden Waren und Schildchen sticht
ein Pappendeckel hervor. Darauf steht mit dickem Filzstift
geschrieben: «Hier ist alles seeehr teuer.» Das stimmt
natürlich nicht, weil alles seeehr billig ist. Aber der Bruch
mit der Regel, stets das günstigste Angebot haben zu
wollen, sorgt dafür, in einem Buch über paradoxe Lebensführung erwähnt zu werden. Abgekauft habe ich den
Leuten am Flohmarktstand nichts. Aber man kann es ja
mal versuchen – so wie Sie das nächste Mal. Sie könnten
sich beispielsweise ein Schild basteln, «Bitte sehen Sie mich
und mein Buch nicht an!» draufschreiben, die Eröffnungs-
pressekonferenz der nächsten Buchmesse besuchen und
beobachten, was geschieht.

Stellen Sie Ihre Schwächen aus: Eine klassische Verhaltens-
regel legt uns nahe, unsere persönlichen Defekte möglichst
zu verschweigen. Vor allem bei der Partnersuche. In dem
Zusammenhang wird uns gerne geraten, beim Bauchum-
fang ein paar Zentimeter wegzulassen, um sie bei der
Körpergröße draufzuschlagen. Nicht so in den «ehrlichen
Kontaktanzeigen» des Monatsmagazins *Neon*. Dort versuchen sich Monat für Monat kontaktsuchende Leser in der
Kunst der Regelverletzung, indem sie erzählen, was alles

[**1. KAPITEL**]

an ihnen nicht ganz so gut ist. In der Hoffnung, daß sie genau jenen Effekt erzielen, wie ihn Watzlawick beschrieben hat: daß nämlich das Zuviel an Schlechtem in Gutes umschlägt – und sie am Ende besser dastehen als die hemmungslosen Selbstanpreiser.

So können wir zum Beispiel in *Neon* lesen: Franziska, 30: «Beständigkeit ist nicht unbedingt meine Stärke. Ich habe andauernd Angst, anderswo was zu verpassen.» Alexander, 27: «Ich glaube, mir fehlt ‹das gewisse Etwas›. Frauen verlieben sich nicht in mich.» Nicole, 32: «Ich kämpfe mit einem Fußklimaproblem. Meine Anwesenheit kündigt sich durch eine herbe Duftwolke an, sobald ich die Schuhe aufschnüre.» Und Sebastian, 25, sei «ein Misanthrop, der drei Tage ohne Kontakt zur Außenwelt DVDs nach Verpackungsfarbe sortieren kann». Nicht bekannt ist, ob die angesprochenen Fehler «echt» sind oder danach ausgesucht wurden, wie effektiv sie gegen das Idealbild verstoßen.

Wenn Sie diese Methode anwenden, sollten Sie jedenfalls darüber nachdenken, *wie* ehrlich Sie es meinen. Denn über den tatsächlichen Erfolg dieser Anzeigen ist ebenfalls nichts Näheres bekannt – man zähle die Reaktionen nicht, das sei Privatsache der Inserenten, sagt *Neon*-Chefredakteur Michael Ebert. Von der These, daß es sich um paradoxe Kontaktanzeigen handle, hält er übrigens nicht viel: «Die Idee der Rubrik war der Versuch, das übliche Muster der Kontaktanzeigen zu konterkarieren», schreibt er. «Dass man auf eine ehrliche Anzeige, die mit den eigenen Schwächen spielt, oft positive Reaktionen erhält», findet er weiter nicht überraschend. «Warum nicht gleich davon erzählen? Da ist das Schlimmste ja schon geschafft.» Na, wenn das nicht gegen alle Regeln verstößt?

[EINFACHE REGELN]

Daß der offene Verstoß gegen geltende Schönheitsideale durchaus erfolgreich sein kann, beweisen Danny DeVito, Madonna, Alfred E. Neumann, Arnold Schwarzenegger, Laurence Fishburne, Lauren Hutton, Samuel L. Jackson, Elton John, Eddie Murphy, Vanessa Paradis, Ronaldo, SpongeBob und Christopher Walken – sie alle haben eine Zahnlücke.

Daß unseren Möglichkeiten, mit Konventionen zu brechen, kaum Grenzen gesetzt sind, zeigt jenes große Plakat, das ein Mann unbekannten Namens hat anbringen lassen: Es ist wie einer jener kleinen Zettel gestaltet, mit deren Hilfe Studenten Zimmer suchen, von denen man einzelne Streifen mit einer Telefonnummer abreißen kann. Die Aufschrift lautete: «Ich bin so schlecht im Bett, das mußt Du mal erlebt haben!»

2. KAPITEL

VERFÜHRERISCHE STÖRUNGEN

Wie es kommt, daß uns das Schild «Frisch gestrichen!» dazu verführt, mit dem Finger dranzugehen; wie wir die Beziehungen unserer Freunde kitten, indem wir ihnen erklären, daß sie mit den größten Versagern der Welt liiert sind; und warum uns ein kleines Wörtchen wie «noch» die Welt mit völlig neuen Augen sehen läßt.

Ereignisse müssen nicht groß und spektakulär sein, um uns ins Grübeln zu bringen. Manchmal genügt bereits eine simple SMS, die aus genau dreizehn Zeichen besteht. Wie zum Beispiel die folgende: «Handy hin. Lg F.» Diese Kurznachricht erreichte mich am 18. März 2010 um 14:33 Uhr. Sie stammte von einem Wiener Freund, der mir auf diesem Weg mitteilen wollte, sein Handy sei «hin», wie wir Österreicher gerne sagen, also «kaputt». Es sei daher sinnlos, so seine implizite Botschaft, ihn wie ursprünglich vereinbart anzurufen. All das wäre weiter nicht erwähnenswert, hätte mich diese Nachricht nicht dazu gebracht, Freund F. auf seinem Handy anzurufen – und zwar unmittelbar nachdem ich seine SMS gelesen hatte. Erst dachte ich mir nichts dabei, aber je länger es ins Leere klingelte, desto stärker kam ich ins Grübeln. Warum hatte ich auf die unmißverständliche Information, sein Handy sei kaputt, nichts Besseres zu tun gehabt, als ihn auf ebendiesem kaputten Handy anzurufen? Und warum war das Lesen der Nachricht und der Entschluß, ihn anzurufen, praktisch im selben Moment erfolgt – ganz so, wie man nicht lange überlegt, ob man ein zu Boden fallendes Glas auffangen soll oder nicht, sondern reflexartig nach ihm greift? War meine Reaktion in diesem Fall nicht vollkommen widersinnig, weil sie im diametralen Gegensatz zum Kern der Aussage stand? Und doch erschien sie mir auf eine eigenartige Weise auch wieder logisch. Schuld daran war jener Gedanke, der mir während des Versuchs, meinen Freund zu erreichen, unausgesprochen durch den Kopf gegangen war: «Das kann doch nicht sein! Mal schauen, ob sein Handy wirklich kaputt ist!» Nach langem Klingeln hob mein Freud dann tatsächlich ab; er war kaum zu verstehen, da die Verbindung krachte und rauschte. Das einzige, was ich mitbekam, war sein gebrüllter Hinweis, sein Handy sei hin und warum ich ihn denn anriefe, er habe mir doch gesimst.

Um vor mir selbst nicht allzu dumm dazustehen, machte ich mich auf die Suche nach Situationen, in denen auch andere in dieser Weise reagierten. Ich wurde schnell fündig – und zwar in einer U-Bahn-Station. Dort waren zwei Männer in weißen Overalls gerade damit beschäftigt, zwei Fahrkartenautomaten zu streichen, die mit obszönen Sprüchen beschmiert worden waren. Während ich auf den nächsten Zug wartete, starrte ich den Bahnsteig hinunter und beobachtete, ohne mir dessen anfangs bewußt zu sein, einen der bereits übermalten Automaten. Auf ihm hing ein großes Schild: «Frisch gestrichen!» Und was taten die Menschen, die an ihm vorbeiwollten? Hielten sie sich in sicherem Abstand? Ganz im Gegenteil: Immer wieder näherte sich jemand dem lackglänzenden Apparat und prüfte mit der Fingerspitze, ob er sich tatsächlich in jenem Zustand befand, wie auf dem Schild behauptet. Weil ich wissen wollte, wie häufig das vorkam, fragte ich die Männer in den Overalls. «Sie brauchen nur irgendwo so ein Schild hinzuhängen, und schon geht jeder zweite mit dem Finger dran», sagten sie. Und murmelten dann noch: «Lauter Idioten.» Erleichtert bestieg ich die Bahn. Ich war zwar ebenfalls einer dieser «Idioten», aber ich war einer von vielen – und das macht bekanntlich selbst das eigenartigste Schicksal ein wenig erträglicher.

Das nächste Beispiel für das Phänomen lieferte mir eine kleine pädagogische Fachsimpelei: Wie kann man Kinder dazu bringen, daß sie tun, was sie unserer Meinung nach tun sollen? Klassischerweise bemühen sich Eltern, ihre Kinder zu motivieren, indem sie ihnen gut zureden. «Das schaffst du sicher», sagen sie, «dein Zimmer aufzuräumen, du bist ja schon ein Großer!» Irgendwie scheinen sie zu hoffen, die Kleinen würden sofort aufspringen und freudig rufen: «Du hast vollkommen recht, Erziehungsberechtigter, ich bin schon ein Großer, also schaffe ich das auch! Und zwar gleich!» Die Wirklichkeit sieht bekanntlich anders aus. Im harmlosesten Fall legt das angesprochene Kind eine gewisse Indifferenz an den Tag und entwickelt keinerlei Ambitionen, sein unterstelltes Großsein beweisen zu wollen. Erfahrene Eltern geben daher auch gerne den Tip, es mit folgendem Satz zu versuchen:

[**2. KAPITEL**]

«Ach, du schaffst es sicher nicht, dein Zimmer in weniger als fünf Minuten aufzuräumen – dazu bist du viel zu klein!» Was oft dazu führt, daß die Kinder in hektische Betriebsamkeit verfallen: das Zimmer aufräumen, sich anziehen oder beim Bäcker die Sonntagsbrötchen holen. Näher betrachtet ist die kindliche Reaktion widersinnig, denn die Feststellung, sie seien zu klein für die erwähnte Aufgabe, würde den Kindern die wunderbare Chance eröffnen, nichts zu tun. Sie müßten nur die Steilvorlage der Eltern nutzen und sagen: «Ihr habt recht, schaffe ich nicht. Bin total doof!» Sie tun aber das genaue Gegenteil. Wer nun einwendet, das sei im wahrsten Sinne des Wortes Kinderkram, der sollte mit erfahrenen Psychologen sprechen. Erwachsene, so deren übereinstimmende Auskunft, könnten mit aufmunternden Worten ebensowenig anfangen wie Kinder. Erst durch die Bemerkung, sie seien doch sicher nicht dazu in der Lage, etwa mit dem Lebensgefährten über eine sehr wichtige Frage zu sprechen, könne man sie in Bewegung setzen. Die Reaktion: Anstatt zum wiederholten Male zu erklären, warum so ein Gespräch nicht möglich sei und welche Ängste oder Widrigkeiten dem entgegenstünden, antworten überraschend viele: «Na, so schwierig ist das auch wieder nicht!»

Wir sind davon überzeugt, kompetent und autonom zu sein. Um uns in diesem Glauben zu bestärken, betreibt unser Gehirn fleißig Schönfärberei. Und hat damit oft Erfolg.

Das Handy ist kaputt! – Der Automat ist frisch gestrichen! – Das kannst du nicht! Warum reagieren wir auf solche Sätze? Und warum reagieren wir auf sie in so paradoxer Weise? Um diesem eigenartigen, aber weitreichenden Phänomen auf die Spur zu kommen, sollten wir uns die zitierten Sätze ein wenig genauer ansehen und versuchen her-

[VERFÜHRERISCHE STÖRUNGEN]

auszufinden, was sie verbindet. Es sind weniger die Themen, denn die könnten unterschiedlicher nicht sein, sondern vielmehr etwas Grundsätzlicheres; all diese Sätze tun nämlich eines nicht: unsere Kompetenz und unsere Autonomie bestätigen. Im Gegenteil: Sie stellen diese in Frage. Wer uns schreibt, sein Handy sei kaputt, der signalisiert uns indirekt, daß es nicht mehr in unserer Macht steht, ihn auf diesem Weg zu erreichen. Wer Schilder aushängt, auf denen er davor warnt, etwas sei frisch gestrichen, der signalisiert uns indirekt, daß es ab sofort ein paar Dinge gibt, von denen wir uns fernhalten sollten. Wer uns sagt, er glaube nicht daran, daß wir zu etwas Bestimmtem in der Lage seien, der signalisiert uns sogar sehr direkt, daß er an unseren Kompetenzen zweifelt. Mit einem Wort: Jeder dieser Sätze schränkt unseren Handlungsspielraum ein oder zweifelt an unseren Fähigkeiten, der konkreten Situation gewachsen zu sein.

Wenn unser Ego eines nicht verträgt, dann das. Es gehört zu unserer tiefsten Überzeugung, daß wir kompetente, selbstbestimmte Subjekte sind; daß wir also jederzeit darüber entscheiden können, was wir wann tun und wann nicht, und daß wir schaffen, was wir uns vornehmen. Jener einfachen Ursache-Wirkung-Mechanik folgend, wie ich sie oben beschrieben habe (die Sache mit dem Kaffeeautomaten, Sie erinnern sich). Um diese Selbsteinschätzung trotz aller Anfechtungen aufrechterhalten zu können, bedient sich unser Ich eines einfachen, aber effektiven Tricks: Es betreibt ein wenig Schönfärberei und macht sich ständig etwas vor. Mit dem Ziel, die eigene Person und die eigenen Fähigkeiten in einem möglichst guten Licht erscheinen zu lassen. Von welch existentieller Bedeutung dieser freundliche Selbstbetrug ist, zeigt das Schicksal depressiver Menschen. Die Ursache für deren Erkrankung liegt nämlich mitunter weniger darin, daß sie besonders pessimistisch wären, es mangelt ihnen vielmehr am Talent zur Selbstidealisierung, weshalb sie die Welt und die eigene Person exakt so sehen und einschätzen, wie sie sind. Ganz offensichtlich sind wir für

[2. KAPITEL]

diesen radikalen Realismus nicht gemacht, sondern darauf angewiesen, uns zu überschätzen, sofern wir einigermaßen zufrieden sein und unser Leben meistern wollen.

Dieser Hang zur moderaten Selbstüberschätzung gehört zu einer der Konstanten unserer Weltaneignungsstrategien und hat daher längst Eingang in die psychologische Fachliteratur gefunden. Eine Vielzahl von Studien belegt diesen Mechanismus – samt seinen mitunter fatalen Folgen. Der US-amerikanische Psychologe Frank C. Keil zum Beispiel beschäftigt sich seit vielen Jahren mit der Frage, wie wir die Welt interpretieren und welchen Mustern wir dabei folgen. In dem Zusammenhang hat er herausgefunden, daß wir nicht nur recht wenig von komplexen Vorgängen wissen, sondern auch darüber, wie ahnungslos wir eigentlich sind. «Erwachsene überschätzen die Ausführlichkeit und die Tiefe ihres Wissensstandes», schrieb Keil in einer Studie aus dem Jahr 2004.[1] Und fand dafür einen sprechenden Begriff: Wir litten an einer «Illusion der Erklärtiefe» («Illusion of Explanatory Depth»). So glaubten seine Probanden im ersten Schritt, ohne Probleme die Funktionsweise eines Reißverschlusses oder einer Klospülung oder eines Hubschraubers erklären zu können. Als sie dann aber ins Detail gehen sollten, war es mit der Selbstherrlichkeit vorbei, und sie mußten einsehen, daß sie deutlich weniger Ahnung davon hatten als angenommen. Tröstlich: Die Versuchspersonen räumten ein, sich überschätzt zu haben. Ähnlich optimistisch waren sie, als es um das Verständnis von Naturphänomenen ging. Wie ein Regenbogen entsteht, die Gezeiten oder Erdbeben – auch da erkannten sie erst während des Versuchs, die Sache zu erklären, wie ahnungslos sie in Wahrheit waren. Was im Umkehrschluß nur bedeuten kann: Werden wir nicht durch Ausnahmesituationen dazu gezwungen, verlassen wir uns auf jene im ersten Kapitel beschriebenen einfachen Annahmen und Regeln, die wir uns über die Welt gebildet haben. Es hängt vom konkreten Zusammenhang ab, wie weit wir mit unserer Selbsteinschätzung von der Realität abweichen. So seien wir durchaus in der Lage, richtig einzuschätzen, schreibt Keil, was wir über bestimmte Spielfilme wissen, wie wir eine Pizza zubereiten und ob wir die Hauptstädte bestimmter Länder aufzählen können. Kein Wunder, sind doch diese Wissensfelder ziemlich überschaubar und daher mit unseren simplen Weltaneignungsstrategien leicht vereinbar. Die Probleme beginnen mit Sachverhalten, deren Komplexität wir nicht überblicken und von denen wir uns daher ein unzuverlässig einfaches Bild machen.

Mit noch größerer Verläßlichkeit machen wir uns ein falsches Bild von uns selbst, wenn es um die Einschätzung unserer Fähigkeiten geht. So haben vier Psychologen der Universität von Ottawa rund vierhundert Autofahrer darum gebeten anzugeben, wie sie bei schlechtem Wetter fahren und wie sie sich bei einer Notbremsung verhalten; weiter wollten die Wissenschaftler wissen, wie groß ihre Probanden die Wahrscheinlichkeit eines Unfalls einschätzten, und zwar im Vergleich zu einem durchschnittlichen Autofahrer des gleichen Geschlechts. Das Ergebnis der Befragung war stets das gleiche: Fast alle fühlten sich im Straßenverkehr sicher und gingen davon aus, sie seien die besseren Fahrer. Besonders überzeugt waren sie, wenn sie sich mit älteren Verkehrsteilnehmern verglichen.[2]

Doch die Tendenz, uns zum eigenen Vorteil zu täuschen, beschränkt sich nicht auf die eigenen Kenntnisse, die eigenen Fähigkeiten oder unsere gesellschaftliche Stellung. Auch vergangene Ereignisse und Erfahrungen unterliegen diesem archaischen Hang zur Selbstidealisierung. Ins Werk gesetzt wird sie durch unser Gedächtnis: Das sei nämlich «ein Opportunist», faßte es ein Artikel in der *Zeit*[3] wenig schmeichelhaft zusammen. «Es nimmt sich, was ihm weiterhilft, Ungeeignetes oder Unangenehmes sortiert es aus.» Auch dazu gibt es eine Vielzahl von Studien, die allesamt zeigen, wie irrig die Annahme ist, wir würden Ereignisse genau so im Gedächtnis behalten, wie sie sich ereignet haben. Vielmehr sind unsere Erinnerungen ständigen

[2. KAPITEL]

Umformungen und Neubewertungen unterworfen, die den Zweck haben, uns besser dastehen zu lassen, als wir sind. Besonders anschaulich zeigt sich das bei Paaren, die Eltern werden. In Studien danach befragt, wie sich die Geburt der Kinder auf ihr subjektives Glücksgefühl ausgewirkt habe, gab die Mehrzahl der Befragten zu Protokoll, es habe markant abgenommen. Fragt man dieselben Menschen hingegen später noch einmal nach dieser Zeit, dann wissen sie nur Gutes zu berichten.

In ihrem Artikel mit dem Titel «Why parents hate parenting»[4] («Warum Eltern das Elternsein hassen») hat sich die Journalistin Jennifer Senior diesem Phänomen gewidmet und herauszufinden versucht, ob man angesichts dieser Erkenntnisse nicht gleich aufs Kinderbekommen verzichten sollte. So nach dem Motto: Besser das Glück der Stunde genießen als jenes, das sich erst in der Erinnerung einstellt. Dazu befragte sie auch den Psychologen Tom Gilovich. Dessen Antwort: Er habe keine Antwort; es handle sich mehr um eine philosophische Frage als um eine psychologische. Anschließend erzählt Gilovich eine kleine Geschichte, die einer Antwort dann doch recht nahe kommt: Als seine Kinder einmal krank waren, habe er sich um drei Uhr morgens mit ihnen hingesetzt und ferngesehen. Damals sei das nicht so lustig gewesen. «Aber heute denke ich daran zurück und sage: ‹Ah, könnt ihr euch an die Zeit erinnern, als wir aufgewacht sind und Cartoons geguckt haben?›» So sei das eben: Wenig angenehme Geschichten würden mit der Zeit zur Quelle inniger Erinnerungen. Und so landet Jennifer Senior am Schluß ihres Artikels auch bei einem Plädoyer für jenes Glück, das sich erst im Rückblick einstellt und auf dessen Konstruktion sich unser Gedächtnis so gut versteht: «Es ist ein wunderbarer Trick unserer Erinnerung, harte Zeiten zu vergolden. Wir brauchen wohl diese Alchemie, damit unsere Spezies weiter existiert.» Für Eltern sei diese Art der Magie «die Definition von Verzaubertsein».

[VERFÜHRERISCHE STÖRUNGEN]

Um das Leben zu meistern und es weiterzugeben, sind wir also darauf angewiesen, uns etwas vorzumachen: über unsere mitunter beschwerliche Vergangenheit und über unsere mitunter fehlenden Kompetenzen. Denn nur, wenn wir uns für besser halten, als wir tatsächlich sind, können wir es auch werden. Darin liegt das tiefere Geheimnis dieses Mechanismus: Wir behaupten, etwas zu sein, was wir nicht sind – und werden es schließlich (nicht immer selbstverständlich, sondern in jenen schwer planbaren Fällen, in denen das nötige Können, Umfeld und Glück zusammenkommen).

Es gibt ein Gedicht, in dem der englische Schriftsteller William Ernest Henley diesen Gedanken auf den Punkt bringt. Es heißt «Invictus», also «Unbesiegbar». Henley schrieb es im Jahr 1875, nachdem man ihm wegen einer Tuberkulose-Infektion einen Fuß amputiert hatte. In dem Gedicht spricht er einerseits über sein leiderfülltes Leben, jene «finstere Nacht», die ihn umgab, und die «Pein, die mir das Leben war». Gleichzeitig aber versichert er sich seines Glaubens an sich selbst, daß seine Seele «unbesiegbar» sei und die «Furcht an meinem Ich zerschellt». Das Gedicht endet mit vier Zeilen, die als Quintessenz menschlicher Selbstermächtigung gelten können: «Egal wie schmal das Tor, wie groß,/wieviel Bestrafung ich auch zähl',/Ich bin der Meister meines Los:/Ich bin der Captain meiner Seel'.»[5]

Diese Verse blieben nicht ohne Wirkung. Nelson Mandela hat während seiner 27jährigen Haft im Gefängnis auf Robben Island immer wieder Kraft aus ihnen geschöpft und sie seinen Mithäftlingen aus dem nämlichen Grund vorgelesen. Als Clint Eastwood über Nelson Mandela und dessen Einsatz für das südafrikanische Rugby-Team im Jahr 1995 einen Film drehte, bezog er sich im Drehbuch mehrfach auf das Gedicht und nannte schlüssigerweise auch seinen Film danach. Doch es gibt noch jemanden, der sich auf diese Zeilen berief und der so gar nicht in die Ahnenreihe respektabler Persönlichkeiten passen will; vielmehr macht er klar, daß es vom konkreten Kontext und von der konkreten Person abhängt, welche Folgen unsere Fähigkeit zur Selbstermächtigung hat. Dieser Jemand ist Timothy J. McVeigh. Der ehemalige amerikanische Soldat, der am Zweiten Golfkrieg teilgenommen hatte, verübte eines der schwersten Attentate der US-Geschichte, indem er im Jahr 1995 ein Bürohaus in Oklahoma City in die Luft sprengte. Dabei kamen 168 Menschen ums Leben, über 800 wurden verletzt. McVeigh sympathisierte zwar mit den Rechtsradikalen, doch seine wahren Motive für die Tat konnten bis heute nicht restlos geklärt werden. Der Attentäter wurde zum Tode verurteilt und schließlich hingerichtet. Anstatt sich kurz vor seiner Exekution mündlich zu äußern, wie es ihm zugestanden hätte, hinterließ McVeigh eine letzte schriftliche Botschaft. Auch er zitierte das Gedicht von William Ernest Henley.

Daß wir dazu in der Lage sind, uns selbst zu ermächtigen, sagt also weder etwas darüber aus, ob wir auch tatsächlich eine Wirkung erzielen, noch darüber, welche Qualität unsere Handlungen haben. Das hängt vielmehr von einer ziemlich komplexen Mischung von Dingen ab: von unserem Charakter, von unseren Genen, vom konkreten Kontext, vom Zufall, vom Ort des Geschehens. Befähigt uns der Hang zur Selbstermächtigung in dem einen Fall dazu, ein ganzes Land in den demokratischen Wandel zu führen, läßt er uns im anderen die abscheulichsten Dinge tun, um im dritten vollkommen wirkungslos zu bleiben.

Ganz ähnlich verhält es sich mit unserem Hang zur Selbstüberschätzung. Einerseits bildet er die lebensnotwendige Voraussetzung dafür, daß wir uns an Projekte machen, die eigentlich eine Nummer zu groß für uns sind. Andererseits läßt er uns Prozesse wie die Kernspaltung in Gang setzen, denen wir nicht gewachsen sind, um uns in wieder einem anderen Fall schon an der Aufgabe scheitern zu lassen, eine Konservendose zu öffnen.

Unsere Selbstgewißheit wird immer wieder von außen gestört, woraufhin wir alles unternehmen, sie wieder zu stabilisieren, woraufhin sie wieder gestört wird und immer so fort.

Wir sind also geübt darin, uns für kompetent und autonom zu halten. Doch dieses Selbstbild ist labil, da es jeden Tag von neuem gestört wird: von den unumstößlichen Naturgesetzen, die uns damit konfrontieren, schlafen, essen und trinken zu müssen (ganz zu schweigen von der existentiellen Kränkung, eines Tages zu sterben); von anderen Menschen, mit denen wir in Konflikt geraten, weil sie ihre eigenen Wünsche, Träume und Bedürfnisse verfolgen; von unseren Unzulänglichkeiten, die uns darauf stoßen, daß wir mit gewissen Aufgaben überfordert sind; und von solch kleineren oder größeren Sticheleien, wie ich sie zu Beginn dieses Kapitels zitiert habe. Es gibt also unzählige Momente in unserem Leben, die uns aus der Ruhe bringen können. Und es auch tun. Jede Person kennt andere, jede Gesellschaft, jedes Land und jede Gruppe ebenso. Manche Irritationen verstehen wir, manche wirken auf den ersten Blick ziemlich rätselhaft.

So haben beispielsweise die beiden Psychologen Martin Binser und Friedrich Försterling in einer Studie gezeigt, wie paradox sich Lob und Tadel auf Schüler auswirken können.[6] In ihrem Versuch forderten sie Teilnehmer auf, sich folgende Szene vorzustellen: Zwei Schülern werden dieselben zwei Aufgaben gestellt, eine leichte und eine schwere. Die leichte lösen sie, an der schweren scheitern sie jedoch. Anschließend bekommen die beiden von ihrem Lehrer ganz Unterschiedliches zu hören: Schüler 1 für die leichte Aufgabe ein neutrales Feedback, für das Scheitern an der schweren einen Tadel. Schüler 2 hingegen wird nach dem Abschluß der leichten Aufgabe gelobt, nach der zweiten hingegen erhält er neutrales Feedback. Die unterschiedliche Behandlung der beiden Schüler ließ sie in den Augen der Versuchspersonen ganz unterschiedlich klug erscheinen, obwohl sie dieselben Leistungen erbracht hatten und auch sonst auf demselben intellektuellen Niveau standen: 65,6 Prozent der Probanden gewannen nämlich den Eindruck, jener Schüler, der für die Lösung der einfachen Aufgabe gelobt worden war, sei weniger begabt; der Schüler hingegen, der für das Scheitern bei der schweren Aufgabe getadelt worden war, müsse eindeutig begabter sein. Was für eine Überraschung: Wir können also selbst dann in unserem Selbstverständnis irritiert werden, wenn man uns lobt – und zwar für Dinge, die es in unseren Augen nicht wert sind. Und wir können uns bestärkt fühlen, wenn man uns tadelt – und zwar für das Scheitern an Aufgaben, für die wir eigentlich klug genug sind.

Weil also unsere Selbstgewißheit den unterschiedlichsten Störungen ausgesetzt ist, müssen wir sie ständig wiederherstellen. Wir haben im ersten Kapitel gesehen, daß uns diese Selbstgewißheit nicht von Natur aus mitgegeben ist – wir müssen uns ständig um sie und damit um die eigene Stabilität bemühen. Es ist also ein ziemlich anstrengender Job, so zu bleiben, wie wir sind. Darauf hat Fritz B. Simon in seinem Buch «Meine Psychose, mein Fahrrad und ich» hingewiesen: «Der auffallendste Unterschied zwischen einem statischen und einem lebenden System besteht darin, daß lebende Strukturen aktiv aufrechterhalten werden müssen. Beständigkeit und Mangel an Veränderungen bedürfen der Aktivität: *Alles verändert sich, es sei denn, irgendwer oder -was sorgt dafür, daß es bleibt wie es ist.*»[7] Jeder lebende Organismus bedürfe «bestimmter Aktivitäten, damit er ein lebender Organismus bleibt.» So müßten wir uns ernähren, bewegen und zum Friseur gehen, weil wir andernfalls verhungern oder dick würden bzw. aussähen wie Waldschrate. Dieser Hinweis erscheint mir deshalb so weitreichend und wichtig, da er die klassische Vorstellung aushebelt, die wir uns von Systemen machen, die sich nicht verändern. Ihr Konservativismus, das Beharren auf zweifelhaften, selbstschädigenden, traditionellen Strukturen, erscheint aus diesem Blickwinkel nicht mehr als Ausweis ihrer

Passivität. Vielmehr sind diese Systeme überaus aktiv und unternehmen große Anstrengungen, um ihre Unbeweglichkeit aufrechtzuerhalten. So muß jedes Unternehmen, das weitermachen will wie bisher, nicht nur jede Menge Energie darauf verwenden, seine Tradition zu pflegen, sondern auch darauf, all jene Versuche abzuwehren, die liebgewonnenen Gewohnheiten auszuhebeln. Es geht also bei Veränderungsprozessen nicht darum, diesen Systemen Energie einzuhauchen und ihnen auf die Sprünge zu helfen – sie sind ja bereits aktiv, aber auf eine selbstschädigende Weise. Die Kunst der Veränderung liegt dagegen darin, diese Energien umzulenken und für Prozesse einzusetzen, die alle Beteiligten als eine Veränderung hin zu etwas Besserem verstehen.

Und noch einen zweiten Begriff gilt es in diesem Zusammenhang präziser zu bestimmen: Wir dürfen uns jene Störungen, denen wir ständig ausgesetzt sind und die uns dazu zwingen, auf sie zu reagieren, nicht im Wortsinn als «Störungen» vorstellen. Sie sind keine lästigen Zwischenfälle wie Klingelstreiche, die kleine Kinder gerne machen, sie haben auch nicht die Qualität lästiger Fliegen, die uns um den Kopf surren und davon abhalten, uns zu konzentrieren. Vielmehr kommt diesen Störungen eine ganz andere Funktion zu: Sie helfen uns dabei, am Leben, bei Sinnen und bei Verstand zu bleiben. Das kann man am besten in Situationen beobachten, in denen wir tatsächlich dauerhaft zur Ruhe kommen. Wenn wir durch unsere Umwelt nicht mehr gestört werden, geraten wir nämlich in starke Verwirrung. Wie existentiell wir davon abhängig sind, von außen gestört, also angeregt zu werden, zeigt eine Studie mit dem Titel «Der Körper: eine unförmige Masse»[8]. Vier Wissenschaftler hatten nichts anderes getan, als gesunde Menschen auf Matratzen zu legen, die für chronisch Kranke gedacht sind. Diese Matratzen zeichnen sich dadurch aus, daß sie die Liegenden vor Störungen bewahren und wie auf Wolken schweben lassen, damit sie nicht wundliegen. Ein Zustand, der überaus erstrebenswert erscheint.

[2. KAPITEL]

Und doch ist er dazu in der Lage, uns verrückt zu machen. Durch die absolute Ruhe und Ungestörtheit kam es, daß die Probanden bereits nach einer halben Stunde von eigenartigen Phänomenen berichteten: Sie fühlten, wie ihr Kopf auf die Größe eines Apfels schrumpfte und die Hände und Füße sich riesenhaft aufblähten, wie die Grenze ihres Körpers verschwamm und sich ihr Empfinden immer mehr in den Leib zurückzog. Und nicht nur das: Die Studie ergab, daß «die gesamte Wahrnehmungsfähigkeit» von dem ruhigen Liegen «betroffen und verändert» worden sei. «Dies konnte in einzelnen Fällen zu Orientierungsschwierigkeiten führen.» So hatte eine Testperson den Eindruck, «ihren letzten Urlaub an der See nochmal zu erleben». Jeder habe von anderen Veränderungen berichtet, heißt es in der Studie. In einem freilich seien sich alle einig gewesen: *daß* es zu starken Veränderungen gekommen war. Die Erklärung dafür: Damit unser Gehirn ein realistisches Bild des eigenen Körpers – und in der Folge des eigenen Ichs – entwickeln und behalten kann, ist es darauf angewiesen, ihn zu fühlen. Und dieses Gefühl, diese Selbstversicherung, stellt sich nur dann ein, wenn unser Körper auf Widerstände trifft, also in seiner äußeren Form gestört wird. Beseitigen wir diese Störungen, gerät unser Körper gleichsam außer Form und nimmt die eigenartigsten Umrisse an. Wir verlieren unsere Grenzen und geraten außer uns.

Simon schildert ähnliche Experimente zur «sensorischen Deprivation», wie man diesen Reizentzug nennt, in deren Rahmen Menschen in einen dunklen, schallisolierten Raum geschickt wurden. Das Ergebnis: «Nach wenigen Minuten des Aufenthalts in solch einem Raum beginnt jeder Mensch zu halluzinieren. Ohne die haltgebenden Zwänge und Einengungen einer äußeren Realität gerät er innerhalb kürzester Zeit in den Strudel seiner Assoziationen. Er tritt eine Reise in die Welt seiner persönlichen Symbolik an und verläßt damit den Bereich der Konsens-Wirklichkeit. Er hört und sieht Dinge um sich herum, die objektiv nicht in diesem Raum sind. Er kann zwischen innen und außen nicht unterscheiden und entwickelt Symptome, die auch im Rahmen psychotischer Episoden zu beobachten sind.»[9]

Doch damit ist noch nichts darüber gesagt, welcher Dynamik wir es zu verdanken haben, daß unser Ich – kaum wurde es gestört – danach strebt, wieder in seinen Idealzustand zurückzukehren. Der angesehene Psychotherapeut Milton H. Erickson macht dafür einen uns angeborenen Willen zur Selbstbehauptung verantwortlich: «Die Natur möchte anscheinend, daß wir uns individuell entfalten, und viele Autoren nehmen denn auch an, daß die Geschichte der kulturellen und psychologischen Entwicklung des Menschen von dem Bestreben gekennzeichnet ist, ein immer größeres Maß an freier, unbehinderter und echter Selbstverwirklichung zu erreichen.»[10]

Ins Werk gesetzt wird diese Dynamik durch unsere Eigenschaft zur «Selbstregulation» (andere sprechen von «Homöostase»). Auf diese will ich im folgenden kurz eingehen, läßt sie sich doch anhand psychischer Prozesse ebenso beobachten wie bei biologischen oder sozialen. Unter Selbstregulation versteht man die Eigenart von Systemen (zu denen auch unser Ich und unser Körper zu zählen sind), ihre aktuelle Situation mit einer Art Idealzustand zu vergleichen und je nach Ergebnis dieses Vergleichs zu reagieren. Sind die beiden Zustände identisch, verharrt das System in Ruhe. Weichen sie hingegen voneinander ab, wird das System in Bewegung gesetzt, um diese Diskrepanz zu beseitigen. Paul Watzlawick vergleicht diesen Vorgang mit einem Kühlschrank, der penibel überwacht, ob die im Schrankinneren herrschende Temperatur mit den vorgegebenen 8 Grad Celsius tatsächlich übereinstimmt.[11] Wenn dem so ist, geschieht gar nichts, denn der Kühlschrank befindet sich in Ruhe. Sobald aber die Temperatur im Kühlschrank von den idealen 8 Grad Celsius abweicht, sorgt der Mechanismus der Selbstregulation dafür, daß gekühlt wird, bis der Sollzustand wieder erreicht ist. Etwas ganz Ähnliches geschieht mit uns Menschen auf tausendfache Weise: Fehlt es uns zum Beispiel an Nahrung, weicht also der aktuelle Zustand unseres Körpers vom Idealzustand «satt» bzw. «zufrieden» ab, sorgt unser Körper dafür, daß wir Hunger empfinden – womit wir beim zweiten Akt dieses kleinen Theaterstückes angelangt wären.

Das Gefühl des Hungers, also die gefühlte Erkenntnis, daß zwischen Soll und Haben eine Differenz besteht, veranlaßt uns, steuernd einzugreifen: Wir lenken unsere Schritte zum Kühlschrank (der sich seinerseits ebendarum bemüht, ins Gleichgewicht zu kommen, also leise vor sich hinbrummt), öffnen ihn und versuchen, mittels eines Joghurts jenen Sollzustand zu erreichen, den unser Körper selbsttätig bestimmt hat; sollte das nicht gelingen, werden wir so lange mit der Nahrungszufuhr weitermachen, bis es geschafft ist – und wieder Ruhe im System herrscht. Einen wesentlichen Unterschied gibt es freilich zwischen unserem Kühlschrank und unserem Körper: Der Apparat kennt nur eine einzige Strategie, um wieder zur Ruhe zu kommen; er muß sein Kühlaggregat anwerfen, damit er seine ideale Temperatur erreicht, und benötigt dazu nichts anderes als Strom. Das heißt: Steigt die Temperatur im Kühlschrankinneren, ist damit auch festgelegt, wie sie zum Sinken gebracht werden kann. Unser Körper hingegen signalisiert uns durch das Gefühl des Hungers nur, daß er etwas zu essen braucht. Er bleibt aber indifferent, was die konkreten Nahrungsmittel betrifft. Es kann zwar durchaus sein, daß wir Lust auf etwas Bestimmtes haben, unserem Körper jedoch ist es egal, was konkret wir essen (es bleibt unserer Vernunft überlassen, das Gefühl des Hungers nicht stets durch Familienpackungen Schokolade zu vertreiben, sondern gelegentlich auch durch Gemüse). Unser Hunger beinhaltet also keine positive Handlungsanweisung, sondern stellt vielmehr ein ins Negative gewandtes Aktionsprogramm dar. Simon erklärt: «Die Wirkung körperlicher auf seelische Prozesse ist nicht auf ein konkretes, positives Ziel hin gerichtet, sondern negativ, von einem konkreten Ziel weg gerichtet. Das körperliche Bedürfnis ist der berühmte Fahrgast, der in ein Taxi steigt und sagt: ‹Ich weiß zwar nicht wohin, aber fahren Sie bitte schnell!›»[12] Das einzige Ziel, das sich positiv beschreiben läßt, ist also paradoxerweise ein negatives. Stets gehe es um «Verneinungen der Unlust», schreibt Simon, das Empfinden von Lust zum Beispiel sei nur eine der möglichen Optionen, sich Unlust vom Leib zu halten. Daher werde uns auch «ein viel weiterer Bereich von Verhaltensmöglichkeiten» eröffnet, «wenn man sich damit begnügt, keine Unlust zu verspüren»[13].

Wer unsere Selbstgewißheit stört, bestimmt gleichzeitig, mit welchen Mitteln wir sie wiederherzustellen versuchen. Wie stark wir auf unsere Umgebung reagieren, zeigt ein Blick in eine beliebige Fußgängerzone.

Womit wir auf unserer kleinen Expedition zur Klärung der Frage, warum wir auf eine Störung oft mit dem Gegenteil des Geplanten reagieren, einen weiteren Schritt vorangekommen wären. Denn unser Ich unterliegt derselben Dynamik wie unser Körper. Wird es gestört, dann besteht sein Ziel darin, diese Störung zu beseitigen und wieder in den Zustand der Ruhe zu gelangen. Ein konkretes Mittel, wie das zu erreichen sei, beschreibt diese Dynamik nicht. Liegt es also allein an uns, dieses Mittel zu finden? Darauf gibt es eine Antwort, die erst einmal ein wenig unbefriedigend klingt, denn sie lautet: ja und nein. Wollen wir sie für den Moment ein wenig konkreter verstehen, sollten wir uns in ein Straßencafé setzen und den Passanten zusehen. Die können uns darauf nämlich eine Antwort geben, ohne daß sie davon wissen.

Wie selbständig wir denken und agieren, hängt nicht nur davon ab, wie klug wir sind und wie gut wir in der Lage sind, auf andere einzuwirken. Ebenso wichtig ist der Einfluß, den andere auf uns ausüben, in welcher konkreten Gesellschaft wir uns also gerade befinden. Wir haben nämlich den ebenso starken wie unbewußten Hang, uns mit den anderen zu synchronisieren, uns an sie anzupassen. Und zwar in vielerlei Hinsicht. Wie weit das führen kann und wie mächtig diese Eigenart ist, hat der bereits erwähnte Physiker und Mathematiker Dirk Helbing erforscht, der an der ETH Zürich Soziologie lehrt. Neben vielen anderen Themen, wie dem Verhalten von Verkehrsteilnehmern und der Entstehung von Massenpaniken, beschäftigt sich Helbing seit den 1990er Jahren mit dem Verhalten von Fußgängern. Jahrelang war der Wissenschaft entgangen, welch ein Wunderwerk der Selbstorganisation sich in jeder Fußgängerzone entfaltet, weil es bei normaler Betrachtung nicht weiter auffällt. Bis Helbing die Idee hatte, Passanten zu filmen und die Aufnahmen deutlich rascher abzuspielen als gewohnt. Und siehe da! Plötzlich offenbarte sich dem Beobachter, wie klug und umsichtig wir Menschen im Normalfall aufeinander reagieren, zu welcher Form kollektiver Intelligenz wir fähig sind, wenn wir uns durch eine Fußgängerzone bewegen. Wir bilden nämlich Bahnen einheitlicher Gehrichtungen: Die einen spazieren auf der einen, die anderen auf der anderen Seite – wobei nicht immer mit letzter Sicherheit zu sagen ist, welche Bahn sich links und welche rechts bilden wird; aber daß sich welche bilden, ist sicher. Der tiefere Sinn unseres Verhaltens: Wir alle wollen schneller vorankommen und dabei möglichst wenig Energie verbrauchen. Ein Ziel, das wir nur erreichen können, wenn wir genau das Gegenteil dessen machen, was der Zeitgeist von uns verlangt (nämlich Individualisten zu spielen) – und Teil einer Masse werden, uns also im wahrsten Sinne des Wortes dem Mainstream fügen. Diese «Hauptströmung» hat den großen Vorteil, ruhig und gleichförmig dahinzugleiten und uns mitzutragen.[14]

Von Helbings Untersuchung der Fußgängerströme können wir auch lernen, daß wir nicht nur Teil der Masse sind, sondern das Verhalten dieser Masse auch unmittelbar mitbestimmen. Zumindest im kleinen. So reagieren wir als Fußgänger erst einmal nur auf unsere unmittelbaren Nachbarn, also auf unsere Vorder- und Hinterleute bzw. die Menschen neben uns. Das Resultat dieser Umsicht: Wir stimmen unsere Bewegungen mit denen der anderen ab, versuchen eine angemessene Distanz zu halten, beschleunigen und verlangsamen unser Tempo je nach konkreter Situation und beeinflussen somit wiederum das Verhalten der anderen. Vom langen Strom der friedlich dahinschlendernden Menschen hingegen haben wir als einzelne Fußgänger keine Ahnung. Das große Ganze, die von geordnetem Leben erfüllten Innenstädte, zeigt sich uns erst, wenn wir das Geschehen aus einer deutlich größeren Entfernung betrachten. Das bedeutet: Ohne den Hauch einer Idee zu haben, woran wir da beteiligt sind und welche Rolle wir spielen, wirken wir an einer komplexen und meist auch intelligenten Struktur mit. Würde uns jemand auf die Schulter tippen, während wir gedankenverloren durch die Innenstadt trotten, und uns fragen, was wir da tun – keiner von uns würde eine Antwort darauf wissen. Die meisten würden den Fragenden bloß mit großen Augen ansehen: «Was meinen Sie denn?» Wissenschaftler wie Helbing sprechen von «Interaktionen auf der Mikroebene» zwischen den einzelnen Menschen; diese wiederum würden zu «Strukturen auf der Makroebene» führen, die den Verlauf der langen Fußgängerströme durch die Fußgängerzonen dieser Welt bestimmen.

Wie genau dieser Sprung vom Kleinen ins Große, vom Einzelnen in die Masse geschieht, weiß die Wissenschaft bloß theoretisch zu begründen. Das entsprechende Stichwort lautet «Emergenz» und bezeichnet das Phänomen, daß sich aus dem Zusammenwirken vieler einzelner Elemente eine neuartige Struktur bilden kann, deren Qualität in den einzelnen Elementen nicht zu finden ist; und doch sind diese Elemente die Basis des Neuen. So hat Helbing zum Beispiel beobachtet, wie sich zwei Fußgängerströme kreuzen. Entgegen der naheliegenden Annahme, es komme zu einem heillosen Durcheinander, zeigte sich vielmehr, daß die Menschen eine Art Streifenmuster her-

[2. KAPITEL]

ausbilden; dadurch wird es möglich, daß die beiden Fußgängerströme einander durchdringen, ohne daß irgend jemand anhalten müßte. Ein Musterbeispiel an Effizienz, für das im Idealfall niemand unmittelbar verantwortlich ist, weil es aus sich selbst heraus entsteht. Wem dieses Beispiel zu wenig spektakulär erscheint, der sollte in den Wald gehen und den Ameisen dabei zusehen, wie sie riesige Haufen aufschichten, deren Inneres von ausgeklügelten Belüftungs- und Versorgungswegen durchzogen wird – und sich angesichts dieser Meisterleistung der Ingenieurskunst fragen, wie denn die vielen dummen Ameisen so etwas hinbekommen können. Es versteht sich von selbst, daß rationale Wissenschaftler wie Helbing auf die Frage, ob das nicht an ein Wunder grenze, das einen religiös werden lassen könnte, sehr irritiert dreinschauen. Was für ein Unfug! Und doch nötigen diese Phänomene vielen Menschen immer wieder von neuem einen Respekt ab, der nach Erklärungen verlangt. Der britische Biologe Rupert Sheldrake hat es versucht – und sich den Vorwurf eingehandelt, zum Esoteriker geworden zu sein: Die Ursache für all diese erstaunlichen Entwicklungen liege in «morphischen Feldern», also einer Art Matrix, einem unsichtbaren Bauplan der Natur. Diese Felder seien bereits vorhanden und leiten die Ameisen auf nicht sichtbare Weise an, ihren Beitrag zu dem erstaunlichen Ameisenhaufen zu leisten.

Der Hang, uns an anderen zu orientieren und sie zugleich zu beeinflussen, läßt sich nicht nur in den Fußgängerzonen beobachten, sondern im Grunde – überall. Wo immer wir in Gesellschaft sind, modellieren wir die Aktivitäten, die Wünsche und die Bewegungen der anderen und diese wiederum unser Ich. Weniger freundlich (und weniger wissenschaftlich) formuliert: Wir Menschen pfuschen einander ständig ins Zeug. Das Phänomen an sich ist bekannt. Nicht so bekannt sind dessen vielfältige konkrete Auswirkungen. Daher ist Dirk Helbing gemeinsam mit drei Kollegen der Frage nachgegangen, ob Gruppen dazu in der Lage sind, uns klüger oder dümmer zu machen.

[VERFÜHRERISCHE STÖRUNGEN]

Er würde das zwar nie so formulieren, aber im Grunde ging es ihm um genau dieses Problem, denn in den vergangenen Jahren hat sich – vor allem unter dem Eindruck einzelner Internetprojekte wie dem Lexikon «Wikipedia» – die Überzeugung durchgesetzt, es gebe eine «Weisheit der Vielen»[15], die bloß positive Ausprägungen kenne.

In einer ersten Runde der Studie baten Helbing & Co. ihre Probanden, verschiedene Fakten zu schätzen: die Bevölkerungsdichte der Schweiz pro Quadratkilometer, die Länge der Grenze zwischen Italien und der Schweiz, die Einwohnerzahl von Zürich im Jahr 2006, die offizielle Mordrate, Raubüberfälle und Tätlichkeiten in der Schweiz.[16] Erst einmal befragten die Wissenschaftler die Versuchspersonen einzeln und hielten deren Schätzungen fest. In weiteren Runden halfen sie ihnen ein wenig auf die Sprünge: Sie verrieten den Teilnehmern, wie hoch der Durchschnitt aller abgegebenen Schätzungen lag, und im anderen Fall, welche Schätzungen die übrigen Teilnehmer konkret abgegeben hatten. Als Anreiz fürs Mitmachen diente stets dasselbe Versprechen: Wer durch seine Schätzung dem richtigen Wert am nächsten komme, erhalte Geld. Das Experiment ließ es also für den einzelnen Teilnehmer wenig sinnvoll erscheinen, auf die anderen zuzugehen und mit ihnen zu kooperieren. Dennoch bezogen die Versuchspersonen, kaum hatten sie die Schätzungen der anderen erfahren, diese in ihre Überlegungen mit ein. Und kamen ganz offensichtlich ins Grübeln, nach dem Motto: «Warum weichen meine Schätzungen von denen der anderen ab? Wissen die vielleicht etwas, von dem ich keine Ahnung habe? Was macht mich eigentlich so sicher, daß gerade ich richtigliege?»

Das Ergebnis der Studie mit dem Titel «Wie sozialer Einfluß die Weisheit der Vielen untergraben kann» ist eindeutig: Die anfangs recht unterschiedlichen Schätzungen begannen sich anzugleichen. Und zwar um so stärker, je häufiger die Probanden von den Schätzungen der anderen erfahren hatten. Schließlich kam es zu Konsensschät-

[2. KAPITEL]

zungen, die sich dadurch auszeichneten, daß sie deutlich weniger voneinander abwichen als noch zu Beginn der Versuchsreihe. Die Teilnehmer der Studie hatten sich also nicht zusammengestritten, sondern zusammengemutmaßt. Und nicht nur das: Am Ende waren sie auch noch davon überzeugt, ihre allmählich gefundenen, einander recht ähnlichen Werte kämen der richtigen Lösung sehr nahe. Der Grund: Die Menschen schlossen aus dem Umstand, daß ihre schlußendlichen Schätzungen mit denen der anderen übereinstimmten, sie seien auf der sicheren Seite. Ein kollektiver Trugschluß, wie sich herausstellen sollte – lagen doch die mittleren Schätzungen am Ende der Versuchsreihe deutlich häufiger daneben als noch zu Beginn. Wie die Experimente von Helbing & Co. zeigten, hatten die Schätzungen anfangs – als jeder Teilnehmer aufgerufen war, sie aufgrund eigener Kompetenzen anzustellen – die richtige Lösung eingeschlossen. Und ihr Mittelwert traf diese sehr gut. Die Konsenslösungen hingegen lagen oft daneben, und das resultierende Meinungsspektrum schloß die richtige Lösung manchmal gar nicht mehr ein. Das bedeutet: Die Gruppe hatte zwar dafür gesorgt, die Schätzungen zu harmonisieren, diese Schätzungen waren aber konsequent – falsch.

Auch Gremien und Expertenkommissionen, wie sie heute organisiert sind, seien von dieser Dynamik bedroht und stünden daher im Verdacht, eher harmonische als sachlich richtige Ergebnisse zu liefern.

Schon die kleinsten Details des Alltags sind dazu geeignet, unsere Selbstgewißheit zu stören. Kein Wunder, daß schon ein ganz normaler Tag uns alles abverlangen kann. Ein paar Beispiele.

Wie können uns nun die beiden kurzen Ausflüge in die Fußgänger- und die Meinungsbildungsforschung dabei helfen, eine Antwort auf die weiter oben formulierte Frage zu finden: warum wir auf Aussagen, die nur im entferntesten den Anschein erwecken, unsere Autonomie und Kompetenzen anzuzweifeln, damit reagieren, sie unter Beweis stellen zu wollen. Die beiden Beispiele tun dies, indem sie uns zeigen, wie stark wir Menschen auf jenen Kontext reagieren, in dem wir uns bewegen, wie wir diesen Kontext durch das eigene Verhalten mitbestimmen, um dann in einer neuerlichen Schleife wieder von ebendiesem Kontext beeinflußt zu werden und immer so fort. Wir agieren also nie im luftleeren Raum, nie bloß aufgrund eigener Entscheidungen, aber ebensowenig bloß aufgrund fremder Beschlüsse.

Dieser Hinweis scheint mir aus vielerlei Gründen wichtig. Zunächst, weil er uns aus der Verantwortung entläßt, alleinige Verursacher bestimmter Entwicklungen zu sein, ob nun positiver oder negativer Art, öffentlicher oder privater Natur. Daß zum Beispiel unsere privaten Beziehungen gelingen oder scheitern, liegt gleichermaßen an uns wie an unseren Partnern wie an den Verhältnissen, in denen wir leben – und diese Verhältnisse werden von vielen Mechanismen definiert. So kann, überspitzt formuliert, in einer bestimmten Konstellation sogar das Muster der Tapete, die im Flur hängt, darüber entscheiden, ob unsere Beziehung gelingt – oder scheitert (ohne nun auch nur in Ansätzen sagen zu können, welches Muster welchen Effekt hat). Daher sind auch all jene Ratgeber schädlicher Unfug, die uns glauben machen wollen, es liege ausschließlich an uns – an unserer Einstellung und Leistungsbereitschaft –, ob wir im Leben oder im Beruf Erfolg haben oder nicht.

Doch die Frage nach dem konkreten Kontext ist auch aus einem anderen Grund von entscheidender Bedeutung. Wie wir gesehen haben, gibt der Mechanismus der Selbstregulation keinen konkreten Weg vor, wie unser Ich nach einer Störung wieder zur Ruhe kommen kann. Wer hungrig ist, hat erst einmal den Impuls, dieses Gefühl der Unlust wieder zum Verschwinden zu bringen – egal wie. Weil Simon das so anschaulich beschrieben hat, will ich ihn noch einmal zitieren: «Das körperliche Bedürfnis ist der berühmte Fahrgast, der in ein Taxi steigt und sagt: ‹Ich weiß zwar nicht wohin, aber fahren Sie bitte schnell!›» Dieser Moment ist es, in dem Aussagen wie «Das kannst du nicht!» ihre Wirkung entfalten. Sie stören nämlich nicht nur unser Ich, sondern definieren auch den konkreten Kontext der nun folgenden Selbstregulation. Kaum ist der Satz ausgesprochen, wird für den metaphorischen Taxifahrer klar, welchem Ziel die Fahrt gilt: die in Zweifel gezogene Autonomie unseres Ichs wiederherzustellen, indem wir die Behauptung mit dem Gegenbeweis zu widerlegen versuchen. Die jeweilige Situation entscheidet darüber, wohin unser Ich, dieser Taxifahrer unseres Lebens, uns zu dirigieren versucht. Es gehört zur Paradoxie dieses Phänomens, daß unsere Handlungen, die ja die eigene Unabhängigkeit beweisen sollen, so vorhersehbar sind – und damit steuerbar. Wer also ein Schild mit der Botschaft «Frisch gestrichen!» aufhängt, der kann zweierlei: vorhersagen, daß viele Menschen das Objekt berühren werden, auf dem diese Warnung hängt. Und Sie können das Schild dazu verwenden, um genau dieses Verhalten herbeizuführen. Das bedeutet: In dem Moment, da es uns gelingt, zu zeigen, daß nichts unsere Handlungsfreiheit einschränken kann (weil wir uns von einer Warnung nicht abhalten lassen), beschädigen wir unsere Autonomie. Halten wir uns hingegen an die Warnung (lassen wir es also zu, daß man unsere Autonomie einschränkt), geschieht das gleiche.

In welche unauflösbaren Situationen wir durch die Störungen unseres Ichs auch geraten mögen – an der existentiellen Bedeutung, die sie für unser Ich haben, kann das nichts ändern. Eine Bedeutung, derer wir uns selten bewußt sind (zu Recht, denn sonst kämen wir ja zu nichts mehr). Denn während wir uns ächzend und seufzend aufraffen, um auf eine Irritation zu reagieren, sind wir stets der Ansicht, von wichtigeren Dingen abgehalten zu werden; in Wirklichkeit jedoch sind es genau diese Irritationen, die uns minütlich von neuem dazu befähigen, all jene Dinge zu schaffen, von denen wir uns eben abgehalten fühlen. So empfinden wir es zwar als (kaum merkliche) Kränkung unserer Autonomie, wenn jemand ein Schild mit der Aufschrift «Frisch gestrichen!» aufhängt, zugleich aber dient es einer (kaum merklichen) Wieder-Etablierung unserer Autonomie, indem wir mit dem Finger an die feuchte Farbe tippen oder mißmutig das Schild anstarren. Wer einmal damit beginnt, seinen Alltag auf diese Mikroaktionen hin zu betrachten, dem wird auffallen, daß es keinen Moment gibt, in dem er nicht gestört wird und in dem er nicht auf etwas reagiert bzw. reagieren muß. Mit ein Grund übrigens, warum wir abends erschöpft aufs Sofa fallen – selbst dann, wenn wir den subjektiven Eindruck haben, nicht viel geleistet zu haben. In Wirklichkeit haben wir sehr viel geleistet. Allein die Aufrechterhaltung unseres Ichs ist schließlich anstrengend genug.

Zeit also, die Sache anschaulicher zu machen. Als die *Frankfurter Allgemeine Sonntagszeitung* Ende 2010 den amerikanischen Schauspieler Jeff Bridges zum Interview traf[7], kam die Autorin des Textes naheliegenderweise auf den Oscar zu sprechen, den Bridges im März desselben Jahres erhalten hatte. «Heute», schrieb sie daraufhin, «mit 61, ist er auf dem Höhepunkt seines Könnens, gefragt, bedeutender als jemals zuvor.» Beste Voraussetzungen also, in vielen Regisseuren, Drehbuchautoren, Studiobesitzern und Filmfondsinvestoren heftige Begehrlichkeiten zu wecken. Bridges ist ein wunderbarer Schauspieler, ein toller Photograph, ein sozial gesinnter Mann, ein Original. Mit einem Wort: eine sehr knappe «human resource», wie das in der kalten Sprache der Wirtschaftswissenschaft heißt. Und was knapp ist, ist wertvoll. Also bekommt Bridges nach eigenen Angaben jede Menge Angebote. Die lehne er aber alle ab, seit seine Frau ausgerechnet habe, daß sie beide im Vorjahr wegen seines Jobs ganze elf Monate voneinander getrennt gewesen seien. Doch seine ablehnende Haltung kann die Filmleute

[2. KAPITEL]

nicht nur *nicht* davon abhalten, ihm weitere Angebote zu machen, sie provoziere sogar das gerade Gegenteil. Wie Bridges sagt: «Je öfter ich nein sage, desto mehr großartige Rollen bieten sie mir an.»

Die Sache gleicht vielen (einseitigen) Liebesbeziehungen: Nachdem der eine dem anderen zu verstehen gegeben hat, daß er ihn nicht (mehr) liebt, versucht der andere nur noch verbissener, ihn (zurück) zu erobern. Wen auch sonst? Der andere war es, der das Ich des Begehrenden so nachhaltig gestört hat. Also braucht es eine Person desselben spezifischen Gewichts, es wieder zur Ruhe zu bringen. Und diese Person gibt es nur einmal. So kann auch nur Jeff Bridges die Kränkung wieder ausgleichen, die Jeff Bridges den Ichs der Filmleute zugefügt hat.

Eine etwas komplexere Variante des beschriebenen Phänomens können wir in dem Film «Leg dich nicht mit Zohan an!» beobachten. In der Komödie kommt ein Elektronikladen vor, dessen Fassade von einem riesigen Transparent dominiert wird, auf dem «Going Out Of Business» steht, «Wir schließen bald». Als die Hauptfigur Zohan, gespielt vom Komiker Adam Sandler, den Laden betritt, fragt er dessen Besitzer daher auch: «So you are going out of business?» («Ihr wollt also schließen?») – worauf er zur Antwort erhält: «No, no, it's just a say. Just good for business!» («Nein, das steht da nur – ist gut fürs Geschäft!») Und die Drohung, bald zu schließen, ist tatsächlich eine wirkungsvolle Marketingstrategie, bringt sie doch all jene, die die Botschaft lesen, aus der Ruhe – ein wenig zumindest. Geschäfte sind meist so konstruiert, daß sie den Kunden zu verstehen geben: «Wir sind ständig und ohne Einschränkungen für dich da. Deine Wünsche und deine Bedürfnisse, oh Kunde, sind uns Befehl. Du bist es, der die Regeln bestimmt.» Sobald aber ein Transparent wie das erwähnte über dem Eingang hängt, kehren sich die Kräfteverhältnisse um. Nunmehr ist es der Inhaber des Geschäfts, der die Regeln diktiert. Und diese lauten: «Uns gibt es nicht mehr lange. Jeder, der etwas von uns will, muß sich daher beeilen. Und weil wir dir, oh Kunde, verschweigen, wann genau wir zumachen, kann es jederzeit passieren, daß du vor verschlossenen Türen stehst.» Die zweite Botschaft ist zwar ebenso wichtig, aber in diesem Zusammenhang zweitrangig. Sie lautet: «Die Produkte dieses Ladens sind wahrscheinlich billiger als jene, die man in Geschäften finden kann, die ihre ganze Zukunft noch vor sich haben.» Das Transparent irritiert das Ich der Passanten also gleich auf doppelte Weise, läßt ihnen jedoch nur eine Möglichkeit, wieder zur Ruhe zu kommen: den Laden zu betreten, um wenigstens zu überprüfen, ob es nicht etwas gibt, das sich zu kaufen lohnt. Wie die meisten aus eigener Erfahrung wissen, folgt darauf meist der Entschluß, tatsächlich irgend etwas in den Einkaufswagen zu legen.

Eine der Pointen des Films besteht darin, daß der Inhaber des Elektronikgeschäfts – durch einen Umzug dazu gezwungen – einen neuen Laden eröffnet und ihn gleich «Going Out Of Business» nennt. Es dürfte aber mittlerweile viele Menschen geben, die diesen Trick durchschauen. Im April letzten Jahres konnte man auf dem Berliner Kurfürstendamm einen Klamottenladen namens «More For Less» entdecken, auf dem sich ein großer Aufkleber befand. Darauf hieß es beschwörend: «Wir schließen wirklich!» Womit die nächste Ebene des Kundenverunsicherungsspiels erreicht wäre – und an der Zeit für den ersten, kurzen Hinweis. Er richtet sich an alle, die bereits mehrfach vergeblich versucht haben, ihren Wert in den Augen anderer zu steigern. Machen Sie sich zu einem Problem, für das es nur eine einzige Lösung gibt: Sie selbst. Eine Variante besteht darin, die anderen glauben zu machen, man sei für sie schwer erreichbar, eine seltene «human resource».

Ende des Hinweises. Nächstes Beispiel: Kasem Sedighi ist ein frommer Mann. Und obwohl er so fromm ist, hat er weniger dafür gesorgt, daß der eine oder andere es auch wird (oder zumindest alles so bleibt, wie es ist), sondern für das Gegenteil. Und das kam so: Der iranische Geistliche glaubt zu wissen, wodurch Erdbeben verursacht werden – durch Frauen, die nicht angemessen gekleidet sind. Anstatt sich gemäß

[2. KAPITEL]

islamischen Vorschriften zu verhüllen, sagte er in einer Predigt, kleideten sie sich viel zu freizügig. Bekanntgeworden ist die Aussage des bis dahin vollkommen unbekannten Sedighi durch Berichte iranischer Medien, die von internationalen Nachrichtenagenturen wie der AP verbreitet wurden und die wiederum durch Medien in aller Welt: «Eine göttliche Autorität riet mir», konnte man in der Nachricht noch lesen, «die Leute zu einer allgemeinen Umkehr aufzufordern. Warum? Weil Katastrophen uns bedrohen.»

Nun ließe sich über die Behauptung des Geistlichen vieles sagen. Daß sie lächerlich ist. Daß sie auf zwei sehr ernste Themen anspielt: den Zwang, dem Frauen im Iran unterworfen sind, und auf die Gefahr, in der Teheran schwebt, liegt die iranische Hauptstadt doch in einem erdbebengefährdeten Gebiet, in dem Wissenschaftler jederzeit mit einer verheerenden Katastrophe rechnen. Und es ließe sich sagen, daß es angesichts der schwierigen Gemengelage zwischen Orient und Okzident fragwürdig erscheint, jeden fundamentalistischen Unsinn zu verbreiten, von wem auch immer er stammen mag. (Es gibt gute Gründe, das zu unterlassen. Sie werden uns im Kapitel «Hilfreiche Neins» noch beschäftigen.)

Besonders interessant erscheint mir in diesem Zusammenhang jedoch die Reaktion einer US-amerikanischen Wissenschaftlerin namens Jen McCreight. Sie veröffentlichte am Tag, als die Meldung über Kasem Sedighi unter anderem in der *New York Times* erschien («Iran: Fashion That Moves the Earth»), einen Artikel in ihrem Blog[18]. Darin bot sie an, ihre Brüste der Wissenschaft zu opfern, habe doch der Geistliche die These aufgestellt, unangemessene Kleidung verursache Erdbeben. «Wenn dem so ist», schrieb McCreight am 19. April 2010, «dann sollten wir dazu in der Lage sein, die Behauptung wissenschaftlich zu überprüfen.» Es sei also Zeit für ein «Boobquake». Daher werde sie am 26. April das am tiefsten ausgeschnittene T-Shirt tragen, das sie besitze. Dann werde man ja sehen, was es mit der Behauptung auf sich habe. Der Vorschlag war als Witz gemeint, verselbständigte sich aber rasch; erst durch viele Artikel in anderen Blogs, dann in den klassischen Medien. Selbstverständlich wurde sogleich eine passende Facebook-Gruppe gegründet, die noch heute knapp 100 000 Sympathisanten zählt[19] – und schließlich kamen tatsächlich 200 000 Menschen zusammen. Das Epizentrum des Boobquake befand sich am Purdue Bell Tower, einem Turm, der auf dem Gelände der Purdue-Universität in der Stadt West Lafayette (Indiana) steht.[20] Kaum war der 26. April in allen Zeitzonen der Welt vorbei, machte sich Jen McCreight an die wissenschaftliche Auswertung ihres Feldversuchs. Das Ergebnis: Die unangemessene Kleidung der vielen Frauen habe keinen signifikanten Effekt auf die Häufigkeit von Erdbeben gehabt, die These des muslimischen Geistlichen sei also widerlegt worden.

Bewiesen hingegen wurde durch den Versuch die These, daß unser Ich selbst durch exotische Interventionen aus der Ruhe zu bringen ist und sie selbst dann wiederzuerlangen versucht. Was wiederum zu dem überraschenden Resultat führen kann, daß ein islamischer Geistlicher dafür sorgt, daß wir an einem bestimmten Tag einer signifikant höheren Zahl von Frauen begegnen, die ihre am tiefsten ausgeschnittenen T-Shirts tragen – oder gleich unbekleidet erscheinen. In den Augen des frommen Mannes sicher ein überraschendes Ergebnis seiner Predigt. In unseren auch. Anfangs zumindest, aber jetzt nicht mehr.

Mitunter bekommen wir von unseren Versuchen, die eigene Selbständigkeit wieder zu stabilisieren, gar nichts mit. Was sie nur um so effektiver und unberechenbarer macht.

Es reagieren also nicht nur Einzelpersonen sehr sensibel, wenn man man sie mit provokanten Theorien konfrontiert – auch größere Grup-

[2. KAPITEL]

pen von Menschen lassen sich in Bewegung setzen; sie bilden gleichsam ein kollektives Ich und suchen nach Möglichkeiten, es zu stabilisieren. So haben zum Beispiel nicht die Siege der US-amerikanischen Fußballmannschaft bei der Weltmeisterschaft in Südafrika dafür gesorgt, daß sich die Öffentlichkeit in den USA für diese (für sie nach wie vor exotische) Sportart zu interessieren begann, sondern das Gegenteil davon – die verhinderten Siege. Matthias Rüb hat diesen Mechanismus im Sportteil der *Frankfurter Allgemeinen Zeitung* sehr anschaulich beschrieben[21]: «Dass den Amerikanern in den aufeinanderfolgenden Spielen gegen Slowenien und Algerien gleich zwei Tore wegen falscher Abseitsentscheidungen der Schiedsrichter aberkannt wurden, hat nicht nur das Interesse an dem globalen Ereignis gesteigert. Es hat auch ein nationales Empfinden hervorgerufen, ungerecht behandelt, ja betrogen worden zu sein. Als ob es die Welt nicht zulassen sollte, dass das mächtigste Land der Erde, das bei Olympischen Sommer- wie Winterspielen stets zu den Nationen mit den meisten Medaillen gehört, auch noch im Fußball zu einer Weltmacht aufsteigt.»

So unterschiedlich diese Beispiele auch sein mögen, in einem sind die handelnden Personen einander gleich: Sie waren stets in der Lage, Auskunft über ihr Treiben zu geben; über das Warum, Wann und Wie. Vielleicht nicht alle und nicht ständig, aber zumindest die Hauptakteure wußten, was sie da taten. Von ganz anderer Qualität ist das Verhalten der Menschen im abschließenden Beispiel. Es zeigt, daß wir mitunter unsere Autonomie verteidigen, ohne es zu ahnen, wie wir in der aktuellen Studie von drei Marketing-Professoren sehr anschaulich vorgeführt bekommen.[22] Darin untersuchten sie zweierlei: wie bestimmte Marken auf die Einstellung von Kunden wirken und welche Wirkung einzelne Werbesprüche haben. Das Ergebnis: Nennt man den Menschen bloß den Namen eines Supermarkts wie «Wal-Mart», den sie mit Geldsparen assoziierten, dann verhielten sie sich auch dementsprechend und sagten, sie würden anschließend tatsächlich wenig Geld ausgeben. So weit, so plausibel. Konfrontiert man aber Menschen mit dem Slogan der Marke Wal-Mart, «Save money. Live better», sei es mit dem Sparen nicht nur vorbei, die Menschen verhielten sich auch genau gegenteilig: Sie würden markant mehr Geld ausgeben, sagten sie; die Studie spricht von doppelt soviel.

Die drei Wissenschaftler erklären dieses widersprüchliche Verhalten damit, daß Menschen einen Markennamen nicht als Überredungstaktik wahrnehmen – Slogans hingegen schon, da diese eine Handlungsaufforderung enthielten. Wollen wir das Phänomen im Sinne dieses Kapitels übersetzen, könnten wir sagen: Die Menschen verstehen die Versuche, sie mit simplen Werbesprüchen zu manipulieren, als Irritation ihres Selbstbilds als autonome Subjekte und versuchen, es wiederherzustellen, indem sie sich exakt konträr verhalten. Ganz nach dem Motto: «Für wie doof haltet ihr mich eigentlich? Wenn ihr mir sagt, ich soll sparen, dann tue ich genau das Gegenteil davon!»

Wir dürfen uns freilich diese Reaktionen nicht als Ergebnis rationaler Überlegungen vorstellen. Vielmehr würden sie von dem «unbewussten Ziel vorangetrieben, solche Verzerrungen zu korrigieren» und könnten «ohne bewusste Prozesse» erfolgen. Wir tun, was wir tun, ohne davon zu wissen – ganz nach dem Freudschen Modell unbewußter Prozesse. Es ist ein Selbstbehauptungsprogramm, das vollkommen automatisch und selbsttätig abläuft. Diese Erkenntnisse erscheinen mir nicht nur deshalb von Bedeutung, weil «sie wichtige Implikationen für das Verständnis haben, wie Konsumenten Überredungsversuchen widerstehen», wie die Autoren schreiben. Ungleich relevanter erscheint mir die doppelte Paradoxie unserer Reaktion (die übrigens auch bei allen anderen beschriebenen Reaktionen zu beobachten ist): So reagieren wir auf Spar-Slogans nicht nur, indem wir das Gegenteil dessen tun, was man uns einzureden versucht, nein: Wir tun es zudem, um damit unsere Selbstwahrnehmung als

[2. KAPITEL]

autonome Subjekte zu stabilisieren. Das bedeutet: Wir tun etwas vollkommen Vorhersehbares, um damit unsere Autonomie zu beweisen.

So kann man sich in sich selbst täuschen. Höchste Zeit also, nach Wegen zu suchen, um diese vertrackte Sache wenn schon nicht aufzulösen, so zumindest zum eigenen Vorteil zu nutzen.

Weil uns die Gewohnheit, die eigene Selbständigkeit um jeden Preis zu stabilisieren, so berechenbar macht, können wir sie im eigenen Interesse nutzen. Wie, davon soll hier die Rede sein.

Sagen Sie den anderen, was sie alles *nicht* können, um sie zu motivieren: Es soll ja Menschen geben, die gewisse Vorbehalte gegen Ratschläge haben. Wenn wir es genauer bedenken, haben sie damit sehr recht. Denn wer anderen sagt, was sie besser machen könnten, signalisiert ihnen zugleich, daß ihre bisherige Performance zu wünschen übrigläßt. Wir kritisieren sie – indirekt, aber unmißverständlich. Ratschläge stören also unser Ich, das daraufhin versucht, in seinen ursprünglichen Zustand der Ruhe zurückzukehren. Wie wir weiter oben gesehen haben, definiert der konkrete Kontext, auf welchem Weg unser Ich das zu erreichen versucht. Im Fall von Ratschlägen wie «Du solltest wirklich mehr Sport treiben» handelt es sich um einen Angriff auf unsere bisherige Lebenspraxis; daher bleibt unserem Ich nur eine Möglichkeit, seine Autonomie zu beweisen: den Ratschlag abzuwehren. Indem es ihn überhört oder indem es etwas Gegenteiliges tut. Ganz so, wie das Walter Moers in seinem Roman «Ensel und Krete»[23] geschildert hat: «Der Stollentroll winkte zurück und sah den beiden traurig nach, bis sie zwischen den Bäumen verschwunden waren. Dann hellte sich seine Miene auf. Er legte sich der Länge nach ins Gras. ‹Kähähä›, meckerte er, während er anfing, mit seinen langen gelben Fingernägeln im Waldboden nach Würmern zu wühlen, ‹Kinder tun immer genau das Gegenteil von dem, was man ihnen empfiehlt …›.» Das einzige, das an dieser These nicht stimmt, ist, daß sie sich auf «Kinder» beschränkt. Es gibt jede Menge Hinweise darauf, daß wir die Formulierung geringfügig erweitern sollten und zwar auf «Kinder und alle anderen menschlichen Lebewesen».

Weil ich davon ausgehe, daß ich in diesem Augenblick auch gegen Ihren wachsenden Widerstand anzukämpfen habe, weil ich dabei bin, Ihnen ein paar ungebetene Tips zu geben, werde ich gleich auf jenen «Nicht-Modus» umschalten, den ich Ihnen schon die ganze Zeit näherbringen will. Dieser Modus zeichnet sich dadurch aus, daß man seine schlauen Empfehlungen in Form negativer Befunde bzw. pessimistischer Prognosen formuliert. Also zum Beispiel sagt: «Es mag ja gesund sein, regelmäßig Sport zu treiben, aber es ist nicht zu schaffen. Viel zu aufwendig! Niemand hat so viel Zeit, sich mindestens zweimal die Woche zu bewegen. Ich kann jeden verstehen, der das nicht schafft.»

Eine solcherart formulierte Nicht-Empfehlung hat den entscheidenden Vorteil, daß unser Ich dadurch zwar ebenfalls aus der Ruhe gebracht wird, aber deutlich produktiver als durch ein «Jetzt mach doch endlich mehr Sport!»-Ultimatum. Der Grund: Wir eröffnen unserem Gegenüber durch diesen auf kluge Weise negativ formulierten Ratschlag zwei Optionen, und beide befördern die gute Sache. Sollte

[2. KAPITEL]

der andere keine Lust bzw. keine Zeit haben, sich ein paar Sportschuhe zu besorgen und loszulegen, kann er uns zustimmen und sagen, für einen vielbeschäftigten Menschen wie ihn sei es tatsächlich nicht zu schaffen. Womit die Sache zur allgemeinen Zufriedenheit abgehakt wäre: Wir haben einen Tip gegeben, der andere hat ihn abgelehnt, alle Beteiligten fühlen sich wohl (eine wichtige Voraussetzung für die nächsten guten Nicht-Tips). Unser Gegenüber hat aber noch eine zweite Möglichkeit zu reagieren: «Was? Das soll nicht zu schaffen sein? Unsinn! Irgendwie müßte sich das doch machen lassen» sagen, ins Sportgeschäft gehen – und dort zumindest ein Paar Schuhe kaufen. Doch Obacht! Negation ist nicht gleich Negation. Es gibt weniger hilfreiche und überaus nützliche Fälle. So hält sich der Effekt einer Aussage wie «Paß auf, daß du nicht runterfällst!» in engen Grenzen. Darin rufen wir im anderen bloß das Bild des Scheiterns hervor – auch wenn wir es negieren mögen.

Eine ganz andere Wirkung hingegen entfalten Sätze wie der folgende: «Niemals schaffst du es, aufrecht und sicher bis ans andere Ende der Mauer zu balancieren!» Darin zweifeln wir zwar daran, daß der Angesprochene das schafft, zugleich aber erzeugen wir in dessen Vorstellung das Bild eines aufrecht und sicher über eine Mauer Balancierenden. Unter diesem Blickwinkel wird auch klar, warum Sie diese negierten Tips möglichst detailreich und positiv formulieren sollten. Auf diese Weise können Sie die anderen mit wichtigen Informationen, Motivationshilfen und Bildern versorgen, die sie allesamt brauchen, um in Ihrem Sinne loszulegen.

[VERFÜHRERISCHE STÖRUNGEN]

Suchen Sie nach einer geeigneten Form, abschätzig zu sein:

Nein, Sie sollen natürlich anderen Menschen gegenüber keineswegs abschätzig sein. Ich habe diese Formulierung nur gewählt, um an einen etwas griffigeren Titel zu kommen. Vielmehr geht es darum, eine Ihrem Gegenüber angemessene Form zu finden, um ihn auf Umwegen zu motivieren. Dazu haben Sie folgende Möglichkeiten:

Sagen Sie ihm,

- daß die Hindernisse, ein wenig Sport zu betreiben, viel zu groß sind und es daher nichts werden kann mit dreimal wöchentlichem Ein-wenig-im-Kreis-Laufen. «Besser, du gibst gleich auf!»
- daß sich nichts ändern wird, selbst wenn er ab sofort ein bißchen joggen geht.
- daß sich zwar etwas ändern wird durch das Joggen, aber viel langsamer und viel weniger, als er das jetzt glaubt in seinem grenzenlosen Optimismus.
- daß er es nur nicht übertreiben soll mit dem Joggen, sondern lieber ganz langsam angehen soll. «Morgen ist auch noch ein Tag!»
- daß es sicher schiefgehen wird mit dem Joggen, Sie kennen da Leute, die nachts in den Graben gefallen sind und erst nach Stunden gefunden wurden bzw. Sie haben erst vor kurzem mit einem Orthopäden gesprochen, der sich über jeden weiteren Jogger die Hände reibt, weil der wegen seiner Knieschmerzen bald in seinem Wartezimmer sitzen wird.

Obwohl ich glaube, daß Ihnen keine weiteren Varianten dazu einfallen, muß ich hier leider aufhören. Der Platz, Sie wissen schon!

[**2. KAPITEL**]

Sagen Sie Ihren wütenden Freunden, daß sie vollkommen recht haben, wenn sie ihre Lebensgefährten für die größten Versager der Welt halten: Diesen Ratschlag habe ich mir von den Vertretern der «Provokativen Therapie» geliehen. Danke sehr. Bereits im Jahr 1999 habe ich das Interview mit einer der deutschen Vertreterinnen dieser Schule, Eleonore Höfner, im *Spiegel* gelesen;[24] es hat mich so beeindruckt, daß es mir bis heute in Erinnerung geblieben ist. Es stellt die klassische Vorstellung, wie Therapeuten mit ihren Patienten sprechen sollten, auf den Kopf. Oder auf die Füße – je nach Sichtweise. Normalerweise finden wir ja in professionellen Psychologen die geduldigsten Zuhörer. Worüber auch immer wir uns beklagen mögen – sie nicken verständnisvoll, machen sich Notizen, fragen nach, machen sich noch mehr Notizen, versuchen zu verstehen und legen uns den einen oder anderen Tip nahe. Nicht so Frau Höfner. Beginnt ein Patient, über seinen Partner zu jammern, wird sie grimmig. «Meistens schleppen Frauen ihre Männer zu mir und beklagen sich nach Kräften über sie. Ich schütte dann Kohlen ins Feuer, bemitleide die Frau für ihr schreckliches Schicksal, mit so einem Idioten zusammenzuleben.» Mit einem Ergebnis, das nur mehr Uneingeweihte überraschen wird: Irgendwann fange die Frau an, ihren Mann «zu verteidigen und nette Seiten anzuführen. Und oft hat sie dann das erste Mal seit Jahren etwas Freundliches über ihn gesagt. So etwas beeinflusst eine Beziehung – positiv.»

Als Erklärung, warum ihre ruppige Vorgehensweise oft zu raschen Erfolgen führt, sagt die Therapeutin: Ihre Kollegen suchten meist verzweifelt nach den morschen Stellen im Leben ihres Gegenübers. Auf ihre Weise komme sie sehr schnell in die Lage, «zu gucken, wo die vitalen Seiten sind». Und genau aus diesem Grund sollten wir überlegen, ob wir unseren Freunden nicht einen größeren Dienst erweisen, indem wir schlecht über ihre Lebengefährten sprechen, anstatt jenen Job zu übernehmen, den nur die Betroffenen selbst erledigen können: die guten Seiten im anderen zu entdecken, die es sinnvoll erscheinen lassen, mit der Beziehung weiterzumachen. Denn meist wiederholt sich in der nächsten Beziehung bloß dasselbe Drama – nur mit einem Menschen anderer Haarfarbe.

Halten Sie die anderen auf Distanz, um möglich zu machen, sie intensiver zu lieben: Ja, ich weiß! Das ist ein Ratschlag, der in seiner trivialen Form in jeder schlechten Frauen- und Männerzeitschrift zu lesen ist. Es gibt aber fünf sehr gute Gründe, ihn hier dennoch aufzuführen. 1. Nur weil der Hinweis immer wieder in Frauen- und Männerzeit- schriften auftaucht, muß er nicht falsch sein. Ist er auch nicht, weshalb ich ihn würdigen will. 2. Es ist etwas anderes, ob man so einen Tip aus heiterem Himmel anbringt oder sich vorher die Mühe macht, ein paar grund- sätzliche Dinge anzuführen (wie ich das versucht habe). 3. Ist die Sache ein wenig komplexer, als sie gerne darge- stellt wird, und es daher sinnvoll, sie zu präzisieren. 4. & 5. kann ich in dem Zusammenhang einschlägige Zitate des renommierten und erfahrenen Paartherapeuten Jürg Willi anführen, die in der angesehenen *NZZ am Sonntag* abge- druckt wurden.[25] Das sollte reichen.

Nun zu den Fakten. Willi hat in seiner über vierzigjährigen therapeutischen Arbeit beobachtet, daß vor allem Frauen versuchen, mit ihrem Partner eine idealisierte, vollkommen unrealistische Liebe zu leben. Das kann nicht ohne Auswir-

[**2. KAPITEL**]

kung auf den Partner bleiben: «Der Mann dagegen lehnt das ab, er ist nicht ansprechbar, distanziert sich», sagt Willi. Die paradoxe Reaktion vieler Frauen: Sie intensivieren ihre Bemühungen um diesen Mann noch. Erst «bei näherem Hinsehen versteht man: Gerade diese Ablehnung vonseiten des Mannes ermöglicht es der Frau, ihre Liebe so intensiv zu leben». Und weiter: «Es ist in der Tat eine paradoxe Situation: Je mehr der Mann die Liebe ablehnt, umso mehr liebt die Frau diesen Mann. Diese Frauen sind zudem überzeugt, den Mann viel besser zu kennen, als er sich selbst kennt. Diese Art von Liebe bietet der Frau nämlich häufig eine pädagogische Aufgabe: Sie will dem Partner zeigen, was wahre Liebe ist. Eine Liebe nämlich, die auch dann noch gilt, wenn der Partner sie ablehnt.» Auf die Frage, ob denn der Mann die Lektion lerne, sagt Willi bloß: «Nein.» Doch weil der Psychotherapeut selbstverständlich um die Dynamik lebender Systeme weiß, geht seine Erklärung noch ein kleines Stück weiter: Eine Zeitlang würde der Mann die Frau abweisen, bis die dann genug habe. Mit dem erwartbaren Ergebnis, daß es nun der Mann ist, der bei der zurückweichenden Frau die absolute Liebe sucht.

Insofern ist dieser Hinweis mit größter Vorsicht zu genießen, denn sollte es Ihnen tatsächlich gelingen, Ihren Partner durch Ihr distanziertes Verhalten für Sie zu interessieren – Sie werden keine Chance haben, die Beziehung zu leben, denn im Augenblick, da Sie sich dem anderen nähern, wird er zurückweichen. Aber ich will Ihre Vorstellungen von einer Partnerschaft nicht bewerten: Vielleicht liegt in genau diesem Hin und Her Ihre Idealvorstellung einer Beziehung?

Machen Sie sich selbst einmal so richtig fertig, um sich besser kennenzulernen: Wer sein Leben verbessern will, gibt sich selbst normalerweise jede Menge Tips: «Du mußt noch härter arbeiten», sagen wir uns, «Du solltest nur mehr gesundes Zeug essen», «Du mußt gelassener werden» oder: «Du solltest endlich mal rechtzeitig zu schreiben beginnen, damit du deine Manuskripte fristgerecht abgeben kannst!»

So weit, so vertraut – so zwecklos. Wer den ersten der hier aufgelisteten Hinweise noch in Erinnerung hat («Sagen Sie den anderen, was sie alles nicht können, um sie zu motivieren»), wird auch wissen, warum. Jemandem Ratschläge zu geben, ist kontraproduktiv, da sie den Adressaten indirekt kritisieren und gegenteilige Reaktionen nach sich ziehen. Warum sollte unser eigenes Ich eine Ausnahme machen, nur weil wir selbst die Absender dieser guten Ratschläge sind? Grund genug, einmal etwas Neues auszuprobieren. Bereit? Dann nehmen Sie sich bitte einen Zettel und einen Stift und malen zwei senkrechte Linien, so daß drei Spalten entstehen. Nun stellen Sie sich die Frage, wie Sie erfolgreich verhindern können, was Sie unbedingt erreichen wollen. Was Sie also tun müssen, um sich vom Schreiben einer längeren Arbeit abzuhalten, mit der zusätzlichen Ausbildung zu beginnen, die Wohnung umzubauen, sich des Lebens zu freuen, ein Instrument zu lernen, mit dem Rauchen aufzuhören, abzunehmen. Nein, nicht den Kopf schütteln, sondern erst mal machen.

Also. In die linke Spalte schreiben Sie bitte möglichst viele Dinge, die Ihnen dabei helfen könnten, Ihr Negativ-Ziel zu erreichen. Ich gehe davon aus, daß Sie die folgenden Sätze gut gebrauchen können: «Noch länger im Internet surfen

[**2. KAPITEL**]

und es vor mir selber als Arbeit darstellen!» – «Immer
wieder mal eine der vielen Schubladen im Wohnzimmer
ausmisten» – «Öfter mal kurz bei eBay vorbeischauen» –
«Alle fünf Minuten E-Mails checken» – «Regelmäßig Kopf-
weh bekommen bzw. kleine körperliche Gebrechen zule-
gen» – «Vor dem Loslegen erst mal den Ratgeber für
positives Denken bzw. für effizientes Projektmanagement
besorgen» – «Eine kleine Runde auf der Wii spielen» –
«Zuerst diesen Text zuende lesen». Anschließend tragen Sie
in die mittlere Spalte ein, welcher dieser Tätigkeiten Sie
bereits heute erfolgreich nachgehen oder nachgegangen
sind und welche Sie erst in Angriff nehmen müssen, um
das Nicht-Erreichen Ihres Ziels zu garantieren. Wie Sie das
markieren, ist Ihnen überlassen; die Erfinder dieser «Flip-
Flop-Technik» genannten Methode empfehlen, alle jene
Dinge, die Sie bereits getan haben, mit «Ist» zu kennzeich-
nen, und jene, die Sie noch machen müssen, mit «Soll». Sie
könnten also auch die Frage, wie Sie was nennen sollen,
als Verzettelungsstrategie auf Ihre Liste aufnehmen:
«Erst mal abschließend klären, wie das heißen soll, was ich
da mache.»

Jetzt kommt der schwierigere Teil unserer kleinen Übung: der
Sprung in die Realität. Überall dort, wo Sie ein «Ist» dran-
geschrieben haben, sollten Sie gleich tätig werden – und
die Sache abstellen. Wo also in der linken Spalte «Alle fünf
Minuten E-Mails checken» steht und in der mittleren «Ist»,
in die rechte Spalte schreiben: «E-Mails nur noch morgens
um 9:00 Uhr und abends um 18:00 Uhr checken. Nein,
auch die Chance, daß ein total spannendes Angebot rein-
kommt, erlaubt keine Ausnahme von dieser Regel. Wer
mich wirklich will, wird warten können.» Sie müssen nicht

unbedingt diesen ganzen Roman in die Spalte schreiben, aber ich habe das Gefühl, daß wir durchaus Tacheles reden sollten mit uns selber und gleich alle zweifelhaften Ausreden vorwegnehmen. Steht hingegen in einer Zeile ein «Soll», dann drehen Sie bitte die Formulierung links in ihr Gegenteil und notieren Sie sie rechts. Steht da also «Immer wieder mal eine der vielen Schubladen im Wohnzimmer ausmisten!», vermerken Sie: «Schubladen sind keine Lebewesen, die um Hilfe rufen können. Daß ich das tiefe Verlangen verspüre, sie gerade jetzt auszumisten, ist also nichts anderes als der Versuch, eine Ausrede dafür zu finden, meine Arbeit nicht zu beginnen. Schubladen werden nur einmal pro Woche ausgemistet, und zwar samstags zwischen 14:00 Uhr und 14:15 Uhr. In der übrigen Zeit steht deine Arbeit im Fokus deiner Aufmerksamkeit, und die Schubladen werden ihrem Schicksal überlassen, auch wenn sie noch so mitleiderregend stöhnen sollten.» So würde das zumindest der Autor dieses Textes hinschreiben, wenn er Zeit dafür hätte, eine Flip-Flop-Liste anzulegen. Aber leider verzettelt er sich die ganze Zeit damit, zu beschreiben, wie man das tut.

Haben Sie die rechte Spalte vollständig ausgefüllt, überblicken Sie recht genau, was zu tun wäre, wollen Sie vom nächsten Moment an alles richtig machen. Weil das aber in dieser platten Form nicht klappen kann, empfiehlt sich zweierlei: sich (1.) die Punkte einzeln vorzunehmen und die einfachen Handlungsaufforderungen (2.) in Negationen zu packen, weil wir bekanntlich so in der Lage sind, ihnen zu folgen. Doch halt, lassen Sie mich das richtig falsch formulieren: Sie schaffen es keinesfalls, Ihre kleine To-do-Liste anzufertigen und dann alles ins Negative zu übersetzen!

[2. KAPITEL]

Seien Sie gezielt pessimistisch: Wer einmal im Theater
gearbeitet hat, der wird sein Leben lang davon geprägt
bleiben. Es gibt keinen Ort, an dem sich mehr abergläubi-
sche Menschen versammeln als an diesem. Daher sind eine
lange Liste von Dingen auf der Bühne verboten, weil sie
Unglück bringen: pfeifen, essen, einen Regenschirm
aufspannen, unter einer Leiter durchgehen. Ebenfalls
strikt verboten ist es, einander «alles Gute» zu wünschen
oder den anderen vor der Premiere Mut zuzusprechen,
indem man «Das wird sicher eine ganz wundervolle Vorstellung!» sagt. Statt dessen bedienen sich Schauspieler
und Regisseure negativer Formulierungen wie «Wird
schon schiefgehen» und «Hals- und Beinbruch». Ich
erwähne diese Angewohnheit, weil erst vor diesem Hintergrund ein Satz wie der folgende verständlich wird. Als
«Deutschlands Gold-Hoffnung» bei der alpinen Ski-Welt-
meisterschaft 2011, Maria Riesch, vor dem zweiten Durch-
gang des Slaloms gefragt wurde[26], wie sie denn ihre
Chancen einschätze, meinte sie: «Acht Zehntel sind nicht
wenig, aber auch nicht überhaupt nicht aufzuholen.» Ein
wunderbares Beispiel einer mehrfachen Negation, die
gleich drei Funktionen auf einmal erfüllt: Sie tritt übertrie-
benem Optimismus entgegen («... sind nicht wenig ...»), sie
läßt Platz für Hoffnung («... aber auch nicht überhaupt
nicht aufzuholen»), und sie entzieht sich dem Verdacht,
die Sache «berufen» zu haben, wie das Schauspieler nennen, wenn man leichtfertigerweise zu ihnen sagt, die
Vorstellung werde ganz wunderbar. Genützt hat es Maria
Riesch in diesem Fall leider nichts – sie wurde mit einem
Rückstand von exakt acht Zehnteln bloß fünfte.

Raten Sie den Menschen von den Dingen ab, die Sie ihnen verkaufen wollen: Unsere Vorstellung von einem perfekten Verkaufsgespräch orientiert sich am Bild des Gebrauchtwagenhändlers. Der stellt sich vor ein rostendes Auto und redet so lange und so eindringlich auf seine Kunden ein, bis die ihm – narkotisiert von seiner Verführungsmacht – den Wagen zu einem überhöhten Preis abkaufen. Daß es einen noch effektiveren Weg gibt, die Kunden zu überreden, etwas Bestimmtes zu kaufen, zeigt das «Handbuch» eines Rechtsanwalts, der Ärzten zeigen will, wie sie ihren Patienten alle möglichen kostenpflichtigen Zusatzmittelchen einreden können.[27] Der Hintergrund: Lange schon ernährten die bloßen Krankenkassenzahlungen die Ärzte nicht mehr ausreichend, weshalb diese gut beraten seien, sich diverse Zusatzgeschäfte zu erschließen. Doch anstatt sich die Gebrauchtwagenverkäufer als Vorbild zu nehmen, empfiehlt der Anwalt die exakt gegenteilige Strategie: «Ärzte sollten nur paradox verkaufen!» lautet sein Glaubenssatz. So sei man gut beraten, seinem Patienten erst einmal eine sogenannte IGeL anzubieten, also eine «Individuelle Gesundheitsleistung», die dieser privat bezahlen muß – um ihm dann im nächsten Schritt davon abzuraten. Ein klassisches Arztgespräch solle daher laut des erwähnten Rechtsanwalts folgenderweise verlaufen: «Lieber Patient, ich möchte Sie nur informieren. Es ist eine Selbstzahlerleistung – bitte kaufen Sie nicht! Denn die Kasse zahlt es leider nicht. Sicherlich haben Sie im Moment andere Konsumprioritäten für Urlaub, Auto, Einrichtung, als dass Sie sich für eine selbstzuzahlende Gesundheitsleistung entscheiden wollen. Sie sind nun informiert über diesen Preis, den Sie selbst zahlen müssen. Im Zweifel –

[**2. KAPITEL**]

bitte kaufen Sie nicht!»[28] Was nach einem freundlichen Ratschlag klingt, ziele in Wirklichkeit jedoch aufs genaue Gegenteil, können wir in dem Wirtschaftsmagazin *brand eins* lesen: Der Arzt rate ab, «aus dem Kalkül, dass der Patient bei so viel ‹Ehrlichkeit› Zutrauen zu dem Arzt fasse und am Ende zustimme. Eine Scheinberatung, da sie Neutralität vorgaukelt, obwohl nur Kalkül dahintersteht.»[29] Wenn Ihnen also demnächst jemand freundlich die Hand auf den Unterarm legt und Ihnen dringend davon abrät, etwas Bestimmtes zu kaufen – glauben Sie ihm ganz einfach. Und wenn Sie es sind, der jemandem etwas verkaufen will, dann legen Sie ihm freundlich die Hand auf den Unterarm und – lassen Sie es bleiben, ihn durch so einen fiesen Trick betrügen zu wollen. Es paßt nicht zu Ihnen.

Achten Sie auf kleinste sprachliche Details: Denn sie sind von größter (paradoxer) Bedeutung. Um sich einen Begriff davon zu machen, wie bereits ein einziges Adverb eine aussichtslose Angelegenheit in ein hoffnungsvolles Projekt verwandeln kann, vergleichen Sie bitte diese beiden Sätze: «Das kannst du nicht ändern!» Und: «Das kannst du *noch nicht* ändern!» Während wir uns im ersten Fall in einer fatalen Lage sehen und es so wirkt, als müßten wir dieses «das» akzeptieren, weil sich alles gegen uns verschworen hat, formuliert der zweite Satz einen vollkommen anderen Tatbestand. Es mag ja sein, bedeutet er uns, daß wir im Moment keine Chance haben, etwas zu tun – aber das wird nicht so bleiben, irgendwann sind wir dazu in der Lage. Der Sprecher stellt uns also gleich zwei wunderbare Dinge in Aussicht: daß sich etwas verändern wird und daß er uns zutraut, diese Änderung aus eigener Kraft herbeizuführen.

Na, wenn das keine freundliche Sicht der Dinge ist? Und wenn das keine positive Dynamik entwickeln muß? Auch diese Intervention gehört zur großen Gruppe der paradoxen Tricks. Es finden sich in der einschlägigen Literatur eine Reihe von Vorschlägen für solche «noch nicht»-Formulierungen, die im Kern höchst effektive Neuetikettierungstricks sind. Wir kleben auf den bekannten Tatbestand, daß etwas nicht klappt, einfach ein neues Label – und zwar nicht aus Willkür, sondern weil sich unsere Situation *höchstwahrscheinlich* ändern wird, wenn wir aufhören, sie zu verteidigen; Simon hat, wie wir weiter oben gesehen haben, darauf hingewiesen, daß sich alles verändern muß, «es sei denn, irgendwer oder -was sorgt dafür, daß es bleibt, wie es ist».

So listet zum Beispiel der Psychologe Manfred Prior in seinem lesenswerten Büchlein[30] eine Reihe solcher Etiketten auf: Probleme seien «noch nicht gefundene Lösungen», Blockaden «noch nicht gefundene Wege», und schlechte Eigenschaften «noch nicht verändert zu guten Gewohnheiten». Der Therapeut Gerald R. Weeks[31] wiederum nennt viele Beispiele für diese «Umetikettierungen», die «dem Klienten neue Möglichkeiten eröffnen» sollen, «indem sie seiner bisherigen Haltung deutlich widersprechen». So macht er aus

- umherirren → alle vorhandenen Möglichkeiten erforschen,
- passiv sein → die Fähigkeit, Dinge so zu akzeptieren, wie sie sind,
- gefühllos sein → sich vor Verletzungen schützen und
- auf Distanz gehen → sich um sich selbst kümmern.

Eine besonders schöne Formulierung hat der Arzt und Psychotherapeut Gunther Schmidt gefunden, der den Umstand, daß wir bestimmte Fehler immer wieder machen, als «Ehrenrunden» bezeichnet hat. Sie zu machen sei «manchmal wichtig, um sich nicht zu schnell zu verändern, denn für eine Veränderung ist auch der richtige Zeitpunkt wichtig», wie Matthias Varga von Kibéd und Insa Sparrer schreiben.[32]

Kurze Nachbemerkung: Bitte bedenken Sie, daß Sie Ihrem Gegenüber bei all diesen Strategien ein Hintertürchen offenhalten. Es muß nicht zwangsläufig so kommen, daß der andere auf die Störung seines Ichs in der prognostizierten Weise reagiert. Also auf die Behauptung, jeden dritten Tag eine halbe Stunde zu joggen sei nicht machbar, antwortet: «Wieso denn nicht? Das müßte ich doch hinbekommen!» Sondern Ihnen vielmehr beipflichtet: «Du hast vollkommen recht! Schaffe ich derzeit nicht.» Aber dieses Hintertürchen ist auch das charmante an der beschriebenen Form, sich selbst oder andere auf eine Lösung hinzuweisen. Suchen Sie hingegen nach Sätzen, die Ihrem Gegenüber deutlich weniger Chancen lassen, dann verweise ich auf das Kapitel «Paradoxe Verhältnisse». Dort beschreibe ich Mechanismen, aus denen es kein Entrinnen gibt.

3. KAPITEL

DOPPELTE BOTSCHAFTEN

Warum uns abschreckende Beispiele dazu verführen, ins eigene Unglück zu rennen; wie es kommt, daß Berichte über kriminelle Machenschaften als Gebrauchsanweisungen dienen; und wann es sinnvoll ist, andere danach zu fragen, wie man uns am besten schaden kann.

Die Handlung des Films «Findet Nemo» ist schnell erzählt: Kleiner Clownfisch wird von bösem Taucher gefangen und in ein Aquarium verschleppt. Von dort versucht der orange-weiß-schwarz gestreifte Fisch zu fliehen. Das gestaltet sich recht schwierig, da sich sein Gefängnis in der Praxis eines Zahnarztes im australischen Sydney befindet. Doch Nemo ist nicht allein; ihm stehen bei seinen Fluchtversuchen andere Fische zur Seite – sie alle vereint die Sehnsucht nach dem Pazifischen Ozean, den man durch das Fenster der Zahnarztpraxis sehen kann: Da liegt sie, die Freiheit, so nah und doch so fern. Gleichzeitig versucht der Vater des kleinen Nemo, sich vom heimischen Riff in die Stadt durchzuschlagen, um seinem Sohn zu Hilfe zu eilen – und nimmt dabei ebenfalls viele Gefahren auf sich; er begegnet Haien, Anglerfischen, Quallen, U-Booten, stets begleitet von einer verrückten Reisegefährtin namens Dorie, die unter einem defekten Kurzzeitgedächtnis leidet. Angetrieben wird Nemos Vater von der Erinnerung an ein traumatisches Ereignis: Seine Frau und alle übrigen Kinder wurden von einem Barrakuda gefressen. Geblieben ist ihm nur Nemo; der ist nun nicht nur entführt worden, sondern zu allem Überfluß auch noch gehandicapt, hat er doch eine schwächere rechte Flosse. Die Geschichte geht natürlich gut aus. Nemo kommt wieder frei, und auch den übrigen Bewohnern des Aquariums gelingt die Flucht ins Meer, wenn auch offenbleibt, wie sie sich letztlich aus den kleinen Plastiktüten befreien, in denen jeder von ihnen steckt – aber das ist eine andere Geschichte.

Als «Findet Nemo» Ende Mai 2003 in die amerikanischen Kinos kam, wurde der Film ein großer Erfolg. Die Rezensenten waren angetan, die Einspielergebnisse blendend, und als der Film Ende desselben Jahres auch in Deutschland anlief, wiederholte sich das Schauspiel. So weit, so erfreulich – und so erwartbar. Denn die Macher des Films vom amerikanischen Studio Pixar hatten bereits mehrfach bewiesen, daß sie Meister ihres Faches sind: Schon «Toy Story» und «Monster AG» wurden begeistert aufgenommen. In diesem Konzert wohlbekannter

Verhaltensweisen gibt es nur ein Detail, das irritierend wirkt. Um diese Irritation in ihrer ganzen Tragweite zu verstehen, sollten wir uns die zentrale Botschaft des Films noch einmal kurz ins Gedächtnis rufen. Sie lautet: Die Freiheit ist unser höchstes Gut. Wer sie uns nimmt, der ist böse. Und geht sie verloren, dann sind wir aufgerufen, alles zu unternehmen, um sie wiederzuerlangen.

Es wäre also verständlich gewesen, hätten die Menschen nach dem Kinobesuch «Free Nemo!»-Gruppen gegründet, «Aquarien, nein danke!»-Aufkleber drucken lassen oder die öffentlichen Zoohandlungen gestürmt, um die gefangen gehaltenen Zierfische zu befreien. Doch es geschah etwas anderes. So berichtete die FAZ vom 18. November 2003 bereits vor der Premiere des Films in Deutschland, «Nemo» habe einen «Ansturm auf Tropenfische» ausgelöst und «die Nachfrage nach bunten Tropenfischen in die Höhe schnellen» lassen. Der Erfolg des Films mache «der Unterwasserwelt des Inselstaats Vanuatu zu schaffen. Die Riffe des Südsee-Archipels leeren sich zusehends». Während es nämlich in Australien Fangquoten für Clown- und andere Anemonenfische gibt, dürfen sie in Vanuatu unbeschränkt aus dem Meer geholt werden.

Keine Rede davon, daß sich die Hysterie rund um Nemo binnen weniger Wochen wieder gelegt hätte. Vielmehr zeigten Untersuchungen von Meeresbiologen, daß die Geschichte vom kleinen (fiktiven) Clownfisch zu einem ernsten Problem für dessen (reale) Artgenossen geworden ist: Fünf Jahre nach dem Kinostart habe sich in einigen Meeresgebieten der Bestand an Clownfischen um 75 Prozent verringert, werden Meeresbiologen zitiert. Und der Molekularbiologe Billy Sinclair von der britischen Universität Cumbria gab bekannt[1], daß die Zahl der Clownfische binnen zwei Jahren an manchen Riffen um 76 Prozent gefallen sei. Er muß es wissen – hat er doch fünf Jahre damit verbracht, in den Riffen von Australien das Leben von Clownfischen zu studieren. So ist es nicht weiter verwunderlich, daß Sinclair eine

[3. KAPITEL]

flehentliche Botschaft «an Kinder, die den Film lieben» richtet: «Sagt euren Eltern, sie mögen Nemo im Meer lassen, wo er hingehört.» Diese Nachricht freilich scheint sich im Kopf der Eltern in ihr Gegenteil verkehrt zu haben. Genauso wie jene von Nemo.

Wir sind davon überzeugt, durch unsere Kritiken klare Aussagen zu treffen. Doch immer wieder müssen wir feststellen, daß Menschen sie vollkommen anders verstehen.

Wenn das nicht paradox ist. Da sehen wir 96 Minuten lang einem Haufen armer Zierfische dabei zu, wie sie verbissen um ihre Freiheit kämpfen, leiden mit ihnen, freuen uns schließlich für sie, daß sie unsereins entkommen. Nur um anschließend in eine Zoohandlung zu gehen und einen Clownfisch zu kaufen, den man aus ebenjenen australischen Riffen entführt hat, in die Nemo unbedingt zurückwill. Und zu allem Überfluß sperren wir unseren armen Nemo auch noch in eines jener Aquarien, die für ihn die Hölle sind. Die Macher von Nemo dürften sich gewundert haben, was sie da angerichtet haben, denn daß ihr Film wie eine höchst erfolgreiche PR-Kampagne für Zierfischhändler und Aquarienhersteller wirkte, dürften sie nicht bedacht haben. Und auch nicht beabsichtigt. Man könnte meinen, das Epos über die Freiheit der Clownfische führte dazu, daß sie ihnen genommen wurde.

Verkehrte Welt, angesichts derer wir nur den Kopf schütteln können – oder uns auf die Suche nach einer Antwort machen, die uns erklärt, wie sich die offensichtliche Kritik an einem bestimmten Verhalten der Menschen in dessen Gegenteil verkehren kann. Das gute daran: Wir müssen bei der Suche nicht bei Null beginnen, sondern können auf ein Thema verweisen, das uns in diesem Buch immer wieder beschäftigen wird: unsere Ambivalenzen. Die spielen nicht nur im

Zusammenhang mit unseren Gefühlen eine wichtige Rolle, wie wir sehen werden, sondern auch in unserer Kommunikation. Ob wir verstehen, was ein anderer sagt, hängt nämlich nicht nur davon ab, ob er die richtigen Worte findet, sondern noch von einigem mehr – und zwar von *soviel* mehr, daß es an ein Wunder grenzt, daß wir uns überhaupt verstehen. So spielt der konkrete Zusammenhang, in dem der andere etwas sagt, eine ebenso wichtige Rolle wie der Zeitpunkt. Und nicht nur das: Auch die von uns verwendeten Begriffe sind weit davon entfernt, eindeutig zu sein. Ja, es ist sogar die Voraussetzung unserer Sprache, daß sie es *nicht* sind, wie Fritz B. Simon schreibt[2]: «Unsere Sprache und unser begriffliches und symbolisches Denken können nur deshalb funktionieren, weil die dabei verwendeten Symbole **nicht** nur eine Bedeutung haben. Worte, Begriffe und Zeichen sind fast nie *Name* für irgendwelche klar abgegrenzten Dinge oder Sachverhalte», vielmehr transportierten sie «ganze *Bündel von Bedeutungen*». So bedeute uns eine rote Ampel nicht einfach nur stehenzubleiben, sondern «‹Bleib stehen, wenn du noch nicht die Straße betreten hast!› und ‹Geh schnell weiter, wenn du gerade mitten auf der Straße bist!›».

Folgen wir diesem Ansatz, so wird recht schnell deutlich, daß uns der Film «Findet Nemo» nicht nur *eine* Geschichte erzählt, sondern mindestens *zwei*. Zum einen die Geschichte eines freiheitsliebenden Fisches. Und zum anderen jene eines Zahnarztes, der sich ein kleines Glasbecken aufgestellt hat, um darin Fische zu halten. Welche dieser beiden Botschaften zu uns durchdringt und welche von ihnen unser Verhalten bestimmt, läßt sich nicht mit letzter Sicherheit vorhersagen. Die Reaktionen der Zuseher sprechen eine ambivalente Sprache: Die einen warfen ihre Fische ins WC, weil sie ihnen die Freiheit schenken wollten. Die anderen hingegen schafften sich Aquarien an, weil doch Nemo so ein netter kleiner Fisch ist, dem man gerne den ganzen Tag dabei zusieht, wie er im Kreis schwimmt. Ich weiß, es ist recht spekulativ, aber ich gehe davon aus, daß es Menschen gibt, die *beides* gemacht

[**3. KAPITEL**]

haben, in welcher Reihenfolge auch immer. Das bedeutet: Wir müssen stets davon ausgehen, daß es nicht die *eine* Botschaft gibt, die in ihrer ganzen Einfachheit ihre Adressaten erreicht. Vielmehr sollten wir uns damit abfinden, daß wir stets in Stereo senden, also Doppelbotschaften übermitteln, wenn nicht sogar in Quadrophonie.

Zumindest legen viele Beispiele diese These nahe – wie jenes aus der jüngsten Vergangenheit, in dem Karl-Theodor zu Guttenberg eine wichtige Rolle spielt. Bekanntlich endete der unaufhaltsam scheinende Aufstieg des CSU-Politikers, als er nach wochenlangen Debatten eingestehen mußte, wichtige Teile seiner Dissertation abgeschrieben zu haben. Wobei die Formulierung «abgeschrieben zu haben» den Kern der Sache nicht ganz trifft: Sie folgt zwar der offiziellen Sprachregelung, der zufolge Guttenberg seine Doktorarbeit selbst verfaßt haben will (und zwar mangelhaft); andere gehen aber davon aus, daß der Anfang März 2011 zurückgetretene Verteidigungsminister jemanden damit beauftragt hat, seine Dissertation für ihn zu schreiben – in Teilen zumindest. Eine These, die angesichts der Lebensumstände des Politikers und der Machart der Arbeit recht plausibel erscheint. Aber wie dem auch sei: Die ganze Aufregung um die zusammengeklaute Dissertation führte dazu, daß eine Gruppe von Menschen ins öffentliche Bewußtsein rückte, die bislang im verborgenen gearbeitet hatten: die Ghostwriter. Seither ist deutlich mehr Menschen als früher bekannt, was diese Leute tun: Sie schreiben lange wissenschaftliche Arbeiten, lassen sich dafür ordentlich bezahlen und halten ansonsten den Mund. Denn weder der Autor solcher Manuskripte noch der Käufer haben ein Interesse daran, daß jemand davon erfährt. Die Ghostwriter nicht, weil es schlecht für ihr Geschäft ist. Und die Käufer nicht, weil sie das Manuskript als eigenes ausgeben und sich dadurch strafbar machen (unterschreiben sie doch in der Regel, daß sie der Urheber sind).

Mit alledem ist es seit dem Skandal um Guttenbergs Doktorarbeit vorbei. Heute wissen deutlich mehr Menschen als früher, daß man sich einen akademischen Titel nicht unbedingt erarbeiten muß, sondern auch erkaufen kann. Und es wissen auch deutlich mehr Menschen, daß man besser keinen Gebrauch von dieser Möglichkeit macht, denn: Wenn eine sorglos zusammengeschusterte bzw. -geklaute Diss selbst einen Überflieger wie Guttenberg die Karriere kosten kann, dann schreibt man sie lieber selbst – oder verzichtet auf einen Titel. So nahm ich zumindest an. Darin sah ich mich durch die weiteren Ereignisse bestärkt. Seit Guttenberg finden sich nämlich via Internet immer wieder Gruppen anonymer Plagiatsjäger zusammen, um die Dissertationen vor allem prominenter Autoren zu filetieren – stets auf der Suche nach offen Geklautem und verschämt Abgeschriebenem. Und tatsächlich: Sie werden immer wieder fündig. Die einzig mögliche Auswirkung dieser Entwicklungen, so dachte ich, könnte doch nur darin bestehen, daß den Ghostwritern die Geschäfte wegbrechen, weil immer weniger Menschen riskierten, sich demselben Hohn und Spott auszusetzen wie Guttenberg.

Und lag mit dieser Annahme vollkommen – daneben. Als nämlich die *Berliner Zeitung* vom 16. März 2011 den Ghostwriter Karl-Heinz Smuda danach fragte, wie sich die Debatte um die vielgeschmähte Doktorarbeit Guttenbergs und die Rolle etwaiger Ghostwriter auf sein Geschäft ausgewirkt habe, lautete seine überraschende Antwort: Früher habe er zwei bis drei Anfragen pro Woche zum Schreiben von Diplom- oder Doktorarbeiten erhalten, doch seit die Plagiatsvorwürfe gegen Guttenberg bekanntgeworden seien, «gingen nun 20 bis 30 Anfragen pro Woche» bei ihm ein. Es seien vor allem Studenten aus vermögendem Haus, die sich an ihn wendeten, lauter kleine Guttenbergs, also Menschen aus einem ähnlichen Milieu wie der Ex-Minister, die auf eine ähnliche Karriere hoffen können. Der Grund: Viele hätten vorher gar nicht gewußt, daß Ghostwriter solche Arbeiten anbieten. Smuda im Originalton: «Die Guttenberg-Affäre hat da einen Dammbruch ausgelöst.»

[3. KAPITEL]

So zeigt sich zum zweiten Mal, daß Kritik an bestimmten Machenschaften eine doppelte Wirkung haben kann: eine plausible und eine paradoxe. Guttenberg fliegt auf – und die Ghostwriter machen bessere Geschäfte. Weil Sie es, liebe Leserinnen und Leser, binnen weniger Minuten ohnehin von selbst herausfinden werden, hier noch der Hinweis, was so eine Dissertation kosten kann. Rechnen Sie mit einem Aufwand zwischen 20 000 und 60 000 Euro[3] – und der Möglichkeit, von einer Gruppe anonymer Plagiatsjäger enttarnt und damit vorerst um ihre Karriere gebracht zu werden. Aber wie wir gesehen haben, sind solche Szenarien nur bedingt dazu geeignet, die Menschen zur Besinnung zu bringen; ein Teil wird fröhlich weiter tun, was man ihnen eben auszureden versucht hat.

Wer beschreibt, wie es Kriminellen gelungen ist, die Börse zu plündern, der liefert all jenen eine Gebrauchsanweisung, die das immer schon machen wollten und nur nicht wußten, wie.

Unter den Büchern, die mit den Praktiken von Börsenhändlern abrechnen, gilt jenes von Michael Lewis als eine Art Klassiker.[4] Schon im Vorwort wird klar, warum. Darin schreibt Lewis, daß er Anleihenhändler an der Wall Street und in London war. Er trete zwar im Laufe seines Buches gelegentlich in den Hintergrund, «dennoch ist die Geschichte von vorn bis hinten meine eigene. Auch das Geld, das ich nicht verdiente, und die Lügen, die ich nicht erzählte, habe ich auf Grund meiner Position als Anleihenverkäufer in meiner ganz persönlichen Art und Weise interpretiert.» Hier spricht also ein Insider. Und zwar ein ganz besonderer. Denn Michael Lewis war, als er sein Buch schrieb, kein frustrierter Aussteiger, der noch ein paar Rechnungen offen gehabt hätte. Vielmehr hatte er an der Börse ein Vermögen verdient und ließ die Leser daher auch wissen, daß es «keinen Grund für Gefühle von Bitterkeit und Enttäuschung gegenüber meinem früheren Arbeitgeber» gebe. Dazu kam seine Ausbildung; bevor Lewis die London School of Economics absolvierte, hatte er einen Abschluß in Kunstgeschichte gemacht und kurze Zeit bei einem New Yorker Kunsthändler gearbeitet. Seine Weltsicht war also noch durch anderes geprägt als die stupide Suche nach dem schnellsten Gewinn.

Es ist daher durchaus nachvollziehbar, warum es Lewis in seinem 1989 erschienenen Buch mit dem Titel «Wall Street Poker» gelang, «die Arroganz der Manager und ihre Ignoranz, die Inkompetenz und Verantwortungslosigkeit, mit der ein paar gerade der Pubertät entwachsene Männer mit dem ökonomischen Schicksal des Landes Roulette spielten», so anschaulich zu beschreiben. Dieser Satz, der Lewis' Abrechnung mit der Wall Street charakterisiert, stammt von Harald Staun; er erwähnte ihn, als er dessen bislang letzte Publikation rezensierte[5], eine Auseinandersetzung mit der Finanzkrise des Jahres 2007. Den Ausschlag freilich, an dieser Stelle noch einmal auf «Wall Street Poker» zurückzukommen, gab etwas anderes. Es war ein kurzer Absatz, in dem Harald Staun auf die Reaktionen zu sprechen kommt, die das Buch seinerzeit ausgelöst hatte. «Die neugierigsten Leserbriefe», schreibt er, «kamen von jungen Studenten, die fragten, ob Lewis ihnen noch ein paar weitere Geheimnisse verraten könne. Sie hatten das Buch als Gebrauchsanweisung gelesen.»

Anstatt also das Buch so zu verstehen, wie es eigentlich gemeint war – als Aufforderung, endlich Schluß zu machen mit den Zuständen an der New Yorker Börse –, machten einige Studenten kurzerhand das Gegenteil daraus: ein Handbuch, das ihnen zeigen sollte, wie man sich auf Kosten anderer in möglichst kurzer Zeit bereichert; und wie man es anstellt, dabei nicht erwischt zu werden. Das einzige, was sie an Lewis' Schilderungen auszusetzen hatten, war der Umstand, daß sie sich nicht problemlos in praktische Tips übersetzen ließen.

[3. KAPITEL]

Selbst wer die Geschichte großer Skandale und die Mechanik menschlicher Abgründe beschreibt, kann sich also nicht darauf verlassen, daß sie im richtigen Sinne verstanden werden. Er ist auf die moralische Haltung seiner Leser ebenso angewiesen wie auf die Kontexte, in denen er ihnen begegnet, und die Bereitschaft des Empfängers, sie in seinem Sinne umzudeuten. Die einen werden die detailreichen Panoramen menschlicher Verfehlungen als Warnung verstehen und als Aufforderung, etwas zu ändern; die anderen als Anleitung, wie man sich zu verhalten hat, wenn man ähnliches plant – wie das die jungen Studenten getan haben, denen offensichtlich das Bewußtsein dafür fehlte, wie zweifelhaft ihre Bitte nach weiteren Details war. «Wenn Lewis irgendeine Art von Aufklärung beabsichtigt hatte», schreibt Staun daher, «war ihre Dialektik verheerend.» Das war sie, zweifellos.

Doch wir können die Gründe dafür, was unsere Texte in den Köpfen der Menschen anstellen, nicht ausschließlich bei den Lesern suchen. Es stimmt zwar, daß wir Schwierigkeiten damit haben, negierte Aussagen richtig zu dekodieren, so daß diese sich in ihr Gegenteil verkehren können. Und es stimmt, daß wir keinen Einfluß darauf haben, in welcher Situation einem Leser unser Buch in die Hände fällt und was er damit anstellt. Aber daß aus einem Buch wie «Wall Street Poker» eine «Gebrauchsanweisung» werden kann, dazu ist auch ein geeigneter Autor nötig. Ein Autor, der ein abstraktes Thema schlüssig darzustellen weiß und es solcherart überhaupt erst verständlich macht; der es anschließend in die Öffentlichkeit trägt und auf diese Weise dafür sorgt, daß es das Denken der Menschen beschäftigen kann. Marcel Reich-Ranicki hat diesen vertrackten Kreisverkehr von Kritiker und Publikum auf den Punkt gebracht, als er anläßlich der Präsentation seiner Biographie sagte: Seiner Ansicht nach sollte Literaturkritik das Publikum erziehen, es also davon abhalten, die falschen Bücher zu lesen. Doch zu seinem Bedauern habe er immer wieder feststellen müssen, daß seine Verrisse das genaue

Gegenteil bewirkt hätten: «Man trägt dann also dazu bei, dem Buch, das man ablehnt, viele Leser zu verschaffen.»[6]

Wir können also die Kritiker nicht aus der Verantwortung entlassen. Schon allein deshalb, weil sie dafür sorgen, Menschen mit einem Thema bekannt zu machen, von dem sie bisher unter Umständen nichts gewußt haben. Doch viele Autoren tun noch deutlich mehr, um ihre Leser für den Gegenstand ihrer Kritik einzunehmen – ob nun bewußt oder unbewußt. Da sie sich bereits länger mit ihrem Thema beschäftigen und es in einer Weise darstellen wollen, die es für Außenstehende interessant macht, schildern sie es meist auf emotionale Weise. Die Autoren erzählen eingängige Geschichten, mit denen wir uns identifizieren können; sie schaffen eine Dramaturgie, die aus einem Report über die Machenschaften an der Börse eine Abenteuergeschichte macht, der man sich nicht entziehen kann. Dabei spielt es keine große Rolle, ob die Autoren diese Story unter positivem oder negativem Vorzeichen schildern, ob sie also eine Heldengeschichte oder eine Anti-Heldengeschichte erzählen. Sie bleibt ein Abenteuer mit einem heroischen Ich im Zentrum. Im Vorwort von Michael Lewis können wir diese Art der Heroisierung und Dramatisierung sehr schön beobachten, schreibt er doch: «Ich habe die hektische Atmosphäre eines modernen Goldrausches miterlebt. Niemals zuvor haben so viele so unerfahrene 24jährige in so wenig Zeit so viel Geld verdient wie wir in diesem Jahrzehnt in New York und London. Niemals zuvor gab es zu dem Marktgesetz, daß jemand nicht mehr herausbekommen wird, als er hineingibt, derart phantastische Ausnahmen.» Na, wenn *das* keine Schilderung ist, der man die ehemaligen Euphorien des Autors noch in jedem Wort anmerkt? Und wenn *das* keine Sätze sind, die sich bestens dazu eignen, junge Börsenbroker begierig ein ähnliches Abenteuer suchen zu lassen?

Lewis trägt damit selbst seinen Teil an der Verantwortung dafür, daß sein Enthüllungs- auch zum Handbuch werden konnte. Er hat

[3. KAPITEL]

übersehen, daß Texte, die minutiös beschreiben, wie Skandale oder Verbrechen zustande gekommen sind, immer einen Doppelcharakter haben: Sie sind Anklage und Anleitung zugleich. Doch suchen wir nach einem «Schuldigen» in diesem Spiel, also demjenigen, der aus dem Buch eine Anklage bzw. eine Anleitung gemacht hat, dann werden wir keinen finden. Denn wie Paul Watzlawick so treffend beschrieben hat, organisieren sich lebendige Systeme nicht linear, sondern kreisförmig, in Schleifen.[7] Das heißt: Wir tun etwas, unser Gegenüber reagiert darauf, liefert damit die Voraussetzung für unsere nächste Reaktion, auf die wiederum unser Gegenüber reagiert – und immer so fort. Die einzige Chance, dieses Spiel zu verhindern, besteht darin, es nie zu *beginnen*. Also schlicht und einfach keine Bücher zu schreiben, in denen wir ganz genau darlegen, was wir *eigentlich* kritisieren und gerne aus der Welt geschafft sehen würden. Wer dennoch ein entsprechendes Buch schreibt und sich nach dem Erscheinen erstaunt über die eigene Wirkung zeigt – der muß entweder naiv oder zynisch oder unklug sein. Manchmal auch alles zugleich.

Journalisten, die vom tragischen Selbstmord eines Prominenten erzählen, motivieren Menschen dazu, das gleiche zu tun. Obwohl dieser Zusammenhang zweifelsfrei erwiesen ist, erscheinen immer wieder einschlägige Berichte.

Letztlich ist die paradoxe Wirkung von Büchern wie «Wall Street Poker» leicht nachzuvollziehen und in gewisser Weise verständlich. Es wäre absurd, aufgrund ihres Vorbildcharakters zu fordern, sie dürften nicht mehr publiziert werden. Ganz anders verhält es sich mit den folgenden Botschaften; sie lassen eine entsprechende Forderung durchaus berechtigt erscheinen, bringt doch deren Doppelcharakter

Menschen dazu, bis zum Äußersten zu gehen. Dazu müssen Journalisten nichts anderes tun, als einen Prominenten zum Hauptdarsteller ihrer Geschichte zu machen. Wie zum Beispiel Robert Enke, den Torwart von Hannover 96, der sich am 10. November 2009 das Leben genommen hat. Kaum bekanntgeworden, erschien eine Unzahl von Berichten. Sie schilderten, was Enke zu dem tragischen Entschluß getrieben hat (Depressionen), wie er es angestellt hat (indem er sich vor einen Zug warf) und was seine Familie, seine Fans und der Rest der Welt dazu sagen (na, was wohl?). Nun sollte man annehmen, daß Berichte über den Freitod eines sympathischen Menschen wie Robert Enke das beste Mittel sind, andere davon abzuhalten, das gleiche zu tun. War nicht in jedem Satz zu lesen, wie sinnlos und tragisch eine solche Tat sei? Wie verantwortungslos den Hinterbliebenen gegenüber? Und wie bedauernswert die Fans seien? Ja, wir haben es gelesen, immer und immer wieder. Und doch entfalteten all diese Artikel genau jene doppelte Wirkung, wie wir sie bereits beobachten konnten. Während die einen betroffen innehielten, folgten andere dem Sportler nach und begingen ebenfalls Selbstmord. Es waren so viele, daß das Magazin der *Süddeutschen Zeitung* vom «Enke-Effekt»[8] sprach. Und den Leipziger Psychiatrieprofessor Ulrich Hegerl fragte, welche konkreten Auswirkungen die unzähligen Berichte über den Fußballer gehabt hätten. «Drastische», so seine knappe Antwort. Allein Mitte November 2009 habe es viermal so viele Tote gegeben wie sonst in diesem Monat. Ulrich Hegerl weiß, wovon er spricht, beschäftigt er sich doch seit Jahren intensiv mit dem Thema Suizidprävention. Gemeinsam mit Wolfram Ziegler hat er bereits im Jahr 2002 eine einschlägige Studie publiziert. Sie heißt «Der Werther-Effekt»[9]; in ihrem Titel bezieht sie sich auf jene Serie von Selbstmorden, die Goethes Roman «Die Leiden des jungen Werthers» nach seinem Erscheinen im Jahr 1774 ausgelöst haben soll. Der Aufsatz mit dem Untertitel «Bedeutung, Mechanismen, Konsequenzen» beschäftigt

[3. KAPITEL]

sich mit der Wirkung einschlägiger Medienberichte und gibt einen Überblick bislang publizierter Forschungen. «Man muss also davon ausgehen», heißt es dort lapidar, «dass durch Medienwirkungen Menschen zu Tode kommen, die sich normalerweise nicht das Leben nehmen würden.»

Das SZ-Magazin zitiert in seinem Artikel noch einen anderen Fachmann, und zwar Karl-Heinz Ladwig, Professor für Psychosomatische Medizin. Aus dessen Sicht entsprach der Wirbel um Robert Enke dem schlimmstmöglichen Fall. Denn je prominenter und sympathischer der Hauptdarsteller einer flächendeckend publizierten Suizid-Geschichte sei, desto stärker werde der Sog, den sie entwickle. Er werde auch für Menschen zum Vorbild, die weder mit Fußball noch mit der konkreten Person viel anzufangen wüßten: «Man muss sich noch nicht einmal mit dem Menschen identifizieren können, um seine Tat nachzuahmen», sagt Ladwig. Und weiter heißt es in dem Artikel: «Es genügt, dass sich durch Medienberichte die Methode oder der Ort des Suizids im kollektiven Bewusstsein festsetzen. Bei der Golden Gate Bridge in San Francisco ist das so: Menschen aus der ganzen Welt reisen dorthin, um sich in den Tod zu stürzen, obwohl sie auf dem Weg dahin zahllose andere Brücken überqueren.» Und genau so war es auch bei Enke. Kaum hatte er sich vor den Zug geworfen, wurde das Vordenzugwerfen eine Zeitlang zur tragischen Mode. Was die Menschen dazu bringt, einen solchen «copycat suicide» zu begehen, wie das auf englisch genannt wird, also einen Nachahmungsselbstmord – das ist noch nicht restlos geklärt. Es wird sich wohl auch nie abschließend klären lassen. Zu vielfältig sind die Motive der Menschen, zu verschieden die konkreten Situationen, die sie ihren tragischen Entschluß fällen lassen. Auf vier Erklärungsansätze seien sie bei ihren Recherchen immer wieder gestoßen, schreiben Hegerl und Ziegler in dem erwähnten Aufsatz: Imitation, Suggestion, Enthemmung und Ansteckung. So verschieden die Studien auch seien, auf eine These

[DOPPELTE BOTSCHAFTEN]

kamen sie immer wieder zurück: Wer sich töte, nachdem er vom Selbstmord eines anderen gehört oder gelesen habe, der tue das, weil er sich von dem Vorbild habe anstecken lassen.

Wie schwierig es auch sein mag, die individuellen Ursachen für einen Selbstmord eindeutig zu klären – die Wirkung einschlägiger Medienberichte steht außer Zweifel. Das Phänomen ist mittlerweile so gut erforscht, daß wir mühelos vorhersagen können, was geschieht, wenn Journalisten das Schicksal von Menschen wie Robert Enke in epischer Breite schildern: Kaum publiziert, steigt die Zahl der Selbstmorde markant. Seit der «bahnbrechenden Studie des amerikanischen Soziologen Phillips»[10] aus dem Jahr 1974 gilt das als belegt und kann niemanden überraschen. Überraschend ist vielmehr etwas anderes: daß es immer noch Journalisten gibt, die glauben, lange Reportagen über einen Selbstmord schreiben zu müssen. Was wollen sie damit erreichen, fragt man sich da? Was verstehen sie am Doppelcharakter solcher Berichte nicht?

Was die trotz aller Vorbehalte weiter erscheinenden Berichte über Selbstmorde noch unverständlicher macht, ist der Umstand, daß es seit vielen Jahren klare Empfehlungen gibt, wie Journalisten das Thema am besten behandeln sollten. Hegerl und Ziegler haben sie in ihrem Aufsatz über den Werther-Effekt formuliert: «Beschreibe den Suizidenten, die Methode, den Ort, die Lebensverhältnisse und die Gründe so abstrakt, daß sie kein Anschauungsmaterial mehr enthalten, das einer möglichen Identifikation und Enthemmung Vorschub leisten könnte!» Man sollte meinen, daß das eindeutig genug ist. Offensichtlich nicht eindeutig genug für Journalisten wie jene vom *Spiegel*, die am 16. November 2009, sechs Tage nach dem Selbstmord, eine Titelgeschichte publizierten, die sich «Die Angst vor dem Leben. Der Fall Robert Enke: Was Menschen den Halt verlieren lässt» nannte. Darin konnten wir Sätze lesen, die klingen, als wollten sie die Warnungen von Hegerl und Ziegler verhöhnen: «Robert Enke – ein Baum von

[3. KAPITEL]

einem Mann, ein Vielgeliebter, brilliert im Tor, wie immer. Und zwei Tage später läßt er sich von einem Zug überrollen. Und im ganzen Land begreifen Menschen auf einmal, welche Verwüstungen die Krankheit Depression in der Seele eines Menschen anrichten kann. Sie sind erschrocken darüber, welche Wucht sie hat. Sie fragen sich, welch mächtiger Schatten sich über einen Menschen legen muss, wenn der Schub kommt. Und wie es sein kann, dass nicht mal einer wie Enke sich dagegen wehren kann.»

Es gehört zu den großen Qualitäten des zitierten Aufsatzes, daß Hegerl und Ziegler auch jene Paradoxie thematisieren, die ihre Forderungen heraufbeschwören: «Eine suizidpräventive Berichterstattung steht im krassen Gegensatz zu journalistischen Grundregeln. Sollte daher aus journalistischer und medizinischer Sicht nicht komplett auf die Suizidberichterstattung verzichtet werden?» Eine gute Frage, zweifellos. Denn was bei der Darstellung von Selbstmördern zu beobachten ist, das gilt laut Herbert Scheithauer auch für Amokläufer. Der Psychologe hat sich in einem Forschungsprojekt mit all den Fragen beschäftigt, die sich im Zusammenhang mit Ereignissen wie jenen von Winnenden ergeben haben: Am Vormittag des 11. März 2009 hatte ein ehemaliger Schüler der Albertville-Realschule in dem nordöstlich von Stuttgart gelegenen Ort fünfzehn Menschen getötet und dann Selbstmord begangen. Nach einer seiner Ansicht nach angemessenen Berichterstattung über diesen Vorfall befragt, antwortete Scheithauer ganz im Sinne von Hegerl und Ziegler: Er plädiere dafür, weder Bilder des Täters noch dessen Beweggründe publik zu machen; wenn denn über solche Ereignisse berichtet werden müsse, dann bloß über die Opfer, «über die schlimmen Folgen solcher Taten»[11]. Grundsätzlich gelte: Je weniger berichtet werde, desto besser. Scheithauer nennt für seine Empfehlung die bereits bekannten Gründe: Durch detaillierte Berichte über einen amoklaufenden Täter erhöhe sich die Wahrscheinlichkeit, daß er Nachahmer findet.

[DOPPELTE BOTSCHAFTEN]

Wer also geglaubt haben sollte, man müsse schreckliche Ereignisse nur anschaulich genug beschreiben, um die Menschen zum Umdenken zu bewegen, wird sich in seinem Glauben erschüttert finden. Wir Autoren spielen immer eine Doppelrolle: Wir klären auf, und wir propagieren Verhaltensweisen, die zu den beschriebenen Katastrophen führen. Wir enthüllen, und wir verfassen Gebrauchsanweisungen, die manchen Lesern die Fähigkeiten, denen unsere Abneigung oder unsere Ängste gelten, erst vermitteln. Wir sind eben Teil eines Systems, das uns prägt und das wiederum wir prägen – und das in jener steten Kreisbewegung, die keinen Anfang und kein Ende kennt. Ein ebenso tröstliches wie beunruhigendes Bild, denn wir haben einerseits die Chance, etwas zum Besseren oder zum Schlechteren zu wenden, andererseits aber zum Besseren oder zum Schlechteren gewendet zu werden.

Wie ein möglicher Ausweg aus diesem Dilemma aussehen könnte, haben die zitierten Wissenschaftler bereits angedeutet. Aber wie wäre es, nur so als Vorschlag, die Berichterstattung vollkommen bleibenzulassen? Wie das beispielsweise im Jahr 1996 gelungen ist, als viele Medien von der Entführung Jan Philipp Reemtsmas wußten und doch nichts darüber verlauten ließen, weil man befürchten mußte, durch Berichte das Leben des Sozialwissenschaftlers zu gefährden. Es gibt einen Begriff für dieses bewußte Verschweigen: Tabu. Er stammt aus der Religion Polynesiens und ist mit der Vorstellung verbunden, man könne durch das Nicht-Aussprechen bestimmter Namen oder das Nicht-Betreten heiliger Orte die höheren Mächte für sich einnehmen (und bei Zuwiderhandlung gegen sich aufbringen). Womit auch klar wird, warum sich Tabus nicht einfach so etablieren lassen: Sie basieren auf Voraussetzungen, die tief in die religiösen Vorstellungen jedes einzelnen hineinreichen. Daher kennen wir auch bloß die Redewendung, man müsse endlich ein bestimmtes Tabu brechen. Aber selbst für den Fall, daß es uns gelingen sollte, bestimmte Themen planvoll zu

[3. KAPITEL]

tabuisieren – die Harry-Potter-Romane zeigen, daß damit noch nichts gewonnen ist: Um sich vor dem «dunklen Lord» zu schützen, vermeidet es die Zaubererwelt, seinen wahren Namen zu nennen; statt dessen wird er, der Inbegriff des Bösen, von allen immer nur als «Er, dessen Name nicht genannt werden darf» bezeichnet. Wie sich freilich im Laufe der Geschichte zeigt, haben Tabus eine ähnlich mächtige Wirkung auf die Menschen wie Negationen (da hilft auch nichts, daß sie Zauberer sind): Anstatt das Negierte zum Verschwinden zu bringen, geistert es beständig durch ihre Gedanken – und macht das Verdrängte mitunter präsenter als dessen positive Darstellung.

Nicht einmal Beschimpfungen bleiben immer das, was sie sind. Manchmal verwandeln sie sich vor unseren Augen in ihr Gegenteil. Und werden zu einem Adelsprädikat.

Doch die Ambivalenz unserer Kritik bleibt nicht auf die manifesten Geschichten und Informationen beschränkt. Vielmehr entfaltet sie ihren Doppelcharakter auch im Zusammenhang mit unseren Bewertungen. So geschieht es immer wieder, daß wir etwas kritisieren, nur um anschließend dabei zusehen zu müssen, wie aus unserer Kritik das gerade Gegenteil wird: ein Plädoyer, eine Werbekampagne, ein Adelsprädikat. Die Geschichte ist voll einschlägiger Beispiele. So bezeichnet etwa der Begriff «Impressionismus» jene malerische Stilrichtung, die im letzten Drittel des 19. Jahrhunderts entstanden ist und die maßgeblichen Einfluß auf die moderne Malerei hatte. Doch zu Beginn war die Bezeichnung «Du Impressionist!» nichts als ein Schimpfwort. Wer sein Malzeug packte, nach draußen in die Natur ging, um dort flüchtige Momente des Lebens einzufangen – der war verdächtig. Kein Wunder, galt doch damals nur der als seriöser Maler, der im luft- und lichtundurchlässigen Atelier vor sich hin pinselte. So veröffentlichte der Autor und Kunstkritiker Louis Leroy am 25. April 1874 in der französischen Satirezeitung *Charivari* einen berühmt gewordenen Artikel mit dem Titel «L'exposition des Impressionistes». Darin verhöhnte er die Maler rund um Claude Monet als «Impressionisten». Leroy bezog sich in seiner abfälligen Verwendung des Begriffs auf den Titel eines Bildes von Monet, das der 1872 gemalt hatte; es heißt «Impression soleil levant» («Impression, Sonnenaufgang») und zeigt den morgendlichen Hafen von Le Havre. Das Ergebnis: Die Beschimpften schnappten sich den negativen Begriff, nannten sich fortan selbst so und wendeten ihn solcherart in sein Gegenteil.

Ein Mechanismus, den wir in vielen anderen Fällen und Epochen ebenfalls beobachten können: Pietismus, Hexe, Formalismus, Bollywood – lauter Bezeichnungen, die erst negativ gemeint waren, bevor ihre Bedeutung ins Positive kippte. Eines der eindrucksvollsten Beispiele für dieses Phänomen lieferte die deutsche Boulevardzeitung *Bild* im Jahr 2011. Zu deren Werbekampagne gehört es, Prominente nach ihrer Ansicht über die Zeitung zu fragen und dieses Statement gemeinsam mit dem Porträt des Befragten zu veröffentlichen. Neben dem Versprechen, tatsächlich die «offene, ehrliche und ungeschönte Meinung» der Befragten zu publizieren, bietet die Werbeagentur Jung von Matt noch ein zweites Argument auf, um Promis für die Sache zu gewinnen: Man würde in deren Namen 10 000 Euro an eine Institution spenden, die sie auswählen dürften. Als eine Anfrage dieses Inhalts die deutsche Band «Wir sind Helden» erreichte, geriet deren Sängerin Judith Holofernes außer sich. Und schrieb einen offenen Brief an die Werbeagentur, den sie auch auf der Homepage der Band veröffentlichte.[12] Die Antwort beginnt mit der Feststellung «Ich glaub, es hackt», denn Holofernes hält die *Bild*-Werbekampagne für «das Perfideste, was mir seit langer Zeit untergekommen ist» – und endet mit der unmißverständlichen Feststellung: «Die Bildzeitung ist ein gefähr-

[3. KAPITEL]

liches politisches Instrument – nicht nur ein stark vergrößerndes Fernrohr in den Abgrund, sondern ein bösartiges Wesen, das Deutschland nicht beschreibt, sondern macht. Mit einer Agenda.» Worin diese Agenda besteht, führt die Sängerin nicht weiter aus, aber jedem Leser ist klar, daß sie mit alledem nicht das geringste zu tun haben will.

Möglichkeiten, auf diese Antwort zu reagieren, hätte es viele gegeben: Die Werbeagentur hätte der Sängerin in einem offenen Brief antworten können, die Zeitung etwas Negatives über die Band schreiben, der Chefredakteur einen Leitartikel mit dem Hinweis auf die vielen anderen Promis verfassen, die schon mitgemacht haben undsoweiterundsofort. Die Zeitung wählte *keine* davon. Vielmehr bediente sie sich der Wucht der Kritik und veröffentlichte nur vier Tage nach dem offenen Brief eine weitere Anzeige in ihrer Prominenten-Serie. Diese Anzeige bestand aus nichts anderem als dem Logo und dem Claim der Zeitung («Bild Dir Deine Meinung!») sowie dem Satz: «BILD bedankt sich bei Judith Holofernes für ihre ehrliche und unentgeltliche Meinung» – und dem offenen Brief der Sängerin. Im Wortlaut, inklusive Schreibfehlern.

Wer je ein Handbuch verfassen will, das erklärt, wie man Menschen nicht nur das Wort im Munde herumdreht, sondern es zum eigenen Vorteil verwendet und diese Menschen dafür auch noch durch den Kakao ziehen kann – der muß dieser *Bild*-Aktion ein eigenes Kapitel widmen. Sie spielt auf so vielen Ebenen, daß einem schwindlig wird. Es beginnt damit, daß die Werbeagentur die Anzeige in einem linksalternativen Medium schaltete, der *tageszeitung*. *Bild* gibt also Geld, das die stets klamme *taz* bestens gebrauchen kann, dafür aus, eine Leserschaft mit ebenjener Meinung über sich zu konfrontieren, die diese seit langem hegt und die sie nun ein weiteres Mal bestätigt findet. Sie demonstriert damit eine Souveränität, die man ihr nicht zugetraut hätte – und fügt damit ihrem Image eine neue, positive Facette hinzu. In dem Moment, da die Reputation der *Bild*-Zeitung also eine Stufe aufsteigt, zieht sie die *taz* eine Stufe herunter: Den offenen Brief der Sängerin als Eigenwerbung zu benutzen und in der *taz* zu veröffentlichen, ist zweifellos perfide, und jeder, der dabei mitmacht, ebenfalls (ein wenig zumindest). Judith Holofernes hat ihren Brief schließlich nicht geschrieben, um der *Bild*-Zeitung einen Gefallen zu tun, sondern um sie kräftig ins Knie zu treten.

Daß sich die *taz* in die Machenschaften der *Bild*-Zeitung verstricken läßt, muß ihr zumindest geschwant haben, ebenso die Gefahr, die ihr dadurch droht, lebt sie doch vom Ruf, eine ehrbare Zeitung zu sein. Denn in derselben Ausgabe, in der die *taz* die *Bild*-Anzeige druckte, publizierte die *taz*-Redaktion ein großes Interview mit Judith Holofernes. Damit sorgte sie dafür, daß die Sängerin das Verhalten der *taz* kritisieren konnte: «Interessant übrigens, dass sich die *taz* dafür zur Verfügung stellt.» Daß die *taz* die Kritik von Holofernes abdruckt (und zugleich die *Bild*-Anzeige), macht die Sache nur noch verwirrender: Nun ist sie es, die berechtigte Kritik in ihr Gegenteil verkehrt und den Vorwurf, sie mache sich mit dem Boulevardblatt gemein, zur Eigenwerbung verwendet: Seht her, wir sind so souverän, die *Bild*-Anzeige *und* die Kritik daran in einer Ausgabe zu bringen.

Das allerschlimmste – und zugleich faszinierendste – an der Geschichte scheint mir jedoch, daß Judith Holofernes das entstandene Kuddelmuddel in ihrem Brief bis ins letzte Detail analysiert und vorweggenommen hat – und dennoch nicht verhindern konnte, daß alles genau so kommt. Ihre Person mit eingeschlossen. In dem Brief schildert sie nämlich sehr anschaulich, wie sich Prominente mit dem Angebot der *Bild*-Zeitung herumschlagen und letztlich darin verheddern. So dächten die Promis einerseits, eine Anzeige biete ihnen die Chance, sich ins Gespräch zu bringen, weil sie von so vielen Menschen gelesen werde; sie fürchteten aber andererseits, sich darauf einzulassen, weil die Zeitung einen so schlechten Ruf habe. «Und dann kommt ihr, liebe Agentur, und baut diesen armen gespaltenen Prominenten eine

[**3. KAPITEL**]

Brücke, eine wackelige, glitschige, aber hey, was soll's», schreibt Holofernes über den wenig ehrenhaften Job, den die Werbeagentur ihrer Ansicht nach macht. Diese Brücke bestehe darin, so die Sängerin weiter, daß man das Honorar spenden und gleichzeitig die Wahrheit über *Bild* sagen dürfe. Und das auf möglichst souveräne Weise tut.

Doch damit nicht genug. Wer ein paar Schritte zurücktritt, der wird den Eindruck gewinnen, daß nicht nur die bisherigen Bild-Testimonials wie Veronica Ferres, Thomas Gottschalk, Philipp Lahm, Richard von Weizsäcker und Mario Barth sich auf genau dieses Spiel eingelassen haben, sondern auch Judith Holofernes. Unbeabsichtigt, selbstverständlich – aber letztlich doch. Denn hat Judith Holofernes der Werbeagentur nicht den Wunsch erfüllt, «ihre offene, ehrliche und ungeschönte Meinung» zu sagen? Ganz so, wie die *Bild* es in ihrem Anschreiben formulierte? Ja, das hat sie. Und hat nicht die Werbeagentur Jung von Matt genau diese Meinung, ohne ein einziges Detail zu verändern, als Anzeige abgedruckt? Ja, das hat sie (und ob sie das durfte, steht auf einem anderen Blatt). Das einzige, das Holofernes von den anderen Prominenten unterscheidet, ist der Umstand, daß die *Bild*-Zeitung nicht *einen einzigen* Euro für den Text bezahlt hat. Weder an die Sängerin noch an eine karitative Einrichtung. Und noch etwas lief bei der Sängerin anders: Sie wurde für ihren kritischen Beitrag nicht gelobt, sondern verhöhnt, heißt es doch in der erwähnten Anzeige: «BILD bedankt sich bei Judith Holofernes für ihre ehrliche und unentgeltliche Meinung.»

So funktioniert das also. So wird aus einer wütenden Polemik ein Meisterwerk des Lobs, das gegen jede Form von Kritik immun zu sein scheint. Denn alles, was sich gegen die *Bild*-Zeitung und gegen die Werbeagentur Jung von Matt einwenden ließe, steht bereits in der Anzeige – kostenlos geschrieben von einer Künstlerin, die als glaubwürdige Kritikerin der *Bild* gelten dürfte und durch genau diese Glaubwürdigkeit zum Aushängeschild der Zeitung wurde, weil diese die Größe hatte, die Kritik als Eigenwerbung einzusetzen.

[DOPPELTE BOTSCHAFTEN]

Wenn das kein Fall für die Lehrbücher ist! Und ein wunderbares Beispiel für jene Schleifen, jene kreisförmig aufeinanderfolgenden Reaktionen, denen wir Tag für Tag von neuem ausgesetzt sind, die wir nicht stoppen, sondern bloß freundlich akzeptieren können. Und manchmal zähneknirschend.

Über die Doppelbotschaften kritischer Berichte ist das Wichtigste gesagt. Daher gibt es an dieser Stelle bloß einen Hinweis. Der ist dafür um so hilfreicher.

Laden Sie Ihre Kritiker ein, damit sie Ihnen sagen, wie man Ihnen schaden kann: Um sich zu verbessern, holen Unternehmen klassischerweise Berater ins Haus, damit die ihnen verraten, wie sie sich verbessern können. Auch wenn es diese Leute ehrlich meinen, müssen wir davon ausgehen, daß sie nicht das Beste für ihre Auftraggeber leisten. Es liegt zwar durchaus im Interesse der Berater, die Schwachstellen des Unternehmens zu finden, um sie zu beseitigen. Zugleich aber haben sie ein weiteres Interesse, das weniger mit dem Unternehmen als mit ihrem eigenen Laden zu tun hat. So müssen Berater aus purem Selbsterhaltungstrieb dafür sorgen, daß nicht *alle* Probleme des Unternehmens beseitigt werden bzw. daß nach der erfolgreichen Lösung des *einen* Problems möglichst schnell ein *weiteres* auftaucht. Ich will hier keine Verschwörungstheorien entwikkeln, vielmehr liegt es in der Eigendynamik einer Organisation, wie es Beratungsgesellschaften sind, für Nachschub zu sorgen. So müssen wir davon ausgehen, daß im Laufe einer Zusammenarbeit ungefähr genauso viele Probleme auftauchen wie verschwinden. Wer sich nur eine Minute in

[3. KAPITEL]

die Rolle eines Beratungsgesellschaftsbosses versetzt, wird verstehen, daß Mitarbeiter, die Unternehmen nachhaltig sanieren, sich der Geschäftsschädigung schuldig machen und umgehend gekündigt werden müßten.

Weil wir also von Beratern immer nur die halbe Wahrheit hören werden, empfiehlt es sich, die Sache gelegentlich umzudrehen und Außenstehende um das Gegenteil zu bitten: Sie mögen uns doch bitte massiv kritisieren und gleichzeitig verraten, wie man unser Geschäftsmodell am einfachsten ruinieren könne. Oder wo unsere offensichtlichsten individuellen Defizite lägen. Die erwähnten «Freakonomics»-Autoren haben in ihrem Blog die Geschichte einer Sicherungseisenstange in Pkws erzählt, die Diebe abschrecken soll, diesen in Wirklichkeit aber die besten Dienste leisten. Auf dieses Phänomen aufmerksam gemacht habe sie ein ehemaliger Konstrukteur bei Chrysler. Der berichtete davon, daß man in den 1990er Jahren professionelle Autoknacker eingeladen habe, um mit ihnen die Frage der Diebstahlsicherheit von Pkws zu debattieren. Von ihnen stammten die entscheidenden Hinweise auf die Widersinnigkeit der Eisenstangen und die Schwachstelle der Autos. Am Ende des Blogeintrags schreiben die Autoren daher auch: «Lesen Sie bitte nicht zu rasch darüber hinweg, daß eine Autofirma Diebe als Berater anheuert. Sollten Sie ein Geschäftsmann sein – engagieren Sie regelmäßig Menschen, die Ihnen schaden wollen? Und sollten Sie ein Intellektueller sein – setzen Sie sich regelmäßig mit Menschen zusammen, die Sie beschimpfen?» Wenn ich die beiden richtig verstanden habe, sollten sich das auch Buchautoren zu Herzen nehmen. Wogegen nichts einzuwenden ist. Aber vielleicht lesen Sie erst mal weiter.

[DOPPELTE BOTSCHAFTEN]

4. KAPITEL

GEHEIME VERSPRECHEN

Warum wir die Spitzenforschung effizienter fördern, indem wir ihre Anträge auf Unterstützung ablehnen; wie es kommt, daß Schnurrbartprämien die Autorität der Polizei stärken; und warum das Gehirn uns die besten Dienste leistet, indem es uns ständig stört.

Ein Vorteil moderner Computer besteht darin, daß wir ein paar Jobs an sie delegieren können. Die Erziehung der Kinder zum Beispiel. So gibt es Software, die verspricht, die Kleinen lesen und rechnen zu lehren, sie langweilige Abende mit Erwachsenen überstehen zu lassen (Spiele) und sie während des Surfens im Internet vor Abwegen zu bewahren. Daher war es erst einmal naheliegend, daß ein Bekannter vor sehr vielen Jahren auf dem Rechner seiner Kinder ein Programm namens «Game Deputy» installierte, das sie daran hindern sollte, obszöne englische Wörter zu verwenden. Diese Applikation funktionierte sehr einfach: Wann immer die Kinder einen entsprechenden englischen Begriff eingaben, machte sie sich bemerkbar, indem sie laut quäkte, wie man das aus dem US-Fernsehen kennt, wenn jemand «fuck» sagt (bzw. f***). Die Reaktion der Kollegenkinder ließ nicht lange auf sich warten – wenn sie auch anders ausfiel, als die Eltern sich das gedacht hatten (und die Programmentwickler wohl auch). Anstatt die Verwendung obszöner Begriffe einzuschränken, begannen die Kinder damit, immer mehr davon einzugeben. Ja, sie begnügten sich nicht damit, ihren einschlägigen Wortschatz zu plündern und einzutippen, sondern sie recherchierten neue Wörter, um ihre diesbezüglichen Kenntnisse zu erweitern und damit die Software immer wieder zum Quäken zu bringen. Bei jedem Treffer konnte man sie in ihrem Zimmerchen triumphierend lachen hören.

Ganz ähnliches berichtete das Kind von Freunden einem unserer Kinder, und zwar in einem Moment, als sich die beiden unbeobachtet glaubten. Doch weil Eltern darauf konditioniert sind, zu hören, was sie nicht hören sollen, bekamen wir es mit. Er habe, erzählte das Kind, von seinem Vater eine Englisch-Lernsoftware für die Spielkonsole geschenkt bekommen. Damit solle er seinen Vokabelschatz und vor allem seine Aussprache trainieren. Das Programm sei aber «voll langweilig», berichtete er. Nachdem man eine Lektion abgeschlossen habe, gebe es nur «voll doofe» Kinderspiele. Vor kurzem aber habe er entdeckt, daß das Spiel doch zu etwas nütze sei: Er habe damit angefangen, mit der Aussprache vorgegebener Sätze herumzuprobieren, und dabei bemerkt, daß man von der Software auch dann für die korrekte Aussprache eines Satzes gelobt werde, wenn man etwas sage, das nur so ähnlich klinge. «Das Programm wollte, daß ich ‹I love you› nachsage – aber ich hab was anderes gesagt und hab auch Punkte dafür bekommen!» Was er denn statt «I love you» gesagt habe, wollte unser Großer wissen: «I hate you!» und «Hau ab, du alte Kuh!», so der Freund. Noch lange konnten wir die beiden in ihrem Zimmerchen triumphierend lachen hören.

Unser Belohnungssystem hat eine doppelte Funktion: Einerseits verspricht es uns verlockende Dinge, und andererseits honoriert es ein bestimmtes Verhalten. Dadurch motiviert es uns zu immer neuen Unternehmungen.

Wir wären schlecht beraten, die ganze Sache mit dem Hinweis abzutun, da hätten ein paar Programmierer geschlampt und es sei bloß eine Frage von Updates, bis die Software funktioniere. Selbst wenn das stimmen sollte (was es nicht tut, wie jeder weiß, der schon mal eine benutzt hat), würden wir uns eine einmalige Gelegenheit entgehen lassen. Und zwar jene, unser Belohnungssystem näher kennenzulernen, das so mächtig ist, daß es uns die abenteuerlichsten Projekte in Angriff nehmen läßt. An welches Sie auch immer denken mögen – den Himalaja barfuß zu besteigen, den «Mann ohne Eigenschaften» oder dieses Kapitel zu Ende zu lesen, ohne wegzurennen eine ganze Folge von «Deutschland sucht den Superstar» anzugucken, mit dem Verzehr von Schokoladetafeln aufzuhören – stets ist besagtes System in führender Rolle beteiligt. Grund genug, uns eingehender mit ihm zu beschäfti-

[4. KAPITEL]

gen. Zumal wir auf diese Weise erfahren werden, weshalb unsere Versuche, durch Versprechungen etwas zu erreichen, so oft zum Gegenteil des Erhofften führen, wie wir das in den beiden Beispielen gesehen haben.

Warum also haben die Kinder voller Freude und anhaltend mit der Software gespielt? Die Frage ist erst einmal schnell beantwortet: Die Software hat sie belohnt. Indem sie lustig gequäkt oder Punkte für Nonsens vergeben hat. Nun mag diese Form der Belohnung nicht jedem befriedigend und erstrebenswert erscheinen – für die Kinder war sie es ganz offensichtlich. Ausgelöst wurde ihr fröhliches Treiben von einem System im Gehirn, dessen exakter Funktionsweise man erst seit einigen Jahren auf der Spur ist und das daher noch immer nicht restlos entschlüsselt ist. Ein Name jedenfalls ist gefunden, die einschlägige Forschungsliteratur bezeichnet es als das «dopaminerge mesolimbisch-mesokortikale System»; das klingt nicht nur ziemlich kompliziert, sondern ist es auch. Man hat ihm daher auch andere, vertrautere Namen wie Belohnungs-, Motivations- oder Lustsystem gegeben. Das macht die Sache aber nicht unbedingt einfacher; während einzelne Bereiche des Systems als sehr gut erforscht gelten, sorgt deren Zusammenwirken noch für offene Fragen.

Eine der beiden zentralen Aufgaben dieses Belohnungssystems besteht darin, all jene Reize, die auf uns einströmen, daraufhin zu betrachten, ob sie unsere Erwartungen übertroffen und daher das Etikett «überraschend gut» verdient haben. Tippen wir also ein unflätiges Wort in unseren Computer ein und quäkt er daraufhin plötzlich los, dann ist das «überraschend gut», zumindest in den Augen verspielter Kinder. Klingelt es an der Tür und stehen draußen ein paar liebe Freunde, die wir schon vermißt haben, dann ist das ebenfalls «überraschend gut». Und werden wir auf ein besonderes Abendessen eingeladen, so mag das zwar nicht völlig überraschend sein, aber sehr gut allemal. Das Resultat dieser Ereignisse: In unserem Gehirn springt das

Belohnungssystem an und schüttet «endogene Opioide» aus, also körpereigene, opiumähnliche Substanzen. Die haben eine überaus positive Wirkung auf uns: Sobald sie unser Gehirn überschwemmen, fühlen wir uns zufrieden, glücklich, wunderbar erregt, behaglich, befriedigt – und was es an Synonymen für menschliches Wohlergehen sonst noch geben mag.

Diese Glücksgefühle haben nur einen einzigen Konstruktionsfehler, der dafür aber um so schwerer wiegt: Sie sind flüchtig. Haben wir die Software zum Quäken gebracht, sitzen die Freunde seit Stunden an unserem Küchentisch und haben wir das festliche Abendessen hinter uns, so mögen unsere Hochgefühle noch ein wenig anhalten, aber irgendwann legt sich das chemische Gewitter in unserem Gehirn wieder – und wir kehren in jenen lauen emotionalen Zustand zurück, den wir «Normalität» nennen oder «Alltag» oder «Business as usual». Unser Gehirn hat nämlich die natürliche Tendenz, alle von seinem Normalbetrieb abweichenden Zustände zu nivellieren. Aufregendes wie Glücks- oder Stressgefühle ist langfristig gesehen ungesund; sie sollten daher die Ausnahme bleiben. Eine Strategie, uns zu beruhigen, besteht darin, uns mit der aktuellen Situation zu arrangieren, sei sie nun besonders gut oder schlecht. Wir haben daher die lebenswichtige Fähigkeit zur Adaption entwickelt. Etwas weniger höflich gesagt: Wir sind Großmeister des Mittelmaßes. Was wiederum zur Folge hat, daß wir uns mit dem Status quo arrangieren, weitermachen wie gewohnt und stets dieselbe Limonaden- bzw. Computermarke kaufen.

In diesem Mittelmaß würden wir unser Leben lang verharren bzw. hätten wir es nie verlassen, gäbe es unser Belohnungszentrum nicht. Denn das versorgt uns nicht nur mit den belohnenden Glücksgefühlen, sondern es stört uns immer wieder in jenem Mittelmaß, in das wir automatisch zurückfallen. Das erreicht unser Belohnungssystem, indem es aus den vielen Reizen, die auf uns einströmen, all jene herausfiltert, die uns Spaß machen *könnten*. Es betrachtet die Welt ständig

[4. KAPITEL]

unter dem Blickwinkel zukünftigen Glücks. Solche Reize können durch eine andere Software ausgelöst werden, die vielversprechend klingt, wir aber noch nicht ausprobiert haben; durch die Möglichkeit, einen Porsche Carrera RS (Baujahr 1972) zu fahren; oder aber durch die Aussicht, irgendwann viel Geld, ein wichtiges Amt und hohes Ansehen auf einmal zu bekommen, indem wir ein paar Jahre auf einer amerikanischen Eliteuniversität studieren bzw. uns bei einer Casting-show bewerben.

Kaum hat unser Belohnungszentrum einen solchen Reiz identifiziert, reagiert es durch die Ausschüttung einer Substanz, die im Namen des Systems zitiert wird. Sie heißt Dopamin und ist – wie die endogenen Opioide – ein Neurotransmitter, also ein Botenstoff. Sobald sich das Dopamin in unserem Gehirn ausbreitet, geschieht zweierlei: Uns erfüllt die Erwartung, bald belohnt zu werden und Spaß zu haben, und wir werden von Glücksgefühlen durchströmt (daher wird es im Volksmund auch als «Glückshormon» bezeichnet). Es sind also gleich mehrere gute Nachrichten, die der Botenstoff in unserem Hirn verbreitet. Dadurch löst die Substanz auch eine Kaskade weiterer Reaktionen aus, die allesamt einem zentralen Zweck dienen: Sie sollen uns dazu motivieren und befähigen uns, die in Aussicht stehende Belohnung zu verschaffen. So aktiviert das Dopamin unser Arbeitsgedächtnis, also jenen Teil unseres Gehirns, der für die Verarbeitung der aktuellen Informationen zuständig ist – und tut auch sonst alles, um uns aufmerksamer und leistungsfähiger zu machen. Eine naheliegende Reaktion, denn wollen wir etwas erreichen, brauchen wir dazu unsere gesammelten Kräfte.

Wenn Sie an das Kapitel mit dem Titel «Verführerische Störungen» denken, wird Ihnen auffallen, daß unser Belohnungssystem exakt nach jenem Prinzip organisiert ist, das ich darin beschreibe, das der Störung und der Selbstregulation: Sobald wir durch etwas in unserer Ruhe gestört werden, setzt der Mechanismus der Selbstregulation ein und motiviert uns dazu, etwas zu unternehmen, damit wir wieder in den Zustand der Ruhe zurückkehren. Dieser kreisförmigen Organisationsform folgt auch unser Belohnungssystem: Es stört unsere Ruhe (das Leben im Mittelmaß), indem es uns eine Belohnung für das Erreichen eines bestimmten Ziels in Aussicht stellt, bringt uns dazu, das Ziel zu erreichen, belohnt uns dafür mit dem Gefühl des Glücks – um uns, nachdem unser Gehirn wieder in den Zustand des Mittelmaßes zurückgekehrt ist, ein weiteres Mal mit einer Versprechung auf Trab zu bringen. Das heißt, unser Belohnungssystem stört uns aus einem sehr wichtigen Grund: Es verhindert, daß wir – einmal zur Ruhe gekommen – in Untätigkeit verfallen. Es bringt uns vielmehr dazu, aktiv zu werden, die Welt zu erobern oder den langen Weg zum Kühlschrank auf uns zu nehmen, in dem die Limonade bzw. der Joghurt einer neuen Marke auf uns warten. Ins Werk gesetzt wird diese Belohnungs- und Störungsdynamik durch das perfekte Zusammenspiel der erwähnten Botenstoffe in unserem Gehirn, die uns verführen, belohnen, wieder stören – um uns im nächsten Augenblick wieder zu belohnen, zu verführen und immer so fort. Unser Belohnungssystem ist ein wunderbares Beispiel für jene sich selbst immer wieder von neuem aktivierenden und potenzierenden Prozesse, die keinen Anfang und kein Ende kennen, sondern immer weiter laufen.

Wie mächtig der Sog werden kann, den unsere Erwartungen entfalten, zeigt das folgende Beispiel. Jeder von uns hat bereits unzählige E-Mails erhalten, die so oder so ähnlich beginnen: «Guten Tag, ich habe Ihre Kontaktadresse von einem vertrauenswürdigen Bekannten erhalten, dessen Namen ich im Moment nicht nennen möchte.» Anschließend folgt eine Passage, die unser Belohnungssystem auf Touren bringen soll: «Ich möchte Ihnen ein für Sie profitables geschäftliches Angebot unterbreiten», lesen wir da, «es handelt sich hierbei um den Transfer von 27,5 Millionen US-Dollar.» Die Absenderin der E-Mail, eine gewisse Dr. Jennifer Hans aus Südafrika, wolle ihr Land

[4. KAPITEL]

verlassen, ihr Geld «nach Europa» transferieren und dort investieren. Dabei sollten wir ihr bitte helfen. Als Belohnung für «diese freundliche Unterstützung möchte ich Ihnen 15 Prozent des Geldes zukommen lassen», was ziemlich viel ist, nämlich exakt 4,125 Millionen US-Dollar (vor Abzug der Steuern). Wenn wir daran interessiert seien, sollten wir uns einfach per E-Mail melden. Gezeichnet «Dr. Jennifer Hans, Hans Group of Companies Ltd, Hans Estate, 47 Strand Street, Cape Town 8001».

Nun sollte man meinen, solche in ihrer Durchschaubarkeit lächerlich anmutenden E-Mails würden unbeachtet und erst recht unbeantwortet im Spam-Ordner landen. Weit gefehlt. So berichtet die Onlineausgabe des *Spiegel*, das britische Verbraucherschutzamt gehe davon aus, «daß jedes Jahr über drei Millionen Mitbürger auf betrügerische Botschaften hereinfallen, der Schaden: mehr als vier Milliarden Euro»[1]. Der Autor des Artikels zitiert in der Folge den Psychologen Stephen Greenspan, der sich in einem Buch mit dem Phänomen der Leichtgläubigkeit beschäftigt hat.[2] Die Betrüger seien «gewiefte Psychologen», sagt er, und würden die stärksten Motivationen ansprechen: «Gier, Angst, Lust, Mitleid.» Nach dem bisher Gesagten sollten wir die kleine Liste um «in Aussicht stehende Belohnungen» ergänzen. Und dann kommt Greenspan indirekt auf die Macht des Dopamins zu sprechen: Es sei überraschend, «dass leichtgläubige Menschen keineswegs immer dumm sind». Nein, das sind sie zweifellos nicht. Vielmehr sind sie Opfer des eigenen Belohnungssystems, dem es ganz offensichtlich nicht nur gelingt, uns zu den absurdesten Handlungen zu bewegen, sondern auch unsere Intelligenz zu benebeln, sind die Verheißungen nur groß genug. Wer würde das angesichts eines festlichen Abendessens, bei dem er unvernünftigerweise drei Portionen gegessen hat, bzw. angesichts einer selbstschädigenden Liebschaft bestreiten? Der Psychologe Greenspan jedenfalls nicht, denn er hat diese mitunter verhängnisvolle Macht am eigenen Leib erfahren: Er ist auf Bernard Madoff hereingefallen, den amerikanischen Anlagebetrüger, der derzeit eine 150jährige Haftstrafe absitzt, weil er über 50 Milliarden US-Dollar privater Anlagegelder veruntreut hat.

Doch zurück zum geregelten Lauf der Dinge. Haben wir das Objekt unserer Begierde erlangt, sitzen wir also im Porsche und drehen die erste Runde, sorgt das Dopamin dafür, daß wir den Reiz und die damit verbundenen Erfahrungen im Gedächtnis behalten – wäre doch schade, wenn wir die Quelle des ewigen Glücks gefunden hätten und uns nachher nicht mehr daran erinnern könnten. Daß wir uns an Tätigkeiten, die Glücksgefühle in uns auslösen, besonders gut erinnern, erreicht das Dopamin, indem es dabei hilft, die im Arbeitsgedächtnis gespeicherten Informationen ins Langzeitgedächtnis zu verlagern. Klugerweise macht unser Belohnungssystem keinen Unterschied zwischen positiven und negativen Ereignissen – solange sie uns nur überraschend genug erscheinen. Das hat eine Untersuchung von Bonner Forschern gezeigt, die im Jahr 2010 publiziert wurde.[3] Um das Phänomen zu illustrieren, nennt Nikolai Axmacher, einer der an der Studie beteiligten Neurowissenschaftler, folgendes einfache Beispiel: Man stelle sich vor, daß man wie jeden Morgen ins Büro fahre, sich einen Kaffee kaufe und an den Computer setze, um zu arbeiten. Die Chancen, sich später an einzelne Details dieser Alltagsszene zu erinnern, seien sehr gering. Bekomme man hingegen einen Kaffee geschenkt oder schütte man ihn sich auf die Hose, dann behalte man diese beiden Vorfälle deutlich besser in Erinnerung, sowohl den positiven als auch den negativen. Wie gut wir das tun, das hänge davon ab, wie überrascht wir von dem Ereignis sind – je heftiger, desto mehr Dopamin werde ausgeschüttet und desto besser klappe das mit dem Abspeichern.

Solche nicht-alltäglichen Ereignisse besonders gut in Erinnerung zu behalten, ist wichtig und sinnvoll. Es ermöglicht uns, negativ-überraschende Ereignisse in Zukunft zu vermeiden (Kaffee auf Hose) bzw. positiv-unerwartete wieder anzustreben (Kaffee geschenkt bekommen). Mit einem Wort: Die Erinnerung ermöglicht es uns, zu lernen.

[**4. KAPITEL**]

Seit langem wissen wir, daß Menschen schneller in unserem Sinne handeln, wenn wir ihnen dafür Belohnungen versprechen. Doch nicht immer geschieht, was wir erreichen wollten.

Weil die Evolution nichts grundlos geschehen und sich entwickeln läßt, dient die ständige Betriebsamkeit unseres Belohnungszentrums wie erwähnt einem höheren Zweck. Er besteht darin, uns zu stören. Also aus dem Zustand des Mittelmaßes, der Ruhe zu vertreiben, indem es uns Belohnungen verspricht für Dinge, Ideen, Handlungen, Initiativen und Erfahrungen, die evolutionär sinnvoll sind. Die uns also entweder als Individuum nützen oder allen Menschen, na gut, vielleicht ein paar von ihnen. So spielt zum Beispiel bei der Nahrungsaufnahme nicht nur das Gefühl des Hungers eine wichtige Rolle, das unter anderem durch einen sinkenden Glycosespiegel im Blut hervorgerufen wird, sondern auch die Belohnung. Weil Essen von existentieller Bedeutung für unser persönliches Überleben ist, stört uns das dopaminerge mesolimbisch-mesokortikale System durch das Versprechen auf Nahrung, um uns mit guten Gefühlen zu belohnen, sobald wir vor einem Teller frischer Nudeln mit selbstgemachtem Pesto sitzen. Gleichzeitig sorgt das System dafür, daß sich uns der Vorgang der Nahrungsaufnahme und der Nahrungssuche als wichtige Handlung einprägt, indem wir uns an besondere Speisen erinnern und all jene Dinge erlernen, die mit der Aufnahme und dem Zubereiten von Nahrung zusammenhängen.

Was für das Essen gilt, das gilt auch für all die anderen Handlungen und Erlebnisse, die von grundlegender Bedeutung für unser Leben sind bzw. die wir für überlebenswichtig halten. So sind die Glücksgefühle, wie wir sie beim Sex erleben können, und die Aussicht darauf eine feine Sache, dienen aber bloß als Mittel zum Zweck. Der besteht darin, daß wir einander näherkommen und während des vergnüglichen Beisammenseins dafür sorgen, daß die Menschheit nicht ausstirbt. Es gehört zu unseren kulturellen Errungenschaften, dieses Kombiangebot der Natur aufgeschnürt zu haben, also in der Lage zu sein, uns bloß die Belohnung zu nehmen (Sex), den eigentlichen Zweck der Sache (Kinderzeugen) aber auszuschließen, sofern wir das wollen.

Doch diese Errungenschaft hat auch eine weniger erfreuliche Kehrseite. Wir haben nämlich ebenfalls gelernt, auf schnellerem und bequemerem Weg an Belohnungen zu kommen als auf natürlichem, also den ganzen Störung-Ruhe-Zyklus selbst in die Hand zu nehmen. Indem wir Substanzen wie Alkohol, Nikotin, Kokain und Heroin konsumieren zum Beispiel. Kaum eingenommen, lassen sie den Dopamin-Spiegel in unserem Gehirn markant ansteigen. Das beschert uns zwar die angenehmsten Gefühle, setzt aber eine verhängnisvolle Mechanik in Gang, die sich von uns kaum mehr steuern läßt. Und das aus einem doppelten Grund: Zum einen nimmt die Empfindlichkeit unseres Gehirns für die euphorisierenden Botenstoffe ab, weshalb wir die Dosis der jeweiligen Droge erhöhen müssen, um die einmal gemachte Glückserfahrung wiederholen zu können. Womit jener verhängnisvolle Teufelskreis in Gang gesetzt wäre, wie wir ihn von Drogensüchtigen kennen. Und zum anderen genieße das Dopamin zu Unrecht den Ruf, ein reines Glückshormon zu sein, denn es sei «keineswegs so glücksverheißend, wie man sich wünschen würde»[4]. Es habe sich nämlich herausgestellt, daß selbst das «aggressive Verhalten von kriminellen Psychopathen weniger durch fehlende Empathie ausgelöst wird, als durch ein regelrechtes Überfluten des Belohnungszentrums mit Dopamin». Die fatale Auswirkung dieses Vorgangs: Obwohl die Menschen wüßten, «dass ihr Verhalten ihnen und anderen schadet, werden sie von dem inneren Zwang, ihre Bedürfnisse und damit das Belohnungszentrum zu befriedigen, so stark erfasst, dass sie auch die Bestrafung nicht mehr fürchten». Das Dopamin könne unser Gehirn derart mit Reizen überfluten, «dass das Bewusstsein über die möglichen Konsequenzen» unserer Handlungen

[4. KAPITEL]

«ausgeschaltet» werde – und wir mit allen Mitteln versuchen, wieder zur Ruhe zu kommen. Es ist angebracht, im Dopamin sowohl ein Versprechen als auch eine Gefahr zu sehen: das Versprechen, glücklich zu werden, und die Gefahr, bei der Suche nach dem Glück uns selbst massiv zu schädigen. Wer sich also an der Manipulation des eigenen oder eines fremden Belohnungszentrums versucht, sollte bedenken, daß er es mit einem mächtigen Apparat zu tun bekommt. Angesichts des traurigen Schicksals drogenabhängiger Menschen keine überzogene Warnung. Womit wir beim nächsten Abschnitt dieses Kapitels angelangt wären, in dem wir uns der Kernfrage dieses Buches widmen: Wie kommt es, daß so oft das gerade Gegenteil des Geplanten geschieht? Und hat das womöglich auch mit unserem Belohnungssystem zu tun? Ja, das hat es – was genau, davon soll jetzt die Rede sein.

Unser Belohnungssystem beeinflußt unser Verhalten, unsere Strategien und unsere Tätigkeiten, es befördert, was wir im Gedächtnis behalten und was wir lernen, es bringt uns im schlimmsten Fall um den Verstand. Obwohl die Hirnforschung erst langsam dahinterkommt, welch biologisches Wunderwerk sich da in unserem Kopf befindet, ahnen wir seit langem, wozu uns die Aussicht auf Belohnung bewegen kann. Und haben daraus eine einfache und weitreichende Lehre gezogen: Wenn wir anderen etwas Verlockendes versprechen, dann tun sie, was wir von ihnen wollen, um es zu bekommen. Es soll Eltern geben, die ihre gesamte Erziehung auf diese vermeintlich einfache Regel gründen. Bringst du, liebes Kind, ein gutes Zeugnis nach Hause, geben wir dir Spielzeug, Taschengeld und die Erlaubnis, am Wochenende bis 22:30 Uhr wegzubleiben. Und es soll Paare geben, die nach exakt demselben Muster verfahren: Nimmst du mich in dein luxuriöses Leben auf, gebe ich dir Sex dafür; kümmerst du dich um den Haushalt und die Kinder, sorge ich für ein erträgliches Maß an Reichtum.

Wenn wir uns genauer umsehen, werden wir feststellen, daß es kaum einen Bereich gibt, in dem wir nicht versuchen, dieses «Wenn-dann-Spiel» zur Anwendung zu bringen. So stellen politische Parteien in jedem Wahlkampf von neuem die unterschiedlichsten, mitunter abenteuerlichsten Dinge in Aussicht. «Mehr Netto vom Brutto» zum Beispiel versprachen die deutschen Liberalen vor der Bundestagswahl 2009 all jenen, die sie wählten; «Aus der Krise hilft nur Grün» verkündeten im selben Jahr die Grünen; «Arbeit! Arbeit! Arbeit!» verhieß die SPD 1994, «Keine Experimente» 1957 die CDU. Der Erfolg der einzelnen Parteien hängt natürlich von deutlich mehr ab als von einem gelungenen Versprechen. Das ändert jedoch nichts daran, daß eine zentrale Herausforderung für die Parteien darin besteht, während des Wahlkampfs die Dopamin-Produktion in unseren Gehirnen zu intensivieren und sich als jene im Gedächtnis festzukrallen, die am glaubwürdigsten versprochen haben, unsere Seelenruhe wiederherzustellen.

Unternehmen wiederum werben um qualifizierte Mitarbeiter, indem sie ihnen eine Welt voller spannender Herausforderungen und glorreicher Siege in Aussicht stellen. In der Sprache eines internationalen Beratungsunternehmens klingt das dann so: «Als ‹Experienced Hire› können Sie Ihr Know-how auf einer strategischen Ebene und in einem höchst stimulierenden Arbeitsumfeld weiterentwickeln. Sie werden an wegweisenden Entscheidungen auf internationaler Ebene mitwirken und so die Ausrichtung unserer Klienten nachhaltig beeinflussen.»[5] Pädagogen empfehlen Eltern immer wieder, Kinder in einer Atmosphäre lernen zu lassen, die sie als anregend und freudvoll empfinden; nur wer sie solcherart belohne, könne davon ausgehen, daß sie in der Schule gute Zensuren bekämen und ihre Lust am Wissenserwerb behielten. Ganz zu schweigen von den Großmeistern der angewandten Kunst, unser Belohnungszentrum in ihrem Sinne zu aktivieren – den Werbeagenturen. Seit vielen Jahrzehnten sind sie auf der Suche nach dem perfekten Satz, der direkt in den Dopamin- und Opioid-Haushalt unseres Gehirns eingreift. Unser kollektives Gedächtnis ist daher auch vollgestopft mit einschlägigen Botschaften.

[4. KAPITEL]

Sie reichen von «Sexy-mini-super-flower-pop-op-cola. Alles ist in Afri-Cola» über «Dahinter steckt immer ein kluger Kopf» der FAZ, «Er läuft und läuft und läuft und läuft …» von VW bis hin zu «Red Bull verleiht Flügel!» und «Mit dem Zweiten sieht man besser». In jedem dieser Sätze steckt ein mehr oder minder leicht dechiffrierbares, suggestives Versprechen, uns zu belohnen, wenn wir das jeweilige Produkt trinken, lesen, fahren, bevorzugen.

Weil wir bei der Planung unserer Versprechen zu kurz denken, beginnen die Menschen, Kobras zu züchten, anstatt sie zu jagen, und ruinieren Manager ihre Unternehmen, anstatt sie erfolgreich zu führen.

Würde das Spiel aus Anreiz und Belohnung jedes Mal genau so ablaufen, wie es die bisherige, schematisierende Darstellung nahelegt, so könnte nicht nur der Text an dieser Stelle enden, sondern dann müßte ich mich auch fragen lassen, warum dieses Thema hier Platz bekommen hat, denn solch einfache und lineare Prozesse sind nicht Gegenstand dieses Buchs. Das zu fragen, besteht freilich kein Grund, denn unser Belohnungssystem ist zwar in seiner Organisationsform durchaus nachvollziehbar, wie wir anhand der kreisförmigen, sich ständig wiederholenden Abfolge von Störung und Ruhe gezeigt haben. Seine konkreten Auswirkungen sind ebenso komplex wie schwer berechenbar und unsere Versuche, es zu steuern, stets davon bedroht, in ihr Gegenteil umzuschlagen. Das konnten wir bereits zu Beginn dieses Kapitels beobachten. Beide Beispiele zeigen, was dabei herauskommt, wenn Konstrukteure eines Belohnungssystems nicht mitdenken. Und eine «falsche», also unerwünschte Verhaltensweise belohnen. Wir sollten dabei freilich bedenken, daß die Paradoxie allein in unserem Auge liegt – und nicht in der Mechanik des Belohnungssystems. Das tut, was es immer tut; wir haben ihm bloß eine Richtung nahegelegt, die mit unseren Zielen nicht übereinstimmt.

Zu den einschlägigen Klassikern gehört das Beispiel mit den Giftschlangen. Der Wirtschaftswissenschaftler Horst Siebert hat nicht nur in einem seiner Bücher davon erzählt[6], sondern gleich einen eigenen Effekt danach benannt. In der Einleitung des Bandes schreibt er: «Zu Zeiten der englischen Kolonialverwaltung soll es in Indien einmal zu viele Kobras gegeben haben. Um der Plage Herr zu werden, setzte der Gouverneur eine Prämie pro abgelieferten (sic!) Kobra-Kopf aus. Die Inder sollten also Kobras einfangen. Wie reagierten sie? Sie züchteten Kobras, um die Prämie zu kassieren.» Der naheliegende Name für dieses Phänomen: der «Kobra-Effekt». Ohne Horst Siebert, der 2009 gestorben ist, posthum etwas unterstellen zu wollen – ich könnte mir vorstellen, daß er an der letzten großen Finanzkrise seine helle analytische Freude gehabt hätte. Denn einen wichtigen Beitrag zu ihrer Entstehung hat ein Belohnungssystem geleistet, das auf den Führungsebenen der allermeisten Unternehmen angewandt wird und das wunderbar in diesen Zusammenhang paßt. Führungskräfte werden nach einer Bonusregel entlohnt, die ihnen – zusätzlich zu ihrem festen Einkommen – Sonderzahlungen verspricht. Deren Höhe hängt vom Erfolg ihrer Tätigkeit ab: kleiner Erfolg – kleiner Bonus; großer Erfolg – großer Bonus. Diese Boni zielen unverkennbar direkt auf das Belohnungssystem der Manager ab und fluten deren Gehirne mit Dopamin. Und zwar mit *sehr viel* Dopamin. Denn in Ländern wie Griechenland, Luxemburg oder Brasilien erhielten führende Wirtschaftsleute im Jahr 2008 «mindestens 50 Prozent ihres Gehalts in Form von Tantiemen etc.», wie das internationale Beratungsunternehmen Towers Watson in einer einschlägigen Untersuchung herausgefunden hat.[7] In Deutschland machten die «variablen Vergütungskomponenten» der Top-Manager etwas weniger, durchschnittlich «35 Prozent ihres Grundgehalts aus», in den USA hingegen mindestens 45 Prozent.

[4. KAPITEL]

Bonus-Systeme wirken auf den ersten Blick sehr vernünftig. Wer könnte schon etwas dagegen haben, Belohnungen zu versprechen, um Manager zu Höchstleistungen anzustacheln? Grundsätzlich gesehen niemand. In diesem speziellen Fall schon. Da nämlich die Höhe der Boni von *kurzfristigen* Erfolgen abhing, unternahmen die Manager alles, um *kurzfristig* erfolgreich zu sein: steigerten den Unternehmenswert, ohne sich darum zu kümmern, was in zehn Jahren sein würde; nahmen langfristige Risiken in Kauf, da sie für ihre Beurteilung irrelevant waren; ignorierten mittelfristig vielversprechende Strategien und so fort. Das heißt: Das Wenn-dann-Spiel funktionierte ganz hervorragend: Die Top-Manager lieferten exakt jene Ergebnisse, für die man ihnen eine hohe Belohnung versprochen hatte – und ruinierten damit die Wirtschaft. Nun wäre es vermessen, die Finanzkrise auf diesen einen Mechanismus zurückführen zu wollen – doch liefert das Beispiel einen unübersehbaren Hinweis darauf, welche Dynamik Versprechungen entfalten können und wie sie sich, gemeinsam mit weiteren Faktoren, zu einer Krise potenzieren können, die niemand wollte und für die sich am Ende niemand verantwortlich fühlt. Das wirklich Beunruhigende an der Sache ist, daß sich nach Auskunft von Ökonomen an diesem System nicht viel geändert hat. Nach wie vor wird kurzfristig erfolgreiches Handeln belohnt – und wenn diese Praxis einmal kritisiert wird, dann erst, wenn die Top-Manager schon wieder weg sind.

Ganz ähnliche Kollateralschäden werden einer Reihe von Systemen angelastet, die – in der Regel – sinnvollen und edlen Zielen dienen: der Entwicklungs- und Arbeitslosenhilfe sowie all jenen Programmen, die unterprivilegierte Menschen bilden und ermutigen sollen. Auch hier zielt der zentrale Vorwurf in dieselbe Richtung: Die Anreize dieser Systeme zeigten zwar Wirkung, aber in der Mehrzahl gesellschaftlich gesehen wenig sinnvolle. So antwortete etwa der schwarze Experte für Rassenbeziehungen in den USA, Shelby Steele, auf die Frage der *Süddeutschen Zeitung* vom 4. Juli 2009 «Würden Sie *Affirmative Action*, die Unterstützungsmaßnahmen wie den erleichterten Zugang zu Universitäten für die Farbigen, wieder abschaffen?» das folgende: «Je schneller, desto besser. Wenn man alles umsonst bekommt, wie soll man dann je lernen, Dinge zu erwerben? Ermuntere mich zum Wettbewerb, fordere etwas von mir und biete mir etwas dafür! Die Regierung kommt immerfort mit neuen Gesetzen, die die Menschen, denen sie helfen sollen, nur schwächen. Warum werden sie nicht besser? Weil es keinen Grund gibt, besser zu werden. Je schwächer wir werden, desto mehr kriegen wir.» Shelby Steele beschreibt damit illusionslos die fatalen Auswirkungen eines Systems, das im Übermaß Versprechungen macht und Belohnungen verteilt – damit aber Verhaltensweisen fördert, die im diametralen Gegensatz zu den politischen Bemühungen stehen. Daß er mit dieser Analyse zwar in die richtige Richtung weist, aber ein wenig zu kurz greift, sehen wir im Zusammenhang mit dem nächsten Beispiel.

Es stammt von Randall Fitzgerald, einem investigativen Journalisten und Buchautor. Er hat es bereits im Jahr 1988 beschrieben[8], als er auf die Geschichte von Mikronesien zurückblickte. Die 150 000 Einwohner zählende Inselgruppe im westlichen Pazifischen Ozean hat zwischen 1947 und 1985 rund 2,4 Milliarden US-Dollar Entwicklungshilfe erhalten. Das Resultat: Die Agrarproduktion ist um mehr als 50 Prozent zurückgegangen, die Einfuhr von Lebensmitteln um das Fünffache gestiegen. Mit einem Wort: Die Menschen haben sich vollkommen von den fremden Zuwendungen abhängig gemacht. Hauro Willter, der Minister für die Verwaltung auf Mikronesien, hat versucht, der US-Regierung die alleinige Schuld an dieser Entwicklung zuzuschreiben: Sie habe den Inselbewohnern «alles gegeben», sie aber «nicht aufgefordert, irgendetwas selbst in die Hand zu nehmen», sie also für das falsche Verhalten belohnt und dadurch alles noch schlimmer gemacht. Diese Analyse ist zwar in ihrer Schlichtheit nicht akzeptabel, gleichwohl überaus hilfreich, warnt sie uns doch davor, denselben Fehler noch einmal zu begehen: Es kann nämlich in einem solch zirkulären System wie einer Subventionsstruktur, die aus Geben und Nehmen, aus Anreiz und Belohnung besteht, keine derart klaren Rollenzuschreibungen geben. Die US-Regierung hat zwar jahrzehntelang Mikronesien finanziert und die Menschen damit für ihre Hilflosigkeit gleichsam belohnt, zugleich aber haben sich die Mikronesier vom eigenen Belohnungssystem so sehr beeindrucken und ihren freien Willen derart sedieren lassen, daß sie ihre Eigenständigkeit aufgaben; dieser Verlust an Autonomie wiederum verstärkte den Druck auf die USA, weiter finanzielle Zuwendungen zu leisten, die wiederum die Mikronesier noch abhängiger machten.

Exakt derselben selbststabilisierenden Dynamik folgt die Förderung der Schwarzen und deren sinkende Bereitschaft, sich zu engagieren: Die erwähnte Affirmative Action verstärkt deren Lethargie und reagiert auf sie, ebenso wie deren Lethargie sie auslöst und ihre Stabilisierung erst der Förderung verdankt. Einem Element in diesem Kreisverkehr die Rolle des (bösen) Täters zuzuschreiben und dem anderen jene des (unschuldigen) Opfers wäre ebenso naiv wie falsch. Die «Wahrheit» finden wir vielmehr in der Kreisbewegung der stets von neuem aufeinander reagierenden Elemente des Ganzen.

Doch bevor ich mich mit der Frage beschäftige, welchen Anteil Menschen, denen wir etwas versprechen, daran haben können, unsere Absichten ins Gegenteil zu verkehren, will ich noch kurz bei uns bleiben, die wir diese Versprechen machen. Es droht uns nämlich eine weitere Gefahr, das Gegenteil des Gewünschten zu erreichen: durch die Bedingungen, an die wir unsere Belohnungen knüpfen – und durch die Methoden, diese Bedingungen zu bewerten. Solange wir die eigenen Kinder zur Erledigung ihrer Mathe-Hausaufgaben motivieren, indem wir ihnen einen Eisbecher versprechen, dürfte die Sache klappen: Die

Kinder müssen nur ein paar einfache Rechenaufgaben erledigen, und um zu beurteilen, ob sie ihre Belohnung verdient haben, müssen wir nur die Ergebnisse ihrer Rechnungen nachprüfen. Wenn sie stimmen, gibt es das Eis, wenn nicht, meist auch – aber das ist ein anderes Thema. Ungleich größer ist die Gefahr, den Zweck unseres Wenn-dann-Spiels zu unterlaufen, wenn die Ausschüttung der Belohnung an deutlich komplexere Bedingungen geknüpft ist als an die Erledigung einfacher Rechenaufgaben.

Wie zum Beispiel bei der Förderung von Spitzenleistungen in Schulen, im Gesundheitswesen und an Universitäten. Auch diese Programme arbeiten mit einer einfachen Belohnungsmechanik: Wenn du spitze bist, liebe Professorin, lieber Schuldirektor, liebe Ärztin, lieber Manager – so lautet das unmißverständliche Versprechen –, dann bekommst du mehr Geld, den Status einer Exzellenz-Uni und einen goldenen Pokal, den du dir ins Regal stellen kannst, damit du deine abgegangenen Hemdknöpfe reinlegen kannst. Die Probleme beginnen mit den Bedingungen, an die die Vergabe der Belohnungen geknüpft sind. Und die gestalten sich deutlich schwieriger, als bloß eine einfache Rechenaufgabe anzufertigen. Dirk Helbing kann die Probleme deshalb so genau benennen, weil er sie sowohl als Theoretiker als auch Universitäts-Praktiker aus nächster Nähe kennt, lehrt er doch Soziologie an der ETH Zürich. Die Versuche, Institutionen durch Belohnungen zu fördern, führten «nicht unbedingt zu einem leistungsfähigeren System», sagt er. «Wir sind immer mehr damit beschäftigt, unsere Leistungen zu dokumentieren, damit wir eine Basis haben, auf der wir uns um diese Förderungen bewerben können.» Die Institutionen, die über die Vergabe der Belohnungen zu entscheiden haben, brauchen ja eine Grundlage, auf der sie ihre Entscheidungen treffen können; und diese Grundlage muß von all jenen geliefert werden, die sich um eine Förderung bewerben. Das führe dazu, daß den Ärzten, Wissenschaftlern und Schulen immer weniger Zeit dafür bleibe, ihre eigentlichen Aufgaben zu erledigen: zu forschen, sich um die Patienten zu kümmern, zu unterrichten.

Daher greifen all jene, die Förderungen gewähren, auf wenig hilfreiche Weise in jenes System ein, das sie eigentlich fördern wollen. Oder deutlicher: Eine zu starke Fokussierung auf das Qualitätsmanagement könne «im höchsten Grade systemschädigend wirken», wie das Helbing formuliert. Und dennoch würden alle Betroffenen dabei mitmachen, weil sie sich sonst «sofort dem Verdacht aussetzen würden, die Leistungsnormen nicht zu erfüllen». Ganz ähnlich gestalte sich der universitäre Alltag, wenn es darum gehe, sich um Förderungen für einzelne Projekte zu bewerben. Diese Ansuchen würden die Wissenschaftler mitunter mehr beschäftigen als die eigentliche Forschungsarbeit. Helbings Resümee: «Meiner Schätzung nach werden ungefähr 40 Prozent des verteilten Geldes verbraucht, ohne dass es im Sinne von wissenschaftlicher Forschung wirksam wird. Aus meiner Sicht ist das Steuerverschwendung.» Aber wie es sich für ein lebendiges System gehört, ist an dieser Stelle nicht Schluß mit der Geschichte, sondern sie geht weiter und weiter und weiter. Und zwar auf eine höchst unerwartete Weise. So hat eine Arbeitsgruppe der Berliner Akademie, wie Jürgen Kaube berichtet[9], die Effekte der Exzellenzinitiative genauer untersucht und eine erste Bilanz vorgelegt: Darin würden «Forscher zitiert, die das abgelehnte Vorhaben mit anderen Mitteln durchführen, aber abgespeckt um ‹diesen ganzen, jetzt mal salopp gesprochen, strukturellen Apparat›, der nur in den Cluster-Antrag hineingeschrieben worden sei», weil die Deutsche Forschungsgemeinschaft (DFG) «das so haben wollte. Effizienzgewinne durch Ablehnung!» Wenn auch erst im zweiten Anlauf. So viel zum Thema der Vorhersehbarkeit bestimmter Prozesse und deren Steuerbarkeit.

[GEHEIME VERSPRECHEN]

Je komplexer Systeme, desto größer das Risiko, mit Versprechungen paradoxe Ergebnisse zu erzielen. Hinzu kommt, daß manche als Belohnung empfinden, was andere kaltläßt.

Wer einmal beginnt, die Welt der Förderungen und Versprechungen aus diesem Blickwinkel zu betrachten, wird feststellen, wie unerwartet wir mit dem Design unserer Belohnungssysteme die Produktivität der Menschen zu beeinflussen beginnen. So erzählte ein Bekannter, der in einem großen Softwarehaus angestellt gewesen war, die folgende Geschichte: Um die Leistungen seiner Abteilung besser beurteilen und belohnen zu können, wurde nach Parametern gesucht, die das ermöglichen. Doch im Unterschied zu Abteilungen, die anhand objektiver Umsatzzahlen leicht beurteilbar gewesen seien, habe man bei seiner Abteilung lange gerätselt: Wie könnte man nur die Leistung von Menschen beurteilen, die Grundsatzarbeit leisteten? Deren Erfolg bzw. Mißerfolg sich mit den angestammten Instrumenten nicht messen ließ? Weil sie aus Ideen, Strategien und Anregungen bestanden? Die Ratlosigkeit war groß, bis jemand den Einfall hatte, ihre Leistung (und damit die Belohnung) an der Höhe des Outputs zu bemessen, also am Umfang ihrer wissenschaftlichen Arbeiten, die sie hervorbrachten. Warum nicht, hätten sich da alle gedacht, gute Idee! Mit dem Ergebnis, daß von da an markant mehr wissenschaftliche Arbeiten produziert wurden. Diese Steigerung sei freilich nicht zustande gekommen, weil die Leute in der Abteilung mehr gearbeitet hätten oder kreativer geworden wären. Vielmehr hätten sie damit aufgehört, erzählte der Bekannte, einzelne, lange, zusammenhängende Texte zu publizieren – und seien dazu übergegangen, sie in kleinere Einheiten zu stückeln.

Das amüsante an der Geschichte: Die Leute aus dem Software-Unternehmen verhielten sich damit exakt wie jene Bauern des 19. Jahrhunderts, von denen wir im Schweizer *Magazin* lesen konnten[10]: In

China seien damals «Knochen von Dinosauriern entdeckt» worden. «Die mit diesen Knochen beschäftigten Paläontologen versuchten, die Bauern zur Mitsuche zu animieren, weshalb sie auf jeden abgelieferten Knochenteil einen Finderlohn versprachen. Sobald die Bauern einen größeren Knochen fanden, zerschlugen sie ihn in kleinere Teile, um möglichst hohe Prämien zu kassieren.» Was beweist, daß viele unserer Eigenarten von erstaunlicher Zeitlosigkeit sind.

Wir können davon ausgehen, daß mit zunehmender Komplexität der von uns zusammengeschusterten Anreizsysteme die Wahrscheinlichkeit paradoxer Ergebnisse steigt. Zumal das Belohnungszentrum in unserem Gehirn weit davon entfernt ist, ein offen vor uns liegendes Betriebssystem zu sein, in dem sich nach Belieben schalten und walten ließe. Ganz im Gegenteil. Viele seiner Prozesse sind und bleiben uns verborgen, denn sie laufen unbewußt ab. Das heißt: Immer wieder reagieren wir auf Versprechen und Belohnungen, ohne uns dessen bewußt zu sein; oder aber wir schreiben unser Verhalten einer bewußten Entscheidung zu, obwohl sie aus den tiefsten Tiefen unseres Gehirns kommt. Oder aber wir verstecken Belohnungen an Stellen, von denen wir nicht einmal wissen, daß es sie gibt. Ein Teil unseres Belohnungszentrums wird nämlich vom limbischen System gebildet. Das ist ein entwicklungsgeschichtlich sehr altes Gehirnareal, zuständig für die Verarbeitung unserer Emotionen ebenso wie für die Produktion jener körpereigenen Opioide, von denen schon die Rede war. Das limbische System bildet sich sehr früh in unserer individuellen Entwicklung, also lange bevor wir zu Bewußtsein kommen; es arbeitet eigenständig, lernt langsam, reproduziert aber seine einmal gefundenen Strategien mit hoher Verläßlichkeit immer wieder von neuem. Und das wichtigste: Es arbeitet, ohne daß wir Zugriff darauf hätten.

All das seien, heißt es in der einschlägigen Literatur, höchst sinnvolle Eigenschaften, habe doch das limbische System großen Anteil an der Aufgabe unseres Gehirns, uns zu stören und zu stabilisieren, um uns dadurch am Leben zu erhalten. Und ein integraler Bestandteil dieser lebenserhaltenden Funktion sei es, uns für evolutionär sinnvolles Verhalten zu belohnen bzw. dafür zu motivieren. Nur: Was *ist* evolutionär sinnvoll? Oder genauer gefragt: Was ist *heute* evolutionär sinnvoll? Kann sich ein so altes, so langsam ausdifferenzierendes System, das sich noch dazu unserem bewußten Zugriff immer wieder entzieht, so schnell ändern, daß es mit den modernen Zeiten mithält? Sind diese modernen Zeiten überhaupt so modern, wie wir glauben? Oder wird die mindestens 160 000 Jahre während Entwicklungsgeschichte der Menschheit von stets denselben Fragen geprägt, auch heute noch? Fortpflanzen, überleben, essen, fortpflanzen?

Es gibt Hinweise darauf, daß unser Gehirn sich durchaus auf der Höhe der Zeit befindet und unser Belohnungssystem auch in diesem Zusammenhang tut, was immer es tut – wenn es auch durchaus Gründe gibt, die Auswirkung für wenig hilfreich zu halten. Am besten läßt sich das anhand unseres Umgangs mit zeitgenössischen Kommunikationsmitteln zeigen. So berichtet der Neurobiologe Martin Korte davon[11], schon nach einer knappen Woche intensiven Surfens im Web sei es bei Versuchspersonen zu nachweisbaren Veränderungen im Gehirn gekommen, das Gehirn also dazu in der Lage, sich sehr schnell auf neue Herausforderungen einzustellen. Für Korte freilich ist weniger der Umstand bemerkenswert, daß man sie so schnell beobachten konnte, «sondern wo sie stattfinden. Die durch den Internetkonsum beeinflussten Areale in der Hirnrinde bestimmen nämlich unsere Art und Weise, Probleme zu lösen, Emotionen zu kontrollieren oder zu erkennen, ebenso wie unsere Konzentration und die Fähigkeit, Belohnungen aufzuschieben und langfristige Ziele zu verfolgen.» Was weiter nicht verwunderlich ist, denn das Internet stellt unserem Gehirn eine Menge Aufgaben gleichzeitig, die wir auch gleichzeitig abzuarbeiten versuchen: im Web surfen, chatten, E-Mails lesen, in den sozialen Netzwerken auf dem laufenden bleiben, Musik hören, fernsehen,

[4. KAPITEL]

twittern. Entweder springen wir zwischen den Tätigkeiten hin und her, oder aber wir versuchen, sie gleichzeitig zu erledigen, stets getrieben von der Befürchtung, etwas zu versäumen – eine Arbeitsweise, die unter dem Begriff Multitasking bekanntgeworden ist.

Eine wesentliche Rolle bei alledem spielt ein weiteres Mal unser Belohnungssystem. Die vielen Online-Baustellen, zwischen denen wir da hin und her springen, bescheren uns nämlich viele kleine Erfolgserlebnisse: hier ein paar lustige Sätze gepostet, da eine schnelle E-Mail geschrieben, dort ein wenig gechattet. Jedesmal werden wir durch ein kurzes Glücksgefühl belohnt, weil wir wieder etwas geschafft haben; gleichzeitig befeuert uns das Belohnungszentrum, mit diesem Informationsverarbeitungshopping weiterzumachen, weil es sich so angenehm anfühlt und so schnell lohnt. Und verändert dadurch sowohl unsere Arbeitsweise als auch die Qualität unserer Notizen, Gedanken und Statements: Unsere Konzentrationsspannen werden kürzer, die Anzahl der Fehler größer. Zusammenfassend stellt Korte fest: «Zu viele unserer Aktivitäten in den digitalen Welten scheint unser Belohnungssystem in die Irre zu leiten. Die Konzentrationsfähigkeit wird auf zu kurze Zeiten eingestellt, unsere Sprachkompetenzen verkümmern ebenso wie unsere haptischen Fertigkeiten.»

Selbst wenn wir die kulturpessimistische Analyse des Autors nicht teilen und einwenden mögen, unser Belohnungssystem gleiche sich bloß einer Realität an, die es in Bewegung setzt und zugleich mitbestimmt, könne sich also auch rasch an neue Situationen anpassen – so wird doch jeder, der mit dem Netz zu tun hat, aus eigener Erfahrung bestätigen, wie schwer es ist, sich gegen die Verlockungen des Multitasking zur Wehr zu setzen. Sollte er bislang nicht gewußt haben, wem er das zu verdanken hat, dann weiß er es jetzt: seinem Belohnungssystem. Mit der Tatsache freilich, daß es sich beim Internet um ein junges Phänomen handelt, hat all dies nichts zu tun. Das Gehirn tut, was es seit Hunderttausenden Jahren tut, das Belohnungssystem ebenfalls. Das Internet stellt also nur eine weitere Herausforderung für uns dar, der wir uns stellen müssen – genau wie den Verlockungen anderer Angebote, die uns ebenfalls kurzfristige Belohnungen bescheren, ohne daß wir dafür allzuviel leisten müßten. Wie Drogen zum Beispiel. Korte hat also recht, wenn er befürchtet, daß im Zusammenhang mit der Benutzung des Internets die «Suchtgefahr steigt». Das tut sie. Aber sie tut es überall sonst auch.

Eine weitere Erklärung dafür, warum wir mit unseren Versprechen die überraschendsten Reaktionen auslösen können, ist darin zu suchen, daß wir kaum vorhersagen können, welche Reize sich als Versprechen wirklich eignen und welche nicht. Mit letzter Sicherheit läßt sich das nur für Archaisches wie Essen und Sex sagen: Sobald wir etwas zu uns nehmen, das uns schmeckt, und sobald wir in den Armen eines begehrten Menschen liegen, reagiert unser Gehirn in den allermeisten Fällen durch erhöhte Tätigkeit im Belohnungszentrum, was wiederum dazu führt, daß wir uns deutlich besser fühlen als zuvor und alles unternehmen werden, es zu wiederholen. Von den meisten anderen Reizen freilich läßt sich das keinesfalls mit dieser Sicherheit behaupten, mögen sie auch im Leben vieler Menschen eine wichtige Rolle spielen, wie Geld oder der soziale Status. Welchen Stellenwert bestimmte Dinge wirklich für uns haben, wie sehr sie also dazu in der Lage sind, uns in Bewegung zu setzen – das hängt von einer Reihe höchst veränderlicher Faktoren ab: von unserem kulturellen Umfeld, von unseren Erfahrungen, der Gunst des Augenblicks, unserem Charakter, der aktuellen Nachrichtenlage. Es gibt unzählige Beispiele dafür, in welch exotisch anmutenden Dingen, Gefühlen, Handlungen und Ritualen Menschen eine Belohnung erblicken können.

So kommt es, daß den einen das Gequake der am Kapitelbeginn beschriebenen Software «überraschend gut» erscheint, den anderen der Umstand, während einer Party eingeladen worden zu sein, bei einem neuen Projekt mitzumachen; wieder andere erleben den

[4. KAPITEL]

Moment, in dem ihre Zahnschmerzen nachlassen oder sie einer Gefahr entgangen sind, als Belohnung. Ganz zu schweigen von all jenen Wenn-dann-Spielen, die in den unterschiedlichsten Weltgegenden und verschiedensten historischen Phasen ihre Wirkung entfaltet haben oder zumindest sollten. So wurde beispielsweise in der DDR ganz offiziell billiger Alkohol eingesetzt, um Bergarbeiter zu motivieren, so auch jene, die beim Bergbauunternehmen Sowjetisch-Deutsche Aktiengesellschaft (SDAG) Wismut beschäftigt waren und dort das strategisch wichtige Uranerz abbauten. Kumpel hatten in Ostdeutschland Anspruch auf mindestens zwei Liter billigen, 32-Vol.-%-igen Trinkbranntwein pro Monat, durch besondere Zuteilungen konnten es bis zu vier Liter werden. Obwohl verboten, verwandelten sich die Bezugsscheine für den Schnaps, der als «Kumpeltod» berühmt geworden ist, zu einer begehrten Handelsware unter den Bewohnern der DDR. Ein ungeplanter, gleichwohl wirkungsvoller Anreiz für viele Männer, ihre Gesundheit zu gefährden, indem sie unter Tage arbeiteten.

Im Oktober 2009 berichtete der Schweizer *Tages-Anzeiger*[12] über ein Quiz, das ein Radiosender in der südsomalischen Hafenstadt Kismayo veranstaltet hatte. Während des Fastenmonats Ramadan sollten jugendliche Hörer, die zwischen zehn und 25 Jahre alt waren, Fragen zum Koran und zur nationalen Geschichte beantworten. Als Belohnung wurde ihnen «Kriegsgerät» in Aussicht gestellt – und dann tatsächlich überreicht. «Den ersten Preis erhielt ein 17-Jähriger. Er durfte ein russisches Sturmgewehr, zwei Handgranaten, einen Computer und eine Anti-Panzer-Mine mit nach Hause nehmen.» Als Grund für diese Aktion habe ein gewisser Scheich Abdullahi Alhaq folgendes genannt: «Wir wollen die jungen Männer für eine Teilnahme am Heiligen Krieg gegen die Feinde Allahs gewinnen.»

Und die Polizei im indischen Bundesstaat Madhya Pradesh schließlich habe ihren Beamten im Jahr 2004 eine Belohnung für den Fall versprochen, daß sie sich einen Schnurrbart wachsen lassen, berichteten die BBC News.[13] Die Begründung: So ein Schnurrbart sei ein «wirksames Instrument», um die Einhaltung der Gesetze zu erreichen, habe der Polizeichef Mayank Jain vom Distrikt Jhabua der Zeitung *Asian Age* gesagt. Das Ergebnis der Aktion (Stand Mitte Januar 2004): «Zehn Polizisten erhielten bereits 30 Rupien (66 US-Cents) pro Monat für ihre Bemühungen.» Also für ihre Schnurrbärte. Wir sehen: Unser Belohnungssystem ist ein universal einsetzbarer Mechanismus – wenn wir denn wissen, womit genau wir ihn füttern müssen, um das Gewünschte zu erreichen.

Die größte paradoxe Macht geht von Versprechen aus, die wir wie Ostereier an kaum auffindbaren Stellen verstecken – ohne etwas davon zu ahnen. Wozu das führt, entdecken wir erst, wenn es zu spät ist.

Selbst für den Fall, daß wir endlich zu wissen glauben, wodurch wir oder andere zu verführen sind, können wir uns nicht darauf verlassen. Denn schon im nächsten Augenblick kann alles anders sein. So reicht etwa vielen schon eine harmlose Erkrankung, die sie eine Woche ins Bett zwingt, um über die eigenen Prioritäten – und damit Verführbarkeiten – ins Grübeln zu geraten: War es bis zum Vortag noch die Aussicht auf einen neuen, gutdotierten Job, die sie magisch anzog, so ist es nun das Versprechen des Arztes, bald wieder gesund zu sein, das sie mit Glücksgefühlen erfüllt, während die Sache mit dem Job irrelevant geworden ist – um ein paar Wochen später wieder ungemein wichtig zu werden, wenn die Krankheit vergessen ist. Wir haben es schließlich mit lebendigen Systemen zu tun, die sich ständig ändern und neu definieren und deren Zukunft sich daher auch nicht so einfach festlegen und vorhersagen läßt.

[**4. KAPITEL**]

Weil jeder von uns andere Vorstellungen von Belohnungen entwikkeln kann, ist es auch weiter nicht verwunderlich, daß manche Menschen Versprechungen an Orten entdecken, wo es für andere nichts zu entdecken gibt, und daß sie Dinge für lohnend halten, die andere nicht einmal wahrnehmen. Daß sie also Lust aus einem Arrangement ziehen, das anderen völlig unattraktiv erscheint. Wollen Sie ein harmloses Beispiel dafür kennenlernen, begleiten Sie mich bitte kurz in unser Badezimmer. Dort steht seit ein paar Monaten ein kleiner Wecker, der dazu in der Lage ist, die Funksignale unserer neuen elektrischen Zahnbürsten zu empfangen und auszuwerten. Schaltet man die Bürsten ein, kann man auf dem kleinen Weckerdisplay verfolgen, wie lange man bereits seine Zähne putzt. Nach exakt zwei Minuten erscheint ein lachendes Gesicht, hängt man noch eine Minute dran, bekommt es kleine Grübchen in den Wangen, und noch eine Minute später zwinkert es einem verschwörerisch zu: «Gut gemacht, Streber!» Ein leicht zu durchschauendes Belohnungssystem. Das freilich noch ein paar weitere Anreize bereithält, die niemand bedacht haben dürfte. Wenn doch, dann dürften sie ihm egal gewesen sein.

So überraschte ich die Kinder vor kurzem dabei, wie sie ihre beiden Zahnbürsten gleichzeitig eingeschaltet und an den Rand des Waschbeckens gelegt hatten. Sie wollten nicht nur das Gesicht zum Lachen bringen, ohne dafür ihre Zähne putzen zu müssen, sondern auch dabei zusehen, wie der Wecker verrückt spielte, indem sie ihn mit den Funksignalen der beiden gleichzeitig laufenden Geräte traktierten. Es war tatsächlich lustig zu beobachten, wie die eigenartigsten Zeichen über die Anzeige huschten, unterbrochen von ein paar flakkernden digitalen Zahlen. Durch einen weiteren Versuch der beiden Kinder weiß ich, daß sich der Wecker auch aufs schönste irritieren läßt, wenn man mit einer der beiden laufenden Zahnbürsten ins Nebenzimmer geht; deren Signale durchdringen sogar die Wand. Mit den eindrucksvollen Effekten eines Funksignalgewitters hatten die

[GEHEIME VERSPRECHEN]

Programmierer ganz offensichtlich nicht gerechnet. Und mit dem Entdeckerdrang der Kinder, der mit jedem sinnlosen digitalen Zeichen und mit jeder Variante des lächelnden Zähneputzgesichts belohnt und von neuem angestachelt wurde, ebensowenig.

Konstruieren wir komplexe Arrangements, um andere zu motivieren, müssen wir damit rechnen, daß andere darin Belohnungen entdecken, die nicht beabsichtigt waren. Alles bisher Gesagte weist darauf hin: Allein der Umstand, daß sich wesentliche Teile des Wenndann-Spiels unserem Bewußtsein entziehen oder daß Wünsche, Orte, Kontexte und Stimmungen ständig wechseln, läßt Belohnungssysteme als eine Art Wundertüte erscheinen, aus der jeder etwas anderes ziehen und in die jeder etwas anderes hineinstecken kann. Man könnte den Eindruck gewinnen, daß die Brisanz dieser Erkenntnis in direktem Gegensatz zu ihrer Bekanntheit steht. Anders ist nicht zu erklären, warum wir die eigenartigsten Entwicklungen beobachten können, die sich niemand erklären kann. Oder die uns mit dem Hinweis plausibel gemacht werden sollen, die Menschen seien eben (wahlweise) zu unintelligent, zu faul, zu verkommen oder zu unernst, um den tieferen Sinn des jeweiligen Belohnungsarrangements zu begreifen. Ungleich plausibler erscheint mir hingegen die These, daß die Menschen in vielen dieser Fälle einem Versprechen folgen, von dem niemand etwas ahnt: weil ihr Belohnungssystem unbewußt agiert und weil sie auf Anreize reagieren, die nicht klar erkennbar vorliegen, sondern bloß in Form von Andeutungen oder unverfänglichen Hinweisen (was wiederum verständlich macht, warum wir solche Schwierigkeiten damit haben, ihnen auf die Spur zu kommen).

So können wir zum Beispiel in einer vom Wirtschaftsprüfungsunternehmen PwC herausgegebenen Studie[14] lesen, die Ursachen für «Wirtschaftsdelikte sind nicht ausschließlich bei der Täterpersönlichkeit zu suchen, sondern für einen Teil der Straftaten können sich unternehmensspezifische Faktoren begünstigend ausgewirkt haben».

[4. KAPITEL]

Dazu zählt laut PwC die Unternehmenskultur ebenso wie «ganz konkret verdeckte Anreize in Verträgen und Gratifikationsregeln, die beispielsweise Korruption und kartellwidrige Absprachen begünstigen». So kann es also geschehen, daß Unternehmen vor den kriminellen Machenschaften eigener Mitarbeiter stehen, sich fragen, wie es so weit hat kommen können – nur um sich schließlich eingestehen zu müssen, die eigenen Leute dazu motiviert zu haben. Es wäre unzulässig, die Verantwortung für solch kriminelle Akte allein dem Unternehmen und nicht auch dessen Mitarbeitern anlasten zu wollen. Es braucht in einem solchen Spiel immer einen Partner, der die Signale zu lesen und zu beherzigen weiß, die der andere – wenn auch unabsichtlich – ausgesandt hat.

Doch nicht nur die kriminellen Neigungen mancher Angestellter lassen sich auf diese Weise besser verstehen. Auch die Frage, warum wir in unserem Leben oft so beharrlich an Verhaltensweisen festhalten, die uns nerven, schaden, behindern oder gar ernsthaft gefährden, läßt sich mit dem Hinweis auf dieses Phänomen beantworten. Denn obwohl wir unter unseren Problemen leiden, ziehen wir aus ihnen meist einen «verdeckten Gewinn», wie das die Autoren des Buchs «Basics der Systemischen Strukturaufstellungen»[15] nennen. Erst solch ein Gewinn sorge dafür, daß wir uns darum bemühen, das entsprechende Problem aufrechtzuerhalten – ganz im Sinne unseres Belohnungssystems, das uns sowohl für gute Erfahrungen honoriert wie für die Aussicht darauf. Probleme hingegen, die uns nichts bescheren außer Probleme, fallen unserer inneren Ökonomie zum Opfer – und verschwinden. Meistens zumindest. Daher besteht der erste Schritt, ein Problem zu lösen, auch darin, seinen verdeckten Gewinn zu offenbaren; erst dann werde uns klar, warum wir an ihm trotz aller Widrigkeiten so lange festgehalten haben, schreiben die Autoren. Als Beispiel nennen sie das Problem, mit der beruflichen Karriere nicht voranzukommen. Ein möglicher Grund, es nicht zu lösen, liege im eigenen Verhalten: So würden wir deshalb nichts für unsere Karriere unternehmen, um genügend Zeit für die Familie zu sichern oder den innerfamiliären Frieden zu wahren. Wollten wir hingegen endlich Karriere machen, so erfordere das von uns den schmerzlichen Verzicht auf den verdeckten Gewinn, nämlich stets genug Zeit für unsere Familie zu haben. Daß wir bei dem Versuch, unsere Probleme zu beenden, nicht nur unangenehme Dinge über Bord werfen, sondern auch jede Menge Wertvolles und Liebenswertes – darin liegt wohl ein wesentlicher Grund, warum es uns so schwer fällt, von alten Fehlern zu lassen. Und damit zu beginnen, neue zu machen.

Zu welch extremen Mitteln die Aussicht auf einen verdeckten Gewinn manche Menschen greifen läßt, zeigt das *Münchhausen Syndrome by Proxy*. Mit diesem Begriff wird das Verhalten von Müttern bezeichnet (sie stellen die überwiegende Zahl der Betroffenen dar), die Krankheiten vortäuschen oder absichtlich herbeiführen – und zwar nicht an sich selbst, sondern an ihren Kindern; daher auch der Name *by Proxy*, also «in Vertretung». So mischen sie, wie in einem Artikel der NZZ *am Sonntag* zu lesen war[16], Blut in den Urin ihrer Kinder, um sie pflegebedürftig erscheinen zu lassen; oder sie geben ihren in der Regel bis vier Jahre alten Kindern Substanzen, die sie krank machen – Speisesalz in größeren Mengen zum Beispiel. So sehr uns die Strategien dieser Frauen auch schockieren mögen, mit der sie ihre Belohnungen zu erreichen versuchen – die Attraktivität dieser Belohnungen ist alles andere als unverständlich, denn: «Eltern mit kranken Kindern können auf die Zuwendung und Aufmerksamkeit der Mitmenschen zählen», heißt es dazu in dem Artikel. Wer würde sich das nicht ebenfalls wünschen in seinem Leben?

Daß die Betroffenen unter einer «Persönlichkeitsstörung leiden und in vielen Fällen selbst Opfer von psychischer oder physischer Gewalt in ihrer Kindheit waren», sollte uns nicht dazu veranlassen, darin ein Thema zu sehen, das bloß für «Kranke» relevant ist. Vielmehr kennt jeder aus eigener Erfahrung Beispiele, die auf das Phänomen des

[4. KAPITEL]

verdeckten Gewinns hindeuten. Paarbeziehungen scheinen mir dafür besonders anschauliche Exempel zu liefern. Die Psychologie berichtet immer wieder von Paaren, die sich auf eigentümliche Weise treu bleiben, nämlich in Form von Haßbindungen. Deren Eigenart besteht darin, daß der eine den anderen *nicht* verläßt – weil er ihn *haßt*. Eine auf den ersten Blick paradox anmutende Situation. Auf den zweiten nicht mehr. So zieht zum Beispiel eine Frau, die von ihrem Mann mißhandelt wird, einen schwer zu erkennenden, letztlich aber plausiblen Gewinn daraus, wenn sie bei ihm bleibt: Sie könne sich solcherart «auf Raten» rächen, meint der Psychologe Dietmar Stiemerling[17], oder aber den «Täter als Objekt von Schuldzuweisungen» verwenden; während der Täter ganz offensichtlich aus seiner Gewalttätigkeit den für ihn entscheidenden «Gewinn» zieht. Aus welchen konkreten Gründen auch immer heillos zerstrittene Paare zusammenbleiben mögen – daß sie es (freiwillig) tun, kann seine tiefere Erklärung nur in dieser Form der Belohnung finden. Das trifft nur dann nicht zu, wenn einer der beiden Partner gewaltsam vom anderen festgehalten wird – welcher konkreten Mittel er sich dazu auch bedienen mag.

So erscheint das Verhalten von Menschen, die unter dem Münchhausen-Stellvertretersyndrom leiden, mit einemmal plausibler: Indem sie ihre Kinder krank machen, können sie das «Ideal der ‹perfekten Mutter› nachleben». Außerdem bietet ihnen die Situation eine Chance, Kompetenzen zu entwickeln und zu beweisen: «Anders als überängstliche Mütter müssen sie vom Arzt nicht beruhigt werden, sondern im Gegenteil: In der intensiven Interaktion mit der medizinischen Autorität blühen die Mütter auf und weisen sich als kompetente Fachfrauen aus, die bestens Bescheid wissen über den Zustand des Kindes und sehr schnell medizinische Begriffe übernehmen.»[18] Eine etwas weniger erschreckende Illustration dieses Phänomens bietet eine klassische Redewendung, in der ein Kind mit klammen Fingern durch eisiges Winterwetter stapft und sich dabei denkt: «Es geschieht meinem Vater schon recht, wenn ich mir die Hände verfriere, warum kauft er mir keine Handschuhe!»[19] Belohnungen also, wohin wir blicken; sie mögen verdeckt sein, aber sie motivieren die Menschen gleichwohl zu den befremdlichsten Strategien, sie sich zu holen: Sie mißhandeln ihre Kinder, um als sorgende Eltern zu gelten, oder «verfrieren» sich die Finger, um ihre Eltern zu bestrafen – und zahlen dafür einen hohen, aber in ihren Augen offensichtlich keinen *zu* hohen Preis.

Spätestens an dieser Stelle müssen wir uns also von der Vorstellung verabschieden, stets vorhersagen zu können, womit wir andere Menschen verführen und steuern können. So können sie unsere Versprechen zum Beispiel weniger als Belohnung denn als schlechten Witz verstehen. Oder aber sie erkennen in Dingen eine Verheißung, denen wir in unseren Plänen eine andere Rolle zugedacht haben. Oder aber wir bringen es zuwege, in unseren Versprechen Belohnungen zu verstecken wie Ostereier – ohne davon irgend etwas mitzubekommen, weil wir es unbewußt tun. Eine gute Gelegenheit also, um zum letzten Abschnitt dieses Kapitels zu kommen, den Hinweisen. Es wird Sie angesichts des bisher Gesagten nicht wundern, wenn sie sich in engen Grenzen halten und durch eine gewisse Unschärfe auszeichnen. Aber mitunter können auch Andeutungen hilfreich sein. Hoffe ich zumindest. Irgendwie.

Weil es im Zusammenhang mit unserem Belohnungssystem so viele Unwägbarkeiten gibt, können wir nur von Fall zu Fall entscheiden, worin die beste Strategie besteht. Daher folgen hier auch bloß ein paar grundsätzliche Hinweise.

Suchen Sie nach versteckten Belohnungen in Ihren Angeboten: Deutlich leichter hingeschrieben als getan. Dennoch

[4. KAPITEL]

sollten wir die kleinen Versprechen, mit denen wir andere zu motivieren versuchen, daraufhin betrachten, ob sie nicht etwas Unerwünschtes oder Gegenteiliges forcieren. Wenn wir zum Beispiel versuchen, unsere Kinder durch kleine Belohnungen zu dirigieren, sollten wir stets mitbedenken, daß diese Belohnungen das Ziel überwuchern könnten, indem sie sich in den Vordergrund drängen. Wer seinem Kind in Aussicht stellt, es dürfe nach der Erledigung seiner ungeliebten Hausaufgaben endlich das neue Computerspiel ausprobieren, kann damit eine solche Vorfreude auslösen, daß die Konzentration des Kindes und die Qualität der Hausaufgabe darunter leiden. Muß nicht sein, kann aber. Eine wichtige Voraussetzung, daß es mit unseren Versprechen einigermaßen klappt, besteht darin, unsere Belohnungsarrangements so überschaubar wie möglich zu halten.

Dieser Hinweis zielt auf das Grundsatzproblem, daß wir mit dem Design unserer Versprechungen *immer* in den Lauf der Ereignisse eingreifen. Wir werden also mit den Resultaten der eigenen Pläne ebenso stark konfrontiert wie mit den Versuchen der Kinder, sich gegen die Pläne zu wehren bzw. sie zu erfüllen. Wer einem Kind etwas verspricht, läuft also stets Gefahr, daß es zwar smarter und fleißiger wird – jedoch nur in der Übung, sich die Belohnungen zu organisieren, und nicht in Mathe oder Latein.

Lassen Sie das mit den Belohnungen sein: Manchmal zumindest. Denn es gibt Konstellationen, in denen Sie damit Schaden anrichten. Wenn nämlich Menschen aus eigenem Antrieb tätig werden oder sind, können von außen kommende Belohnungen einen paradoxen Effekt erzielen: die Begeisterung für diese Tätigkeit senken, anstatt sie zu steigern. Eine durchaus nachvollziehbare Reaktion. Wer beispielsweise als Hausbewohner den Gehweg vor der Tür fegt, wird schlagartig damit aufhören, wenn man ihm ein paar Euro dafür in die Hand drückt. Denn er mag damit begonnen haben, weil ihm gerade langweilig war oder weil er einen Vorwand benötigte, eine Viertelstunde vom Schreibtisch wegzukommen, oder weil ihn die welken Blätter störten – aber sicher nicht, um damit ein paar lächerliche Euro zu verdienen (auf deren Auszahlung er in einem anderen Kontext durchaus bestehen mag). Ändern sich während eines Wenn-dann-Spiels plötzlich die Regeln, so ist es wahrscheinlich, daß eine gewisse Unruhe in die Sache kommt, wenn sie nicht gleich ganz in sich zusammenbricht. Bestand die Belohnung fürs Fegen (und dessen Sinn) in dem einen Fall darin, eine Pause zu erhalten bzw. den Anblick eines blitzblanken Bürgersteigs, so wurde im anderen Fall daraus eine mies bezahlte Hilfsarbeit. Und wer hat darauf schon Lust? Achten Sie also darauf, ob die Menschen, die Sie zu belohnen trachten, das nicht schon selbst übernommen haben. Und halten Sie sich im Zweifel zurück mit Ihren paar Euro. Wenn Menschen bereits etwas tun und sie nicht durch rohe Gewalt dazu gezwungen werden, dann *muß* sich darin irgendeine Form von Belohnung für sie verstecken, und mag sie auch noch so klein sein. Glauben Sie mir, andernfalls hätten sie längst damit aufgehört.

Belohnen Sie erwünschtes Verhalten: Weil wir uns irren können, bedeutet das noch lange nicht, das mit den Belohnungen bleibenzulassen. Ganz im Gegenteil. Haben Projekte Ergebnisse gebracht, die Ihnen gefallen, und sollten Sie daran interessiert sein, daß die Menschen in dieser Weise weitermachen, sollten Sie über eine angemessene Belohnung nachdenken. Sie dient als Verstärker und läßt die Menschen lernen. Klingt nach einer Selbstverständlichkeit, ist es aber nicht. So glaubt zum Beispiel eines der wichtigsten Regelwerke unserer Gesellschaft, ganz ohne Belohnungen auskommen zu können: die StVO, also die Straßenverkehrsordnung. Schon vor vielen Jahren hat der Hamburger Diplom-Psychologe Björn Fast in einem Interview mit der *Zeit*[20] darauf hingewiesen, daß unseren Verkehrsregeln ein wesentlicher Bestandteil fehle. Sie bestrafe die Menschen für Fehlverhalten, was durchaus sinnvoll sei, um sie daran zu hindern, es zu wiederholen. Ein möglicher Lerneffekt werde jedoch unterlaufen, da die StVO keinerlei Reaktionen für den Fall vorsehe, daß sich Menschen an die Regeln halten – als eine positive Reaktion. Darüber kann nur lachen, wer keine Ahnung davon hat, wie Lernen am besten funktioniert. Nämlich durch das ideale Zusammenspiel von Tadel (31 Prozent) *und* Lob (die restlichen 69 Prozent). Daher sagte Herr Fast in dem Gespräch auch: Man sollte ständig wechselnde Radarkontrollen durchführen und den Autofahrern anschließend Briefe schicken. Zum Beispiel dieses Inhalts: «Lieber Verkehrsteilnehmer, herzlichen Dank, Sie haben sich an die Regeln gehalten!» Das genüge eigentlich schon. Wenn man der Sache ein wenig Nachdruck verleihen wolle, dann könne man zusätzlich ein Bonussystem entwickeln: Wenn Sie sich fünfmal an die Geschwindigkeitsbegrenzung gehalten haben, «dürfen Sie einmal um zehn Kilometer zu schnell sein – so nach dem Rabattmarkensystem». Auf diese Weise belohnt, würden die Autofahrer damit beginnen, sich disziplinierter zu verhalten. Jede Wette. Wer das nicht glaubt, kann mir gerne eine E-Mail senden, wenn er das Buch zu Ende gelesen hat, um zu sehen, was ich dazu zu schreiben habe.

[GEHEIME VERSPRECHEN]

5. KAPITEL

PARADOXE VERHÄLTNISSE

Warum wir erst unseren Schreibtisch aufräumen, bevor
wir aus einem brennenden Haus flüchten; wie es kommt,
daß wir manche Forderungen nur erfüllen können, indem wir ihnen keinesfalls folgen; wann wir uns unter
der Hand verblöden und warum wir andere nur dadurch
retten können, daß wir uns zum Affen machen.

Raj Patel ist ein gesegneter Mann. Kaum war der Autor und Ökonom in einer US-Comedyshow aufgetreten und bei dem Versuch, die Kernthese seines neuen Buchs zu erklären, ein wenig ins Stottern geraten, hielten ihn die Menschen plötzlich für die Wiedergeburt Gottes. Dabei hatte alles so harmlos begonnen. Im November 2009 war Raj Patels Buch erschienen. Es trägt den Titel «The Value of Nothing» und behandelt «die Absurdität unseres Wirtschaftssystems, das für die natürlichen Lebensgrundlagen den Wert ‹o› veranschlagt, Konsummüll dagegen höchsten Wert beimisst»[1]. Ein politisch korrektes, vor allem aber rationales Buch. Kein Wunder, hat doch der 1972 in London geborene Raj Patel in Oxford sowie an der renommierten London School of Economics studiert und sowohl bei der Weltbank als auch der World Trade Organization gearbeitet, zu deren Kritikern er heute gehört. Der Sohn einer kenianischen Mutter und eines Vaters von den Fidschi-Inseln genießt den Ruf, ein seriöser und freundlicher Mann zu sein, der engagiert für sein politisches Anliegen kämpft.

Seine blitzartige Verwandlung in den Messias ereignete sich am 12. Januar 2010. Damals war Raj Patel zu Gast beim «Colbert Report», einer Comedyshow aus den USA. Moderiert wird sie von Stephen Colbert, einem eloquenten, schlagfertigen und zynischen Comedian, der Raj Patel während des Interviews[2] in seiner Show ziemlich an die Wand spielte. Es begann damit, daß Colbert den Autor mit dem Satz ankündigte, sein heutiger Gast glaube, der freie Markt habe uns im Stich gelassen; eine Theorie, die sich als falsch herausstellen werde, «wenn ich sein Buch zum Bestseller mache», so der Moderator – was kurze Zeit später tatsächlich geschehen sollte. Als Colbert seinen Gast nach der Kernthese des Buchs fragte, führte Patel ein anschauliches Beispiel dafür an: Würde man sämtliche Umweltkosten berücksichtigen, die bei der Herstellung eines Hamburgers anfallen, dann müßte das Ding 200 US-Dollar kosten. «That sounds like a great hamburger», lautete Colberts lapidare Antwort. Gelächter. Und in der Tonart ging es weiter. So behauptete Colbert, die USA sei auf der Basis niederer Preise aufgebaut, Columbus nur deshalb nach Amerika gereist, um günstige Mätressen zu bekommen, und ob Patel tatsächlich von ihm verlange, in einem Laden, wo er von einem quietschfidelen Clown bedient werde, 200 Dollar für einen Burger hinzublättern? Gelächter. Kein Wunder, daß Raj Patel immer wieder aus dem Konzept kam, nach Worten rang und gelegentlich ein wenig stotterte.

Nach rund sechs Minuten war sein Auftritt vorbei – und Patel der neue Messias. Zumindest in den Augen einer bestimmten Gruppe von Menschen. Die schickten ihm in den folgenden Tagen und Wochen E-Mails, die alle dieselbe Botschaft enthielten: Er sei der neue Weltenlehrer und man erwarte Großes von ihm. Doch damit nicht genug: Im Internet tauchten laut *New York Times* vom 4. Februar 2010 «dutzende von Homepages, Diskussionsgruppen und Videos auf, die allesamt seine Heiligkeit»[3] verkündeten. Absender dieser Ergebenheitsadressen waren die Mitglieder einer gewissen Share International Foundation, einer religiösen Gruppe, die als harmlos gilt. Gegründet hatte sie ein gewisser Benjamin Creme, ein rund 90 Jahre alter schottischer Esoteriker. Die Share-Foundation bezieht sich auf die Lehren der Theosophie – einer religiösen Bewegung des ausgehenden 19. Jahrhunderts, die alle Weltreligionen in sich vereinen will. So ist es auch weiter nicht verwunderlich, daß die Mitglieder der Gruppe an Wiedergeburt glauben, vor allem an jene des Erleuchteten, eines zweiten Buddhas. Dieser Maitreya genannte Meister werde eines Tages auf die Welt kommen, um den Menschen den Weg zu einem besseren Leben zu weisen. Die Jobbeschreibung für diese Position wiederholt Benjamin Creme seit 1974 immer wieder: Der neue Wissende sei 1972 geboren, dunkelhäutig, 1977 von Indien nach London gereist und stottere ein wenig. Raj Patel hatte mehrfaches Glück (oder Pech, je nach Sicht der Dinge): Nicht nur treffen *all diese Punkte* auf ihn zu, sondern es gab offensichtlich auch Share-Anhänger, denen das aufgefallen war.

[5. KAPITEL]

Nun kam, was in unserer Mediengesellschaft immer kommt, wenn irgendwo ein paar Leute etwas Eigenartiges veranstalten: Die Zeitungen berichteten, die Fernsehsender sendeten, das Internet summte. Der Verursacher der ganzen Aufregung, der Comedian Stephen Colbert, ließ sich die Gelegenheit natürlich nicht entgehen. Am 15. März 2010 zeigte er einen kurzen Ausschnitt aus einem Video des Sektenchefs Benjamin Creme.[4] Dessen unmißverständliche Nachricht: «Maitreya», also der neue Messias, «gab vor kurzem sein erstes Interview in Amerika. Der Meister aller Meister» sei in einer bekannten Fernsehsendung aufgetreten. Die letzten Zweifel, ob es sich wirklich um ihn handle, seien beseitigt, denn er habe in der TV-Sendung – gestottert! Colbert jauchzte vor Freude. Und holte, nachdem er das Video in seiner Sendung vorgespielt hatte, Raj Patel ans Telefon. Ob er denn wirklich der lang erwartete Messias sei, wollte er von ihm wissen. Patel konnte nicht mehr sagen als «No, I mean ...» – schon unterbrach ihn Colbert und machte ihn auf ein weiteres Erkennungsmerkmal des Messias aufmerksam: «Ist Ihnen nicht bewußt, daß Benjamin Creme ebenfalls prophezeit hat, der wahre Messias werde seine Heiligkeit leugnen?» Also fragte der Comedian Patel noch einmal: «Sind Sie der Messias?»

Wer der Aufzeichnung der Show folgt, der wird hören, wie Raj Patel erst ein wenig stottert und anschließend mit dem Elan eines Menschen, der der Kraft des vernünftigen Arguments vertraut, zu einem Dementi ansetzt: «Well, *no* ...» Doch weiter kam er nicht. Kaum hatte er «no» gesagt, warf Stephen Colbert die Arme in die Luft und jubelte: «Hey, he *is* the messiah!» Wie sehr sich Patel in den folgenden Minuten des Telefonats auch bemühen mochte – es gelang ihm nicht, aus diesem verdrehten System auszusteigen. Als Patel erklärte, er sei gegen jede Art der Gefolgschaft, die Menschen sollten lieber selbständig denken, stellte Colbert fest, daß das «sehr heilig» klinge; dann forderte er ihn auf, ihm zu sagen, wie man selbständig denken könne –

Raj Patel verhedderte sich immer mehr in der paradoxen Situation. So war es nur logisch, daß Colbert ihn schließlich mit dem Satz verabschiedete: «Raj Patel, the Messiah!»

Ein knappes halbes Jahr später gelang es dem Autor endlich, die Sache aus der Welt zu schaffen: Er traf Benjamin Creme *persönlich* in San Francisco. Das Ergebnis des Gipfeltreffens faßte die *New York Times* folgenderweise zusammen: «Nach ihrem Treffen beschlossen die beiden Herren, die Ereignisse der vergangenen Monate als ‹einen Fall irrtümlicher Identität› zu bezeichnen.»[5] Was für manche Sektenmitglieder durchaus der letzte, schlagende Beweis *für* die Heiligkeit Raj Patels gewesen sein könnte – so heftig, wie alle Beteiligten versuchten, dem Eindruck zu widersprechen.

Unsere Gefühle sind ambivalent und widersprüchlich. Sie beeinflussen unsere Handlungen, nur wissen wir davon oft gar nichts.

Wollen wir verstehen, was Raj Patel widerfahren ist, dann müssen wir noch einen Schritt weiter gehen. Denn nur so lernen wir die Kunst der paradoxen Lebensführung besser kennen. Während seines kurzen Telefonats mit dem Comedian Stephen Colbert befand sich Raj Patel in einer schwierigen Situation. Sie wäre nur dann problemlos für ihn zu bewältigen gewesen, wenn er *tatsächlich* der Messias gewesen wäre und das auch einem großen Fernsehpublikum hätte mitteilen wollen. Dann hätte er bloß «Nein, ich bin *nicht* der Messias» sagen müssen. Da aber Herr Patel vom Messias-Dasein ebenso weit entfernt ist wie die meisten von uns, gestaltete sich die Sache deutlich komplizierter: Dann hätte Patel, den Regeln der Share-Anhänger folgend, nur *eine* Chance gehabt, sich in ihren Augen zu disqualifizieren – zu sagen, daß er der Messias *ist*. Das Problem an dieser Lösung: In den Augen der

normalen Fernsehzuseher wäre er zu einem eigenartigen Irren geworden. Das wollte Patel natürlich nicht riskieren. Weshalb er nur … ja,
welche Chance hätte er denn gehabt? Eine ebenso gute wie nur durch
ein paar Vorbemerkungen erklärbare Frage.

Um zu verstehen, wie Situationen strukturiert sind, in denen wir
uns durch jedes weitere Wort noch tiefer in Widersprüche verstricken,
anstatt uns aus ihnen zu befreien, schlage ich vor, uns jenen Moment
genauer anzusehen, in dem unser Welterklärungsmodell auf die Komplexität der eigenen Person trifft. Und zu fragen, ob unsere einfachen
Annahmen und Regeln wenigstens dazu in der Lage sind, die Zustände
in uns selber wiederzugeben und zu steuern. Ich will das anhand von Piet
Mondrian zeigen, einem Künstler, mit dem ich mich näher beschäftigt
habe.[6] Der 1872 geborene niederländische Maler war ein zurückhalten-
der, asketischer und missionarischer Mann. Sein ganzes Leben blieb er
seiner Lehre des «Neoplastizismus»[7] treu; er war zutiefst davon überzeugt, darin ein universales Welterklärungsmodell gefunden zu haben,
das man auf alles und jeden anwenden sollte. Diese Lehre war denkbar
simpel aufgebaut: In der Natur könnten wir zwei gestaltende Kräfte
beobachten, die Horizontale und die Vertikale. Aus ihrem Zusammenwirken entstünde das Universelle, eine Art entpersönlichter Gott.
Mondrian tat also, wovon hier schon wiederholt die Rede war: Er schuf
einfache Annahmen, die ihm die Welt erklären sollten, und einfache
Regeln, mit deren Hilfe er sie steuern wollte. Das Ergebnis war eine
lange Serie von Bildern, deren Formensprache über die Jahrzehnte
immer abstrakter und strenger wurde. Bis sie eines Tages nur mehr aus
waagerechten und senkrechten schwarzen Linien und Farbflächen in
den drei Primärfarben Rot, Gelb und Blau bestand – nach Mondrians
Ansicht einzig möglicher gestalterischer Ausdruck der universalen
Wahrheit. Die Werke Mondrians fanden zeit seines Lebens wenig Käufer, auch eine breite Anerkennung blieb ihm versagt. Heute jedoch
gehören seine Gemälde zu den Ikonen der modernen Kunst.

[PARADOXE VERHÄLTNISSE]

Stets suchte Mondrian nach Möglichkeiten, die Welt nach seinen Regeln zu gestalten. Und wandte sich dafür nicht nur der Architektur zu, wie das seine Künstlerkollegen von De Stijl getan hatten, sondern auch – dem Tanz. Eine Entscheidung, die ebenso naheliegend wie überraschend erscheint. Denn einerseits gab es für den strengen und asketischen Mondrian kaum etwas Fremderes als den Tanz, der sich ja durch ein hohes Maß an Sinnlichkeit und Weltzugewandtheit auszeichnet. Andererseits jedoch erscheint seine Wahl durchaus plausibel, wollte er doch mit seiner asketischen Weltlehre die Sinnlichkeit des menschlichen Körpers überwinden, ja, sogar «zerstören», wie er schrieb. Dafür hatte sich Mondrian die größtmögliche Herausforderung ausgesucht, denn er wählte einen Tanz, der wegen seiner ausschweifenden Erotik in den 1910er Jahren phasenweise polizeilich verboten worden war: den eben von Argentinien nach Europa gebrachten Tango. Und begründete seine Wahl damit, daß er darin «den neuen Gedanken des Gleichgewichts durch Gegensätze des Einen mit dem Anderen»[8] entdeckt habe. Genau so, wie Mondrian den Tango durch seine neoplastizistische Theoriemaschine drehte, tanzte er ihn auch. Abstrakt und körperfeindlich. Die Zeitgenossin Nelly van Doesburg schilderte das Schauspiel, das sich dem Zuschauer bot, kurz und anschaulich: «Welche Musik auch immer gespielt wurde, er führte die Schritte in derartig persönlich-stilisierter Art aus, daß die Folgen oft unbeholfen waren und kaum zufriedenstellend für seine Partner.»[9]

Es ist natürlich eine Frage des Blickwinkels, wie man diese Geschichte liest. Mir scheint sie zweierlei sehr anschaulich zu illustrieren. Zum einen unsere Tendenz, einfache Annahmen zu entwikkeln und die daraus gewonnenen Weltregeln ständig anzuwenden. Und zum anderen, welche sichtbaren Verrenkungen unsere Regeln auslösen, wenn wir sie auf Bereiche anwenden, die weit davon entfernt sind, nach simplen und widerspruchsfreien Regeln zu funktionieren – auf unseren Körper und unsere Gefühle, auf unsere Sehnsüchte und

Bedürfnisse. Auf Bereiche also, in denen außer Kraft gesetzt ist, was auf der Ebene unserer bewußten Regelwerke zu den unumstößlichen Gesetzen gehört: die klare Abfolge von Ursache und Wirkung, das Gesetz der Eindeutigkeit und Widerspruchsfreiheit. Jene Gesetze, die wir im ersten Kapitel am Beispiel eines Kaffeeautomaten kennengelernt haben.

Unsere Gefühle freilich, unsere Wünsche und Sehnsüchte funktionieren vollkommen anders. Wer nur ein einziges Mal in seinem Leben verliebt war oder verlassen wurde, der weiß, wovon die Rede ist: So können sich in uns nicht nur eigenartige emotionale Mischzustände ergeben (Sehnsucht und Schmerz), sondern auch zwei einander offen widersprechende Gefühle in eines verweben (Haß und Liebe); wir können uns im selben Moment nach Dingen sehnen, die einander widersprechen, ohne deshalb mit der Wimper zu zucken. Das heißt: Wir zucken vielleicht mit der Wimper, machen aber dennoch damit weiter. Eines von unzähligen Beispielen zitiert der bekannte Paartherapeut Jürg Willi[10]: Heute würden sich «Frauen und Männer nach stabilen, langfristigen Beziehungen» sehnen, im selben Moment aber davor fürchten. «Die Situation ist tatsächlich paradox, und sie hat viel mit Abwehr aus Angst vor Verletzungen zu tun.» Gefühle können also ambivalent sein, vieldeutig, in sich widersprüchlich, chaotisch. Der springende Punkt: Sie verlieren dadurch nichts von ihrer Dringlichkeit, ihrer Bedeutung und ihrem Einfluß auf unser Verhalten. Sie wirken vielmehr an der Konstruktion unserer Wirklichkeit mit. Es sind die sprichwörtlichen zwei Seelen in unserer Brust, die verdeutlichen, daß wir selten in eindeutigen, widerspruchsfreien und einfachen Verhältnissen leben, sondern meist in unüberschaubaren Mischzuständen. So sieht zum Beispiel Sigmund Freud unser gesamtes Leben durch den Widerstreit zweier konträrer, unversöhnlicher Kräfte bestimmt[11]: Wir könnten viele unserer Schuldgefühle «als Folge des mitgeborenen Ambivalenzkonflikts, als Folge des ewigen Haders zwischen Liebe und Todesstreben» verstehen, jener beiden Kräfte also, die Freud auch als Todestrieb und Eros bezeichnet.

Worin auch immer die konkreten Ursachen für unsere Ambivalenzen liegen mögen – sie schimmern überall durch und machen sich ständig bemerkbar. Ein anschauliches Beispiel lieferte in jüngster Vergangenheit das Verfahren gegen den Meteorologen Jörg Kachelmann, der wegen des Vorwurfs, seine langjährige Freundin vergewaltigt zu haben, vor Gericht stand; er wurde erstinstanzlich freigesprochen.[12] Ohne den Fall kommentieren oder den Angeklagten bewerten zu wollen, möchte ich jenes Gutachten, das der gerichtlich bestellte Psychiater Hartmut Pleines von Jörg Kachelmann angefertigt hat, zitieren, weil es vorführt, wie mehrdeutig sich unser Seelenleben beschreiben läßt. So stellte also Herr Pleines fest[13]: Der Angeklagte sei «ein vielschichtiger Mann mit widersprüchlichen Trieben und einem variantenreichen Sexleben». Er habe sich «gekonnt eine Lebenswirklichkeit aus parallelen Partnerschaften aufgebaut» und so viele Rollen eingenommen, «die einen fast schwindlig werden lassen». Der Angeklagte sei ein erfolgreicher Geschäftsmann gewesen, aber auch als liebevoller Gefährte in Erscheinung getreten und habe zudem viele Sexualpartnerinnen gehabt. Die Persönlichkeit des Angeklagten weise «beträchtlichen Eigenbezug und Egozentrik auf, das Zurechtschneiden der Wahrheit ist ihm nicht fremd. Vom Idealbild einer ausgeglichenen Persönlichkeit weicht er ab.» Es würde zu weit führen, dieses Gutachten zu analysieren, aber der letzte Satz scheint mir auf *jeden von uns* anwendbar zu sein, gehört es doch zum Wesen eines «Idealbilds», unerreichbar zu sein.

Unsere einfachen Annahmen und Regeln, die wir über das Funktionieren der Welt sowie die Steuerbarkeit unserer Handlungen entwickeln, nehmen sich im Vergleich zu den Ambivalenzen und zu den Widersprüchlichkeiten unserer Biographien wie ein anmaßender Witz aus. Und erst recht erscheinen sie unhaltbar, wenn wir an ein

[5. KAPITEL]

weiteres wesentliches Merkmal unserer Gefühle, Wünsche und Sehnsüchte denken: Viele von ihnen entstehen ebenso unbewußt, wie sie ihre Wirkung entfalten. Von einigen unserer Gefühle bekommen wir etwas mit, andere steuern unser Verhalten, ohne daß wir etwas davon ahnen. Das heißt: Ein Gutteil unseres Innenlebens entzieht sich unserem Bewußtsein. Zudem, schreibt der Neurologe Antonio R. Damasio über die Qualität von Gefühlen, könnten wir sie «nicht willkürlich kontrollieren»[14] und daher auch traurig oder glücklich sein, ohne zu wissen, warum. «Repräsentationen der Außen- oder Innenwelt können unterhalb der Bewusstseinsschwelle erfolgen und trotzdem emotionale Reaktionen auslösen. Emotionen können nichtbewusst hervorgerufen werden und daher dem bewussten Selbst relativ unmotiviert erscheinen.»

Das geheimnisvolle Eigenleben unserer vielgestaltigen, ambivalenten Gefühle und unsere Unfähigkeit, sie klar zu erkennen oder gar zu steuern, kann nicht ohne Auswirkung auf den Verlauf unseres Lebens bleiben. So müssen wir davon ausgehen, daß sie massiv auf unsere Entscheidungen und Handlungen einwirken, ohne daß wir darüber Auskunft geben könnten, wie genau das geschieht. Folgen wir der These vieler Wissenschaftler, dann bekommen wir in Wirklichkeit von dem, was uns antreibt, so gut wie *nichts* mit. Sigmund Freud ist einer der wichtigsten Vertreter dieser These. Gerhard Roth hat sie später auf den Punkt gebracht: Unser Ich habe «wenig bis keine Einsichten» in das, «was seinen Wünschen, Plänen und Handlungen tatsächlich zugrunde liegt»[15]. So kommt es, daß wir mitunter sogar unser Leben grundlegend ändern, ohne über die wahren Ursachen für diesen radikalen Schritt Auskunft geben zu können. Was uns freilich nicht daran hindert, die wunderbarsten und vor allem einfachsten Annahmen darüber zu entwickeln, warum wir was tun und welchem Ziel das alles dient. Doch die Verhältnisse werden noch ein wenig komplizierter.

[PARADOXE VERHÄLTNISSE]

Unser Gehirn hat die Angewohnheit, Routineaufgaben in den Bereich des Unbewußten zu verlagern. Damit können wir oft schnell und effektiv auf Situationen reagieren.

Als sich die größte Katastrophe ankündigte, die die Stadt New York je erlebt hatte, taten nicht alle Menschen, was sie naheliegenderweise hätten tun sollen: alles stehen und liegen lassen, um aus den beiden Hochhäusern des World Trade Center zu fliehen. Vielmehr gab es einige, die sich am 11. September 2001 zwischen 8:46 Uhr und 9:03 Uhr, dem Einschlag der beiden entführten Passagiermaschinen, verhielten wie gewohnt. Was genau sie machten, können wir in einer Studie nachlesen[16], für die 271 Überlebende der Anschläge befragt wurden. Das Resultat: «Mehr als die Hälfte gab an, sie hätten zuerst begonnene Tätigkeiten zu Ende geführt oder noch rasch andere Dinge erledigt, bevor sie zu den Notausgängen gingen. Es habe sich überdies herausgestellt, dass jene, die zuerst wissen wollten, was geschehen sei, eineinhalb- bis zweieinhalbmal so lange brauchten, um mit ihrer Flucht aus dem Gebäude zu beginnen.» Ganz zu schweigen von all jenen, die sich dazu entschlossen hätten, «zuerst ihre Schreibtische aufzuräumen». Auf diese Weise ließen die Befragten zwischen einer und acht Minuten verstreichen, nachdem sie davon verständigt worden waren, daß die Hochhäuser brannten. Naheliegender Titel der Zeitungsmeldung: «Die Türme hätten schneller geräumt werden können.»

Wir würden die Ursache dieses Verhaltens verkennen, wenn wir es der mangelnden Auffassungsgabe oder gar Intelligenz dieser Menschen zuschreiben würden; es hat damit nichts zu tun. Die Ursache liegt woanders: Die Menschen in den Twin Towers folgten mehrheitlich ihren Gewohnheiten. Also jenen tief in uns verwurzelten Routinen, auf die wir immer wieder zurückgreifen – in meist traumwandlerischer Sicherheit. Kein Wunder, laufen sie doch jedesmal nach exakt demselben Schema ab. In unserem Leben gibt es sehr viele automatisierte Handlungsabfolgen, und sie dienen ganz unterschiedlichen Zwecken. Sie steuern unser Verhalten in Notsituationen ebenso wie unsere Radfahrkünste, sie bestimmen die Wahl unserer Lebensgefährten oder unser Benehmen im Büro, sie entscheiden binnen weniger Sekunden, ob wir einem bestimmten Menschen trauen können oder eine bestimmte Aktie halten oder verkaufen. Diese Routinen erwerben wir auf ganz unterschiedliche Weise. Manche haben wir von der menschlichen Evolution oder von unserer Familie geerbt; für andere trainieren wir mühselig wie für unsere Rückhand im Tennis oder für unsere Kunststücke auf dem Skateboard; wieder andere sind das Ergebnis gedankenverlorenen, jahrelangen Vorunshinwerkelns.

Es gibt verschiedene Begriffe für diese Routinen, sie reichen von Instinkt über Ritual bis hin zu Heuristiken; sie gehören durchaus in verschiedene Kontexte, doch sie alle vereint ihre strukturelle Ähnlichkeit: Sie haben eine klare, festgelegte Dramaturgie, sie sind uns in Fleisch und Blut übergegangen, sie laufen fehlerfrei ab, sie beanspruchen uns nicht groß – und sie sind in den Tiefen unseres Gehirns gespeichert, unserem willentlichen Zugriff also weitgehend entzogen. Das hat einen guten Grund: Steuern wir Handlungen durch unser Bewußtsein, indem wir darüber nachdenken und sie konkret planen, dann agieren wir zwar überlegt und mitunter innovativ, aber auch langsam und bisweilen fehlerhaft. Wir müssen dafür nämlich einen ziemlichen Koordinationsaufwand betreiben und viele Kapazitäten unseres Gehirns beanspruchen. Sind wir mit neuen Situationen oder kniffligen Problemen konfrontiert, dann ist die überlegte Vorgehensweise überaus hilfreich. Weniger gut eignet sie sich für Notfälle, für Standardsituationen oder für Tennismatches. Würden wir dem Tiger, der bereits mehrfach aufgetaucht ist, begegnen und versuchen, ihm durch angestrengtes Nachdenken zu entkommen, dann wären wir diesmal *wirklich* fällig. Unsere bewußten Strategien sind einfach zu schwerfällig und zu langsam, um diese Situationen zu managen. Wir hätten unseren ersten Gedanken noch nicht zu Ende formuliert, da würde der Tiger bereits an unserem Unterschenkel nagen. In solchen Situationen bedient sich unser Gehirn daher auch seiner Routinen. Die hat es in seine unbewußten Areale ausgelagert, die über besondere Qualitäten verfügen. All jene Prozesse, die dort angestoßen und gesteuert werden, sind nämlich rasend schnell verfügbar und laufen in einer standardisierten Form ab, jedesmal gleich und jedesmal gleich schnell. Eine überaus sinnvolle Strategie, um uns aus brenzligen Situationen zu manövrieren, wiederkehrende Aufgaben zu lösen oder grundlegende Fertigkeiten zu erlernen. Den Tiger sehen und wegrennen ebenso wie den Cross über das Tennisnetz schwirren zu sehen und ihn mit einer gefühlvollen Backhand zu retournieren oder in einem Gesicht finster zusammengezogene Augenbrauen zu bemerken und zurückzuweichen.

Auch die Dekonstruktion der komplexen Realität und die Konstruktion unseres Weltbilds laufen in Form von Routinen ab. Kein Wunder also, daß es starke strukturelle Übereinstimmungen zwischen unseren Routinen sowie unseren einfachen Annahmen und Plänen gibt. Beide sind sie einfach gebaut, in sich widerspruchsfrei, schnell anwendbar und vermitteln uns das Gefühl der Sicherheit. Mit *einem*, dafür aber entscheidenden Unterschied: Während wir über die Ergebnisse unserer Weltaneignungsstrategien meist bewußt verfügen, entziehen sich unsere Routinen unserem Zugriff, ja, meist kennen wir sie nicht einmal, weshalb wir sie auch nicht steuern können. Und noch eine folgenschwere Eigenart besitzen sie: Wir können sie, weil unbewußt, kaum verändern oder adaptieren. Haben wir sie einmal entwickelt bzw. erworben, spulen wir sie immer wieder genau so ab, wie wir sie uns eingeprägt haben. Routinen sind also reibungslos funktionierende, unveränderbare Handlungs- und Wahrnehmungsabfolgen im lichtlosen Raum unseres Unbewußten, der uns auf ewig verschlossen bleibt.

[5. KAPITEL]

Es gibt viele Gründe, unserem Gehirn dankbar dafür zu sein, daß es mit Hilfe solcher Routinen für unser Wohlergehen sorgt. Müßten wir uns um alles selber kümmern – wir wären längst tot. Nur angenommen, es gehörte zu unseren Aufgaben, unser Herz regelmäßig schlagen zu lassen, wären wir mit nichts anderem mehr beschäftigt. Es an den biologischen Autopiloten delegiert zu haben, war eine blendende Idee der Evolution. Alle lebenserhaltenden Jobs sind also in autonom funktionierenden Gehirnarealen bestens aufgehoben. Doch wie an unserem Beispiel aus dem World Trade Center zu sehen, gibt es Konstellationen, in denen uns das Gehirn mit seinen Gewohnheiten in ernsthafte Schwierigkeiten bringt. Weil die Eingeschlossenen nicht einschätzen konnten, was um sie herum geschah, startete ihr Gehirn das «Ich verlasse gleich das Büro»-Programm, was dazu führte, daß sie einen Schreibtisch aufräumten, den es wenige Minuten später nicht mehr geben sollte. Samt dem ihn umgebenden Büro und den 110 Stockwerke hohen Wolkenkratzern.

Manchmal greift unser Gehirn auf Routinen zurück und sorgt damit für das Gegenteil des Geplanten: Wir werden dümmer anstatt klüger oder rennen direkt in unser Verderben, anstatt uns zu retten.

Doch selbst wenn unser Gehirn im richtigen Augenblick das Notprogramm «Hilfe, es brennt» abruft, garantiert uns das nicht, daß es uns damit nicht noch größere Probleme bereitet, als wir ohnehin schon haben. Seit Jahren beschäftigt mich das Schicksal der Menschen, die bei dem Brandunglück in der österreichischen Gemeinde Kaprun ums Leben kamen – weil sie einer jener Routinen gefolgt sind, die in unserem Unbewußten schlummern und die sich in vielen anderen Fällen schon bewährt haben. Nur in diesem nicht.

[PARADOXE VERHÄLTNISSE]

Die Katastrophe ereignete sich am 11. November 2000 kurz nach 9:00 Uhr. Damals startete die Gletscherbahn «Kaprun 2» ihre Bergfahrt aufs Kitzsteinhorn, sie war mit 162 Passagieren besetzt. Nachdem die Bahn ein Fünftel des 3300 Meter langen Tunnels passiert hatte, blieb sie stehen. Der Heizlüfter im letzten Wagen war in Brand geraten. Durch herumspritzendes Hydrauliköl breitete sich das Feuer rasch aus und erfaßte weitere Waggons. Ein Teil der Menschen starb in den Wagen, weil sich deren Türen nur durch den Schaffner öffnen ließen. Anderen gelang es, Fenster einzuschlagen und sich zu befreien, um dann auf dem Weg ins Freie zu ersticken. Sie waren nämlich einer naheliegenden Routine gefolgt. Sie lautet: «Vom Feuer weglaufen!» Klingt plausibel und entspricht der evolutionär erworbenen Weisheit, sich von Gefahren zu *entfernen*. So rannten also die Menschen vom Feuer in den hinteren Waggons *weg*, den Berg hoch, um an den oberen Tunnelausgang zu gelangen. Dort wurden sie jedoch von ihrem Schicksal eingeholt – der Kamineffekt sorgte dafür, daß Luft auf der Talseite in den Tunnel ein- und an der Bergstation wieder ausströmte. Dadurch wurde nicht nur das Feuer angefacht, sondern auch das giftige Rauchgas in der Tunnelröhre nach oben befördert. Die panisch Fliehenden liefen also ihrem Verderben davon und damit letztlich direkt hinein. 150 Passagiere starben, die meisten davon durch Rauchgasvergiftungen; manche davon wurden ohnmächtig, kurz bevor sie den oberen Ausgang des Tunnels erreicht hatten, nachdem es ihnen gelungen war, sich 3000 Meter bergauf zu kämpfen. Das klassische Fluchtverhalten hatte die Menschen in den sicheren Tod dirigiert.

Überlebt hingegen haben jene Passagiere, die sich gegen diese Routine auflehnten und ihrer Vernunft folgten. Unter ihnen befand sich der Österreicher Gerhard Hanetseder, der die Geschichte seiner Rettung mittlerweile unzählige Male hat erzählen müssen. Es sei ihm gelungen, sich und seine damals zwölfjährige Tochter Christina aus

[5. KAPITEL]

dem Fenster des untersten Wagens zu quetschen, wo das Feuer ausgebrochen war. Hanetseder hat es zwar nicht explizit so erzählt, aber aus seinen Schilderungen ist zu entnehmen, daß den entscheidenden Impuls, nicht den anderen hinterherzurennen, ein älterer Mann gegeben hat. Der habe hinter Hanetseder gerufen: «Hinunter, um Gottes willen, hinunter! Feuer brennt nach oben!» Also lief Hanetseder mit seiner Tochter, gegen den Impuls seines inneren Notprogramms, *zum* Feuer, gleichsam *durch das Feuer hindurch* – und gelangte so zum nahe gelegenen unteren Ausgang, von dem ihm frische Luft entgegenströmte. Dem Vater und seiner Tochter folgten bloß zehn deutsche Urlauber. Alle anderen taten, was wohl die meisten von uns getan hätten. Und starben.

Es gibt viele Beispiele, die zeigen, wie unsere Routinen uns ins Verderben stürzen. Ein besonders verheerendes der vergangenen Jahre war die «Loveparade» in Duisburg. Dort kam es am 24. Juli 2010 zu einer Massenpanik, die 21 Menschen das Leben kostete. Über 500 wurden verletzt. Anläßlich dieses Dramas schrieb der amerikanische Buchautor Jeff Wise[17], der sich mit dem Thema archaischer Routinen eingehend beschäftigt hat, einen Blog-Beitrag[18]. Die Ereignisse bei der Loveparade zählten «zur verwirrendsten Form einer Tragödie», weil sie sich «aus der normalen Psychologie gesunder Menschen» entfaltet habe. Mitverursacht worden sei die Katastrophe laut Wise durch unsere archaischen Routinen, die mit den Anforderungen der Gegenwart immer wieder in Konflikt gerieten: «Wenn Menschenmassen eine kritische Dichte erreichen, werden die Individuen anfällig für eine ansteckende Form blinder Angst, die jeden Versuch zunichte macht, rational zu handeln. Die Paradoxie dieses Grauens besteht darin, daß sich die unbewußte Reaktion auf diese Angst – die sich über Millionen von Jahren entwickelt hat, um uns sicher durchs Leben zu bringen – im 21. Jahrhundert als schreckliche Gefahr darstellt.» Der Umstand also, daß uns die Evolution eine Strategie tausendfach erfolgreich hat anwenden lassen, garantiert nicht, daß sie uns auf ewig die besten Dienste leistet. Es kommt auf den Kontext an, ob sie uns das Leben rettet – oder mitunter kostet.

Wir müssen aber nicht die tragischsten Fallbeispiele bemühen, um plausibel zu machen, daß unsere Routinen zum genauen Gegenteil des Gewünschten führen können. Es genügt schon, wenn wir uns ansehen, wie sie sich auf unsere Klugheit auswirken. Dazu findet sich auf der Homepage des US-amerikanischen Geheimdienstes eine spannende «ethnographische Studie» aus dem Jahr 2005.[19] Sie heißt «Analytic Culture in the US Intelligence Community», wurde von dem Ethnographen Rob Johnston verfaßt und widmet sich in Kapitel 5 der Frage des Expertentums. Johnston vertritt die These, um zum Experten zu werden, «muß man die Welt eine signifikante Anzahl von Jahren aus dem Blickwinkel eines ganz spezifischen Arbeitsgebietes betrachten». Eine Fokussierung auf ein kleines Fachgebiet, das durch «den Ausschluß vieler anderer Arbeitsgebiete» erkauft werde. Mit anderen Worten: Experten lösen aus der komplexen Realität ein ganz kleines Teilgebiet heraus, um es besonders genau unter die Lupe zu nehmen. Klingt erst mal plausibel und weiter nicht bemerkenswert, hat aber eine paradoxe Kehrseite. So führt die Spezialisierung dazu, daß die Experten die gängigen Muster in ihrem Fachgebiet kennenlernen; sie werden also zu Großmeistern darin, Routinen zu entwickeln und mit deren Hilfe immer tiefer in ihr Fachgebiet einzudringen. Das hat zwar den großen Vorteil, daß sie schnell und kompetent Fakten und Probleme erkennen können. Doch Johnston benennt auch die unerwünschten Begleiterscheinungen dieser Spezialisierung. Er nennt es das «Paradox der Expertise»: Je größer die Spezialkenntnisse, desto *unzuverlässiger* geraten die Vorhersagen der Experten in ihrem Fachgebiet. Der Grund: Um plausible Prognosen erstellen zu können, müsse man sein schmales Fachgebiet in einem größeren Kontext betrachten, also die es umgebenden komplexen und dynamischen Verhältnisse mitdenken.

[5. KAPITEL]

Aber genau das würden Experten nicht tun. Was uns zu der überspitzten Feststellung veranlaßt: Je klüger wir auf einem Spezialgebiet werden, desto dümmer werden unsere Voraussagen. Angesichts der Ankündigung von Politikern, eine Expertenrunde zur Lösung unserer Probleme einzuberufen, dürfte man in helle Panik verfallen. Denn Experten sind nach Ansicht des Geheimdienstes nicht nur schlechte Prognostiker – sobald sie miteinander Probleme debattieren, produzieren sie *noch unbrauchbarere* Ratschläge. So hat eine bereits zitierte aktuelle Untersuchung gezeigt, wie Gruppendebatten dazu führen, daß wir unsere Meinungen einander angleichen und dadurch regelmäßig danebenliegen.

Wer nun einwendet, dieses «Paradox der Expertise» sei zwar recht interessant, habe mit uns Laien aber nichts zu tun, der irrt. Wir sind nämlich gar keine Laien, sondern ebenfalls Experten. Wir mögen nicht die geringste Ahnung von den Forschungsgebieten der CIA haben, aber in einem anderen Bereich sind wir wahre Fachleute, und zwar darin, das eigene Leben zu bewältigen. Und nicht nur das: Wir verhalten uns auch genau so, wie das Experten gerne tun. Wir sammeln Erfahrungen, Fakten und Erkenntnisse, ordnen sie und bilden schließlich eine Theorie erfolgreichen Handelns daraus. Und erfolgreich – das sind wir ausnahmslos. Allein der Umstand, daß wir sind, wo wir sind, belegt das (aus evolutionärer Sicht) recht zweifelsfrei. Wir haben es bis auf den heutigen Tag geschafft, nicht nur am Leben zu bleiben, sondern uns sogar Bücher wie dieses vorzunehmen. Wie immer unser Regelwerk konkret aussehen mag – jeder von uns hat eines entwickelt (und mag es auch darin bestehen, daß es kein Regelwerk gibt). Wir alle sind Experten des eigenen Lebens. Genaugenommen: die einzigen Experten. Und so verfallen wir auch unseren eigenen Irrtümern.

So wenig hilfreich unsere Routinen bisweilen sein mögen und so paradox ihre Ergebnisse – das ändert nichts an dem Faktum, daß sie einen deutlich größeren Einfluß auf unser Leben ausüben, als wir aufgrund unserer simplen Annahmen und Regeln glauben. Eine These, die unter vielen anderen von dem Neurologen Antonio R. Damasio bestätigt wird. So verweist er auf eines seiner bekannten Experimente[20], in dem er Versuchspersonen darum bat, Spielkarten abzuheben; in einem Stapel befanden sich gute Karten, im anderen schlechte. Die naheliegende Aufgabe für die Probanden: Finde möglichst schnell heraus, welches der Stapel mit den guten ist. Im Laufe des Versuchs habe sich gezeigt, daß unser Gehirn sehr schnell «erkennt», welcher Stapel welche Qualität hat – und zwar ohne unser Bewußtsein damit zu befassen. Das äußerte sich darin, daß die Versuchspersonen bereits zu einem Zeitpunkt intuitiv nach dem Stapel mit den guten Karten griffen, als sie noch keine bewußte Entscheidung gefällt hatten, es zu tun. Damasios Schlußfolgerungen sind weitreichend: Die Experimente zeigten, «dass zahlreiche Entscheidungen, die am Ende durch Rückgriff auf einschlägige Kenntnis und Logik getroffen werden, durch nichtbewusste Einflüsse gebahnt werden können, bevor Wissen und Logik richtig zum Tragen kommen. Es zeigt weiterhin, dass Emotionen eine wichtige Rolle für die nichtbewussten Signale spielen».

Sind wir also bloße Marionetten unbewußt ablaufender Prozesse, zu wenig mehr in der Lage, als uns ein paar simple Theorien über die eigene Person zusammenzureimen? Wohl kaum. Vielmehr haben wir im ersten Kapitel gesehen, daß unsere einfachen Annahmen dazu führen können, daß die Dinge manchmal auf eine beängstigende Art und Weise *genau so* kommen, wie wir uns das in unserer ganzen Naivität vorgestellt haben. Erinnern Sie sich nur an die Placebos, die aufgrund der simplen Annahme wirken, kleine weiße Pillen seien machtvolle Mittel gegen unsere Kopfschmerzen. Die Sie vielleicht gleich brauchen werden, denn jetzt wird es noch ein wenig komplizierter.

[5. KAPITEL]

Wir eignen uns die Welt mit Hilfe einfacher Regeln an. Gleichzeitig verstrickt uns die Welt in ihre komplizierten Verhältnisse. Eine verwirrende Lage – übersichtlich zu einer kleinen Liste zusammengestellt.

«Ja, was denn nun?» höre ich Sie fragen. «Erst schildern Sie ausführlich, wie wir uns die Welt zurechtinterpretieren und wie sinnvoll das ist. Dann wenden Sie ein, uns würden vielmehr autonome, unbewusste Prozesse dirigieren, nur um anschließend mit einem Hinweis auf die Placebos anzukommen, der uns an den Ausgangspunkt Ihrer Argumentation zurückführt. Fehlt nur, daß Sie jetzt zur Abwechslung mal ein Beispiel aus dem Hut zaubern, das Ihrer Ausgangsthese widerspricht!» Ein berechtigter Einwand, zweifellos. Und doch müßte ich strenggenommen genau das machen – also darauf hinweisen, daß wir keinesfalls an jener Stelle Schluß machen können, in der es um die machtvolle Wirkung von Placebos geht. Das würde nahelegen, wir könnten einfache Regeln formulieren: «Werde gläubig – und du wirst gesund bleiben!» bzw. «Nimm dir nur fest genug etwas vor – und es wird wahr werden!» So plausibel die beiden Regeln in diesem Kontext auch sein mögen, so wenig eignen sie sich dazu, in Stein gemeißelt zu werden. *Das* sollten nur die Zehn Gebote – wobei sich auch bei ihnen die Frage stellt, ob sie nicht besser dazu geeignet sind, uns auf dumme Gedanken zu bringen, als uns von dem darin Beschriebenen abzuhalten – davon im Kapitel «Hilfreiche Neins» mehr.

Um zu verhindern, daß die zitierten Regeln unwidersprochen stehenbleiben, müßte ich den Text eigentlich fortschreiben und nunmehr darauf hinweisen, daß wir keinesfalls glauben sollten, mit der simplen Placebo-Mechanik immer durchzukommen. Doch bevor ich das tue, will ich die Sache abkürzen und sie von einem übergeordneten Blickwinkel zu beschreiben versuchen, der diesem ständigen Hin und Her ein Ende macht.

[PARADOXE VERHÄLTNISSE]

- So haben wir gesehen, daß wir einfache Annahmen aufstellen und daraus simple Regeln ableiten. Der Zweck: Wir wollen unsere Dinge geregelt bekommen. Manchmal klappt das.
- Manchmal klappt das aber nicht, weil sich unsere unbewußten Routinen und Gefühle einmischen bzw. die Eigendynamik unserer Umgebung bzw. unser Belohnungssystem. Sie verändern die Auswirkung unserer einfachen Regeln. Mit dem Ergebnis, daß immer wieder das Gegenteil des Geplanten geschieht.
- Als wäre das nicht schon vertrackt genug, läßt sich die Geschichte unserer Weltaneignung auch andersherum erzählen: daß nicht *wir* uns *die Welt* aneignen, sondern *die Welt* sich *uns* aneignet. Das heißt: Unsere einfachen Regeln haben in Wirklichkeit überhaupt keinen Einfluß auf unsere Handlungen. Vielmehr werden sie von unseren unbewußten Routinen und Gefühlen gesteuert und/oder von den Einflüssen der Gesellschaft.
- Unsere simplen Annahmen und Regeln hingegen sollen uns bloß glauben lassen, wir wüßten, was wir tun. Produziert werden sie von unserem Gehirn mit dem Zweck, uns zu beruhigen. Denn wer glaubt, der Chef des Universums zu sein, bleibt fröhlich, sozial und sorgt dafür, daß es mit der Menschheit weitergeht.
- Ich überlasse es Ihrer Phantasie, sich weitere Varianten auszumalen, wie wir uns die Welt aneignen bzw. wie die Welt sich uns aneignet. Das ist sicher anstrengend und verwirrend für Sie – für mich jedenfalls ist es das bis heute geblieben.
- So könnten Sie sich ausmalen, welche Auswirkungen es hat, wenn wir uns für die Chefs des Universums halten. Das Beispiel von Nelson Mandela, der ja die Moral der Mithäftlinge stärkte, indem er ihnen das Gedicht «Invictus» vortrug, zeigt, daß unser anmaßendes Weltbild, selbst über unser Schicksal zu entscheiden, plötzlich greifbare, vor allem aber positive Wirklichkeit werden kann. In einem anderen Fall aber direkt in den Größenwahn führt.

[5. KAPITEL]

– Eine beruhigende Nachricht habe ich noch für Sie: Ihre Vorstellungen mögen kompliziert sein – eines können sie *nie* sein: ganz falsch! Sie werden immer einigermaßen richtig damit liegen. Gleichgültig, welche Wenn-dann-Schleifen Sie auch knüpfen sollten.

Denn wir müssen uns den Prozeß unseres In-der-Welt-Lebens als ziemlich komplizierte Angelegenheit vorstellen, bei der jede denkbare Variante irgendwann einmal vorkommt. Nur eines sollten wir keinesfalls: Versuchen, uns für *eine* dieser Varianten zu entscheiden, um sie anschließend in den Rang einer *singulären Wahrheit* zu erheben. Also zu postulieren, daß wir Lebewesen seien, die ausschließlich durch unbewußte Prozesse durchs Leben manövriert werden. Dabei handelt es sich um eine unzulässige Vereinfachung eines hochkomplexen Vorgangs. Wir werden noch sehen, daß genau in dieser Verabsolutierung einer Regel ein wesentlicher Grund dafür besteht, daß die Dinge oft genau andersherum kommen als geplant.

Die Verhältnisse mögen kompliziert sein, doch sie organisieren sich aufgrund nachvollziehbarer Regeln selbst. So folgt auf jede Aktion eine Reaktion, auf diese folgt wieder eine Reaktion und auf diese wieder eine.

Obwohl die Verhältnisse kompliziert und ihr Verlauf schwer vorhersehbar sind, lassen sich doch einige einfache Regeln entdecken, nach denen sie sich organisieren. (Ha, da ist er also wieder, unser Hang zur Vereinfachung! Und der beste Beleg dafür, wie paradox das Thema ist.) Eine dieser Regeln habe ich in den vorangegangenen Kapiteln bereits angesprochen und durch mein ganzes Hin und Her nochmals bestärkt: daß unsere Debatten und Handlungen kein Ende finden können. Paul Watzlawick hat dieses Phänomen als eine zentrale Organisationsform menschlicher Interaktion beschrieben. Unser Zusammenleben gestalte sich nämlich keineswegs nach dem Modell des Kaffee-automaten: Taste drücken, Kaffee raus, fertig. In Wirklichkeit hätten unsere Interaktionen weder Anfang noch Ende. Wir tun etwas, der andere reagiert darauf, worauf wiederum wir reagieren, worauf der andere ein weiteres Mal reagiert und immer so fort. Unsere «Verhaltensfolge» sei in Wirklichkeit kreisförmig, sagt Watzlawick, und jede Reaktion stelle «gleichzeitig auch den Reiz für das nächste Verhalten des Partners»[21] dar. Ein Gedanke, der durchaus geeignet ist, unsere Vorstellungen von menschlichen Beziehungen durcheinanderzuwirbeln.

Watzlawick verweist auf eine Reihe weiterer Mechanismen, die mit der Kreisförmigkeit unserer Handlungen zusammenhängen. So wirken beispielsweise alle Teile eines Systems aufeinander ein. Die Mutter auf den Vater und umgekehrt, die Kinder auf die Eltern, die Kinder aufeinander. Das bedeutet, daß jedes Mitglied einer stabilen Gruppe einen Anteil daran trägt, daß die Dinge laufen, wie sie eben laufen.

Die Idee eines sich selbst stabilisierenden und am Leben erhaltenden Systems illustriert Watzlawick anhand eines Ehepaars. Der Mann sitzt untätig den ganzen Tag in seinem Sessel, und die Frau ist ständig unterwegs, um den Alltag zu managen. Während die Frau ihre hektische Betriebsamkeit mit der Untätigkeit des Mannes begründet («Sonst geschieht hier gar nichts!»), sieht er seinen Beitrag zur Stabilisierung der Beziehung darin, ihre Hektik durch seine Ruhe auszugleichen («Wenn ich auch noch loslege, bricht hier das Chaos aus!»). Aus der Ferne betrachtet wird sehr schnell klar, daß es hier keinen «Täter» und kein «Opfer» gibt, sondern nur zwei Eheleute, die in ein fröhliches Wenn-dann-Verhältnis verstrickt sind: Wenn du faul bist, dann renne ich rum, und wenn du rumrennst, dann sitze ich hier still. Der Mann und die Frau stellen ein bestens eingespieltes Team dar, das einander die unterschiedlichen Geschwindigkeiten ihres Lebensrhythmus zuspielt.

[5. KAPITEL]

Eine solche Beziehung bleibt so lange erhalten, wie beide einen Gewinn daraus ziehen. Sie fliegt erst auseinander, wenn einer der beiden mehr Verlust als Gewinn aus ihr zieht und sie daher aufkündigt (was selbstverständlich auch beide gleichzeitig tun können).

In seinem Klassiker «Menschliche Kommunikation» hat Watzlawick eine ganze Menge Regeln genannt, nach denen sich unsere Beziehungen selbst organisieren. So zum Beispiel, daß ein System «nicht einfach die Summe seiner Bestandteile»[22] sei, sondern diese gemeinsam eine neue Qualität bildeten. Ich will mich aber auf einen Punkt konzentrieren, der mir in unserem Zusammenhang besonders wichtig erscheint. Watzlawick hat ihn mit «Äquifinalität» überschrieben. Darunter versteht er das Phänomen, daß in Systemen Ereignisse «nicht so sehr durch die Anfangszustände als durch die Natur des Prozesses determiniert» werden. So können «verschiedene Anfangszustände zu gleichen Endzuständen führen», weil «Abläufe vorwiegend durch das Wesen ihrer Organisation bedingt werden»[23]. Umgekehrt gilt das natürlich auch: Dieselben Anfangszustände können zu ganz verschiedenen Endzuständen führen. Das heißt: Es kommt weniger darauf an, wie etwas losgeht, sondern es hängt von den Spielregeln und Wechselwirkungen ab, wie die Sache sich entwickelt. Eine weitreichende Erkenntnis. Denn in unserem stark dem Ursache-Wirkung-Modell verhafteten Denken gehen wir stets davon aus, eine Sache werde dann gelingen, wenn wir die nötigen Voraussetzungen dafür geschaffen haben. Bei unserem Kaffeeautomaten, also einem geschlossenen, mechanischen System, können wir das – solange er funktioniert – zweifellos erwarten. Wer den Apparat mit Wasser füllt, mit Strom versorgt und frischem Kaffee bestückt, darf nach dem Betätigen des Knopfs seinen Cappuccino erwarten (und nicht das Gegenteil davon, wie immer das Gegenteil eines Cappuccino auch aussehen mag). Bei lebendigen Systemen hingegen kommt es weniger darauf an, ob wir mit den besten Vorsätzen in eine Debatte gegangen sind, als vielmehr darauf, wie sie sich entfaltet. In einem Fall können wir ans Ziel kommen, im anderen kläglich untergehen, im dritten keine Reaktionen auslösen und im vierten mit einer Einladung auf eine Tasse Cappuccino nach Hause gehen.

Wir müssen also damit rechnen, daß unsere Vorsätze, Planungen und Vorstellungen die unerwartetsten sowie vertracktesten Dinge auslösen können und wir an Orte gelangen, an die wir nicht wollten, die wir letztlich aber doch gut finden (oder überhaupt nicht). Doch damit nicht genug: Wenn es stimmt, daß die Dinge sich selbst regeln und es ziemlich gleichgültig ist, womit sie beginnen, stellt sich die entscheidende Frage: Wo bleiben unsere Möglichkeiten, sie zu steuern? Wo bleiben wir mit unserer simplen Annahme, die Chefs des Geschehens zu sein?

Weil unser Leben ambivalent organisiert ist, sollten wir uns damit anfreunden, die widersprüchlichsten Eigenschaften in uns zu vereinen. Zum Beispiel, ebenso mächtig wie machtlos zu sein.

Nach dem bisherigen Verlauf des Kapitels wird es Sie, liebe Leser, nicht wundern, daß Sie auch darauf eine mehrdeutige Antwort bekommen. Und – da ist sie schon: Es kommt drauf an. Nämlich auf die konkrete Situation. Auf die Beziehung der Gruppenmitglieder, auf Details, die Großwetterlage, wie Sie geschlafen haben, ob Sie Ihr Lieblingskleid tragen, welche Entwicklung der Börsenkurs Ihrer Aktien nimmt, ob ein Ihnen Unbekannter für Sie irgendwo interveniert hat. Sollten Sie sich nun denken: «Das klingt aber ziemlich unentschieden», dann haben Sie sich die Frage nach unseren Gestaltungsmöglichkeiten eben selbst beantwortet. Wir haben nämlich *beides gleichzeitig*: große Macht und keinerlei Chance. Fritz B. Simon hat im letzten

Kapitel seines Buchs diese Doppelantwort gegeben. Darin führt er eine zehn Punkte umfassende «Liste unbekömmlicher Annahmen über die Welt» auf und schreibt unter Punkt 10: «Die Welt wird ganz anders, wenn irgendein Mensch sein Verhalten verändert, und dennoch kann niemand beschließen, die Welt gezielt zu verändern. Jeder hat die Verantwortung für die ganze Welt und kann doch nicht hierarchisch bestimmen, wie diese Welt aussehen wird.» Anschließend warnt er uns davor, uns für eine der beiden Sichtweisen zu entscheiden: «Wer nur die eine Seite dieses Dilemmas sieht, wird in Kleinheits- oder Größenwahn verfallen und sich, seinen Wert, seine Verantwortung und seine Schuld entweder über- oder unterschätzen.»[24] Das unauflösbare «menschliche Dilemma» bestehe eben darin, daß «beides stimmt», die «Idee der Allmacht und der Ohnmacht».

Und nicht nur *diese* Idee stimmt. Es gibt eine Unzahl ähnlich gelagerter, die das ebenfalls tun. Eine davon hat der FAZ-Redakteur Jürgen Kaube formuliert, als er von einer Studie des Erziehungswissenschaftlers Thomas Wenzl berichtete. Darin ging es um die Frage, wie in Schulklassen kommuniziert wird.[25] Während es Kindern in der Familie prinzipiell möglich sei, sich jederzeit zu jedem beliebigen Thema zu äußern, werde das in der Schule ungleich strenger geregelt: Dort müßten sich Kinder nicht nur per Handzeichen melden, sondern dürften sich auch nur zu einem vorgegebenen Thema äußern. Anders sei ein sinnvoller Unterricht nicht zu realisieren; rein persönliche Zwischenrufe oder die Schilderung individueller Bedürfnisse hätten in diesen Momenten keinen Platz. «Das klingt unfreundlich», räumt Kaube ein, sei aber unerläßlich, denn wir würden «im sozialen Leben eben beides» schätzen: «Individualität und das Absehen von Individualität, die Fähigkeit, von sich zu abstrahieren. Erziehung muss darum beides vorsehen, beides unterstützen». Denn – und nun formuliert Kaube ein weiteres dieser Dilemmas, über die wir ständig stolpern in unserem Leben –: «Jeder ist einzigartig, und alle sind gleich.»

[PARADOXE VERHÄLTNISSE]

Wie sehr solche Ambivalenzen unseren Alltag bestimmen, können wir in vielen Lebensbereichen beobachten. Zum Beispiel in der Kindererziehung. Verantwortungsvolle Eltern werden ihren Kindern immer wieder Botschaften vermitteln, die unvereinbar und dennoch jeweils gültig sind. So müssen wir ihnen einerseits sagen, daß sie nur bei Grün über die Straße gehen dürfen, keinesfalls aber bei Rot. Gleichzeitig aber sind wir gut damit beraten, ihnen einen zweiten Hinweis mit auf den Weg zu geben: Du darfst dich *nicht* darauf verlassen, daß du auch wirklich bei Grün losgehen kannst; es gibt nämlich Autofahrer, die selbst dann noch über die Kreuzung brettern, wenn sie längst Rot haben. Also vergiß, was ich eben gesagt habe, und versuche selber rauszufinden, was gerade auf der Straße geschieht (um dann gegebenenfalls selbst bei Rot rüberzurennen, wenn es gar nicht anders geht, aber laß dich nicht erwischen!). In ganz ähnlichen Ambivalenzen bewegen wir uns bei der leidigen Frage, wem Kinder trauen können und wem nicht. So müssen wir ihnen einerseits plausibel machen, daß sie nicht mit Fremden mitgehen sollen, vor allem nicht mit fremden Männern. Gleichzeitig aber wissen wir, daß Kindern vor allem durch ihre nächste Umgebung Gefahr droht, vom freundlichen Onkel zum Beispiel, den sie sehr gut kennen. Also müßte eher vor dem Bekannten als vor dem Fremden gewarnt werden. Gleichzeitig aber sind wir bestrebt, das grundsätzliche Vertrauen der Kinder in die Menschen zu bestärken und jenes in Männer grundsätzlich nicht zu erschüttern. Auf solche und ähnliche Fragen können wir nur mit beherzter Unentschiedenheit antworten – in der Hoffnung, daß unsere Kinder in der Lage sind, unsere Ambivalenzen in umsetzbare Ratschläge zu übersetzen.

Ein besonders dramatisches Beispiel für unsere Ambivalenzen bietet uns ein gewisser James Bond Stockdale, ein ehemaliger Vize-Admiral der amerikanischen Marine, nach dem das folgende Paradoxon auch benannt wurde. Stockdale nahm am Vietnam-Krieg teil, wurde am 9. September 1965 gefangengenommen und acht Jahre lang in dem berüchtigten Gefangenenlager von Hoa Lo festgehalten, zynischerweise «Hanoi Hilton» genannt. Wobei der Ausdruck «festgehalten» die Sache nicht einmal andeutungsweise trifft: Stockdale, ranghöchster Marineoffizier in vietnamesischer Gefangenschaft, wurde vier Jahre lang in Einzelhaft gehalten, mußte zwei Jahre eiserne Fußfesseln tragen und wurde fünfzehnmal gefoltert. Ganz zu schweigen davon, daß er nicht wußte, ob er das Lager je lebendig verlassen würde. All das konnte Stockdale nicht davon abhalten, immer wieder mit den anderen Gefangenen zu kommunizieren. Sein Ziel: Er wollte sie mit seiner Philosophie moralisch aufrichten, damit sie die Haft gegebenenfalls als einigermaßen intakte Menschen verlassen würden. Und wie lautete die Kernaussage seiner Philosophie? «Man darf zwei Dinge nie durcheinanderbringen: den Glauben daran, daß man sich schließlich durchsetzen wird – wie schwierig das auch sein mag –, und die Disziplin, den brutalsten Fakten der eigenen, aktuellen Wirklichkeit ins Auge zu sehen, wie immer die auch sein mögen.»[26] Das ist zwar sehr martialisch formuliert (und Stockdale als Soldat im Krieg nicht unbedingt als Vorbild geeignet), bringt aber die Ambivalenzen unseres Lebens auf den Punkt: Glaub dran, daß du es schaffst, und sei dir dabei bewußt, daß du nicht die geringste Chance haben könntest. Es besteht kein Anlaß, uns für eine der zitierten Seiten zu entscheiden. Ganz im Gegenteil, denn: «Lebende Systeme, menschliche Individuen, Familien etc. sind ambivalent organisiert, sie müssen stets gegensätzliche Strebungen ausgleichen und miteinander versöhnen. Wo kein Raum für ein Sowohl-Als-auch bleibt und niemals ‹jain› statt ‹ja› und ‹nein› geantwortet werden kann, entsteht Verrücktheit»[27], faßt Fritz B. Simon die Lehre aus unserem Hang zur Doppeldeutigkeit zusammen.

Zu einer der großen Leistungen der Popmusik gehört es, daß sie von sehr komplizierten Sachverhalten auf sehr einfache Weise erzählen kann. Die Britpop-Band Divine Comedy hat das getan, als sie in ihrem Song «Gin-soaked Boy» lauter wunderbare Gegensatzpaare aufzählte:

[**PARADOXE VERHÄLTNISSE**]

I'm the darkness in the light
I'm the leftness in the right
I'm the rightness in the wrong
I'm the shortness in the long
I'm the goodness in the bad
I'm the saneness in the mad

Wir bewegen uns also stets in beiden Sphären, in der Dunkelheit und im Licht, im Richtigen und im Falschen. Einmal sind wir Individuen, so einzigartig wie unser Fingerabdruck und mit der Macht ausgestattet, das Schicksal eines Landes zu wenden, wie ich das am Beispiel Nelson Mandelas zu zeigen versucht habe. Und im nächsten Moment sind wir Teil einer gesichtslosen Masse und brechen mit Tausenden anderen in Begeisterung aus, weil wir hingerissen sind von Divine Comedy, der wir dabei zuhören, wie sie uns von den eigenen Ambivalenzen erzählt. Für welche der beiden Seiten sollten wir uns da entscheiden? Können wir uns überhaupt entscheiden? Eine Frage, die angesichts der Vielfältigkeit des eigenen Lebens nicht nur wenig sinnvoll erscheint, sondern uns direkt in unauflösbare Konflikte führt.

Oft kommt es zum Konflikt zwischen unseren einfachen Regeln und den Ambivalenzen des Lebens. Dann finden wir uns mit paradoxen Aufforderungen konfrontiert, die wir enttäuschen, wenn wir sie erfüllen – und erfüllen, wenn wir ihnen nicht entsprechen.

Manchmal reicht bereits eine kurze Aufforderung, um andere in eine ungemütliche Situation zu manövrieren. Und zwar, wenn wir sagen: «Sei spontan!» Ungemütlich ist die Situation, weil der Angesprochene in dem Moment, da er der Aufforderung folgt, ihr *zuwiderhandelt.*

[5. KAPITEL]

Denn das Wesen von Spontaneität besteht bekanntlich darin, daß wir etwas ungeplant, aus heiterem Himmel tun – und nicht, weil man es uns befohlen hat. Erfüllen hingegen kann der andere unsere Bitte nur, wenn er ihr *nicht nachkommt*. Dann kann er tatsächlich aus freien Stükken etwas für uns tun – aber jetzt, auf Befehl? Ausgeschlossen! Doppelt ungemütlich wird die Situation, weil wir auf die Nichterfüllung unserer Wünsche meist mit Enttäuschung reagieren und sie den anderen auch spüren lassen. Der muß sich also bestraft fühlen, weil er auf Befehl nicht spontan sein kann, und zwar deshalb, weil das schlicht nicht klappen *kann*.

Wer sich umsieht, wird feststellen, daß wir in unserem Beziehungsalltag immer wieder in ungemütliche Situationen geraten bzw. andere hineinmanövrieren. Etwa wenn sich unsere langjährigen Lebensgefährten darüber beschweren, wir würden sie *nie aus freien Stücken* zum Essen einladen. Oder wenn wir zu hören bekommen, wir könnten doch einmal *mit Lust und Laune* im Haushalt helfen. Von ganz ähnlicher Qualität sind Aufforderungen, wir sollten nicht stets darauf warten, was andere sagen, sondern *endlich selbst aktiv werden* – und vor allem nicht so gehorsam sein; letzteres geht eher an die Adresse allzu braver Jungs, denen Väter auch gerne hinterherrufen, sie sollten sich «wie richtige Jungs benehmen». Es gibt weitere Varianten solch vertrackter Kommunikationsformen. Dazu reicht es manchmal schon, daß wir zu jemandem sagen: «Bitte, komm her zu mir!», gleichzeitig aber abwehrend die Arme vor der Brust verschränken. Oder über einen Kuchen, den uns jemand gebacken hat, sagen «Schmeckt gut!» und dazu ein Gesicht machen, als müßten wir einen gekochten Hausschuh essen, der zu lange am falschen Platz gelegen hat. Hier übernimmt unsere Körpersprache die Aufgabe, einer verbalen Behauptung zu widersprechen. In den Rang eines geflügelten Wortes schließlich hat es die unerfüllbare Aufforderung gebracht: «Wasch mir den Pelz, aber mach mich nicht naß!»

[**PARADOXE VERHÄLTNISSE**]

All diese Aussagen funktionieren nach demselben paradoxen Grundmuster und bringen daher ihre Adressaten in dieselbe ausweglose Lage wie all jene, denen wir befohlen haben, spontan zu sein. Es ist das Verdienst von Wissenschaftlern um Gregory Bateson und Paul Watzlawick, sich nicht nur eingehend mit dieser folgenschweren Form menschlicher Kommunikation beschäftigt, sondern auch gezeigt zu haben, wie wir sie sinnvoll einsetzen können. Daher verdankt dieses Buch dem österreichischen Psychotherapeuten auch sehr viel. Watzlawick bezeichnet die oben aufgeführten paradoxen Kommunikationsformen als «Doppelbindungen» und beschreibt sie – stark formalisiert – so: Von einer Doppelbindung sprechen wir, wenn wir einem anderen eine Mitteilung geben, «die a) etwas aussagt, b) etwas über ihre eigene Aussage aussagt und c) so zusammengesetzt ist, daß diese beiden Aussagen einander negieren bzw. unvereinbar sind. Wenn also die Mitteilung eine Handlungsaufforderung ist, so wird sie durch Befolgung mißachtet und durch Mißachtung befolgt.»[28]

So werden wir den Wunsch nach einer freiwilligen Essenseinladung nicht erfüllen können, wenn wir sie aussprechen, weil sie nicht freiwillig, sondern erzwungenermaßen erfolgt ist; so werden wir den Wunsch nach fröhlicher Mitarbeit im Haushalt auch dann nicht erfüllen, wenn wir den Besen schwingen, weil wir es aus Pflichtgefühl tun und nicht aus Lust und Laune; so werden wir nicht selbständig handeln, auch wenn wir es versuchen, weil wir ja aufgrund einer Aufforderung damit angefangen haben; so werden wir erst recht gehorsam sein, wenn wir nicht mehr gehorsam sind, weil man uns ja befohlen hat, nicht mehr gehorsam zu sein; und so werden wir uns nicht wie ein richtiger Junge benehmen, wenn wir es zu sein versuchen, weil sich richtige Jungs nicht befehlen lassen, sich wie richtige Jungs zu benehmen.

So absurd diese Beispiele auch erscheinen mögen: Sie führen häu-

[5. KAPITEL]

fig dazu, daß wir uns in all jenen Beziehungen unwohl fühlen, in denen sie zur täglichen Routine gehören. Denn wir ernten durch unsere Unfähigkeit, all die einfach klingenden Wünsche zu erfüllen, nicht nur die strafenden Blicke jener, die sie ausgesprochen haben. Verschärfend kommt hinzu, daß uns der Abstand und damit die Einsicht fehlen, diese paradoxen Wünsche als das zu erkennen, was sie sind: als unerfüllbar. Oder genauer formuliert: als nur erfüllbar, wenn wir das Gegenteil dessen tun, was man von uns will. Und das ist eine Entscheidung, die im Alltag der allermeisten Menschen auf Befremden oder Unverständnis stoßen dürfte. Wenn wir zudem an die weiter oben beschriebene Eigenart von Systemen zurückdenken, daß andere auf unsere Handlungen reagieren, worauf wiederum wir reagieren und so weiter – dann wird recht schnell plausibel, daß paradoxe Aufforderungen alle Beteiligten in Mitleidenschaft ziehen, am heftigsten Kinder. Denn für diese besteht definitiv *keine Chance*, aus diesem Ringelspiel von Aktion und Reaktion auszusteigen. Für sie sind diese Doppelbindungen eine harte Realität, mit der sie sich um jeden Preis arrangieren müssen.

Doch wie sollen wir uns mit einer Realität arrangieren, in der wir einer Aufforderung zuwiderhandeln, wenn wir sie erfüllen, und sie erfüllen, wenn wir sie mißachten? Watzlawick hat darüber ein paar Vermutungen angestellt. So könne zum Beispiel der Adressat annehmen, er habe die Aufforderung nicht verstanden, und daraufhin eigenartige Theorien entwickeln, was damit gemeint sein könnte. Eine andere Möglichkeit wäre, auf geistlose Weise zu versuchen, allen Anweisungen zu folgen, obwohl es unmöglich ist. Ein weiterer Ausweg besteht darin, die Kommunikation mit dem doppelbindenden Absender zu verändern: sich daraus zurückzuziehen; in besinnungslose Hektik zu verfallen, um die Paradoxien zu übertönen oder unklar zu kommunizieren, damit sie verschwinden. Die radikalste Reaktion besteht darin, daß der Adressat die paradoxen Aufforderungen zu meistern versucht, indem er «gleichzeitig reagiert und nicht-reagiert»[29] – ein Verhalten, das gemeinhin dem Krankheitsbild der Schizophrenie zugerechnet wird.

Wir sehen also: Paradoxe Aufforderungen können eine verheerende Wirkung entfalten, vor allem bei Kindern, die sich zum Beispiel mit zwei einander widersprechenden Aufforderungen ihrer Eltern konfrontiert sehen können, für deren Nichterfüllung sie in beiden Fällen bestraft werden. Eine aussichtslose Lage, aus der sie sich nur durch die komplexesten Verrenkungen zu befreien versuchen können. Nicht, ohne sich dabei selbst zu schädigen. Doch unabhängig davon, wie die konkreten Reaktionen der Betroffenen auch aussehen mögen – eines wird in jedem Fall geschehen: Es gibt kein Entkommen aus der einmal etablierten Doppelbindung: «Weder die eine noch die andere Alternative steht tatsächlich offen, und ein selbstverewigender, oszillierender Prozeß wird in Gang gesetzt.»[30] Doppelbindungen sind also die autoritäre Variante jener Interventionen, die wir im Kapitel «Verführerische Störungen» kennengelernt haben. Aus denen konnte sich unser Gegenüber jederzeit verabschieden, indem er sagt: «Du sagst, ich kann das nicht? Mag sein – was kümmert es dich!» Erledigt.

Watzlawick hält die beschriebenen Doppelbindungen für ein «grundlegendes Existenzproblem»[31], dem wir im Alltag immer wieder begegnen. Es hängt von den konkreten Zusammenhängen ab, wann und in welcher Radikalität sie entstehen und wie sehr sie dazu in der Lage sind, eine ganze Familie ins Unglück zu stürzen oder bloß ein wenig auf Trab zu halten. Ein Grund für ihr Auftreten ist in dem Zusammenprall unserer einfachen Welterklärungsmodelle mit den Ambivalenzen des Lebens zu suchen. So müssen wir davon ausgehen, daß unser Partner keine Ahnung davon hat, in welch ausweglose Situation er uns bringt, wenn er uns auffordert, spontan zum Abendessen eingeladen zu werden (und es nicht jedesmal einfordern zu müssen). Unser auf Einfachheit gepoltes Gehirn ist mit der Einsicht in die Komplexität der

Welt überfordert – was uns nicht davor bewahrt, durch die einfachsten Wünsche die paradoxesten Konstellationen zu konstruieren.

An dieser Stelle ein kurzer Hinweis: Wir sollten die eben geschilderten Doppelbindungen keinesfalls mit jenen Ambivalenzen verwechseln, von denen weiter oben die Rede war. Sich in einer ambivalenten, also doppeldeutigen Situation zu befinden, heißt zu akzeptieren, daß wir zwei Dinge gleichzeitig fühlen oder sein können bzw. sind: fröhlich und traurig, mächtig und ohnmächtig, alt und jung, dumm und klug. Die einzige Möglichkeit, damit umzugehen, besteht darin, sie auszuhalten. Oder zu genießen. Oder zwischen ihnen zu oszillieren, wie Scheidungskinder das tun, wenn ihr Vater und ihre Mutter einander bekriegen. Solche Kinder haben notgedrungen gelernt, daß sie zwischen zwei sehr verschiedenen Welten pendeln können, zu denen sie je zur Hälfte gehören. Haben sie das erst einmal akzeptiert, dann ist es mit dem hilflosen Starren auf die beiden unversöhnlichen Elternteile, die nie mehr an einem Ort vereint sein werden, ebenso vorbei wie mit dem Gefühl, sich entweder für den einen oder anderen entscheiden zu müssen. Vielmehr werden sie sich in ein freundliches Hin und Her zwischen den beiden Polen hineinfinden. Na gut, vielleicht in kein freundliches, sondern bloß pragmatisches, aber wir können leider nicht alles haben im Leben. Eine Haltung, an der wir uns ein Beispiel nehmen sollten.

Wer über komplexe Dinge nachzudenken versucht, verstößt gegen die Tendenz des eigenen Gehirns, die Dinge zu vereinfachen. Kein Wunder, daß wir uns dabei manchmal ein wenig benommen fühlen.

So versöhnlich der vorhergehende Absatz auch ausgeklungen sein mag – dieses ständige Hin und Her, dieses Sowohl-Als-auch, diese

Unvereinbarkeiten eignen sich bestens dazu, uns schwindlig zu machen oder wütend. Wahrscheinlich beides zugleich. Und das aus einem leicht nachvollziehbaren Grund. Denn wie ich im Kapitel «Einfache Regeln» gezeigt habe, gibt sich unser Gehirn große Mühe damit, die komplexe Welt auf simple Annahmen und Regeln zu reduzieren. Es gibt gute Gründe, unserem Gehirn dafür dankbar zu sein (der Tiger, Sie wissen schon!). Aber es gibt auch gute Gründe, über unseren Hang zur Vereinfachung den Kopf zu schütteln. Und zwar nicht nur aus den bereits zitierten Gründen (der Kaffeeautomat, Sie wissen schon!). Sondern weil wir bei dem Versuch, die Komplexität unserer Verhältnisse zu verstehen, gegen Widerstände ankämpfen müssen, die durch die Funktionsweise des eigenen Gehirns verursacht werden. Mit unserem auf Vereinfachung gepolten Gehirn Komplexes dauerhaft erfassen zu wollen, gleicht dem Versuch, mit angezogener Handbremse über die Autobahn zu cruisen. So kommt es, daß wir zwar durchaus in der Lage sind, etwa die Kreisförmigkeit unserer Verhaltensfolge zu verstehen (Watzlawick, Sie wissen schon!), sie aber im Alltag wieder vergessen. Ein wenig erinnert die Eigendynamik unseres Gehirns an einen Satz, den der Schriftsteller Friedrich Torberg in seinen Erinnerungen an die Wiener Zwischenkriegszeit zitiert hat.[32] Der Satz stammt von einem Rechtsanwalt namens Hugo Sperber, der angesichts eines Mandanten, der sich vor Gericht selbst und ohne Not immer mehr belastet, ausruft: «Herr Vorsitzender – mein Klient verblödet mir unter der Hand!» Nicht ganz so radikal, aber tendenziell ähnlich verhält sich unser Gehirn bei dem Versuch, die Komplexitäten des eigenen Lebens dauerhaft zu verstehen. Kaum erfaßt, beginnt die Einsicht wieder zu verblassen – bis wir wieder bei den Ratgebern mit «So werden Sie in zehn Minuten erfolgreich»-Tips landen. Nicht für immer, aber zwischendurch.

Letztlich freilich spiegelt unser Pendeln zwischen Vereinfachung und Einsicht in die eigene Komplexität genau jene Kreisbewegung

[5. KAPITEL]

wider. So oszillieren wir zwischen den Allerweltsweisheiten einfacher Lebensratgeber und der ungemütlich komplizierten Idee sich selbst organisierender Systeme. So wird auch verständlich, warum mein Versuch, das Funktionieren unserer Weltaneignungsstrategien (bzw. die Strategien der Welt, sich uns anzueignen) nachzuerzählen, kein Ende finden kann – und damit auch dieser Text und dieses Buch nicht. Um dann doch eines zu finden. Weil Bücher eben auch beides sind: einerseits endlos (weil sie nie zu Ende gedacht sind und in den Köpfen ihrer Leser weiterleben). Andererseits exakt 329 Seiten lang (weil eben alles ein Ende haben muß).

Paradoxe Aufforderungen können unsere Beziehungen beschädigen – aber auch dabei helfen, sie zu verändern. Hier ein paar Hinweise, wie letzteres gelingen kann.

Nicht nur unsere Gefühle, auch paradoxe Aufforderungen haben einen ambivalenten Charakter: Wir können mit ihrer Hilfe unsere Beziehungen beschädigen, sie andererseits aber auch verbessern. Um sie anwenden zu können, sollten wir uns deren Mechanik noch einmal genauer ansehen.

Versuchen Sie, wach zu bleiben, wenn Sie einschlafen wollen: Sie erinnern sich? Das Vorwort zu diesem Buch? Die Geschichte, daß ich nicht einschlafen konnte und es dann um so leichter schaffte, je mehr ich mich darum bemühte, wach zu bleiben? Fein. Jetzt ist der Moment, in dem ich versuchen werde, zu erklären, warum dieser eigenartige Ratschlag zum erwünschten Ergebnis führen kann. Klassischerweise gehen wir von der Vorstellung aus, es gebe nur *einen* Weg, unsere Schlaflosigkeit zu bekämpfen: indem wir

direkt gegen sie vorgehen. Indem wir autogenes Training betreiben, Yoga machen, uns ins Beruhigungsbad legen, mentale Traumreisen unternehmen, Schäfchen zählen, Honigmilch trinken, Pillen schlucken. Viele dieser Mittel haben ihre Berechtigung und mögen auch wirken, vor allem, wenn es sich um Substanzen wie Schlaftabletten handelt. Es gibt aber Momente, in denen wir gut damit beraten sind, eine paradoxe Strategie anzuwenden. Vor allem, wenn sicher ist, daß unsere Schlaflosigkeit keine körperlichen Ursachen hat, sondern ein Problem unseres Kopfes und unserer Seele ist – und wir uns bereits vor dem Moment fürchten, ins Bett zu gehen, weil wir uns schon so oft schlaflos darin gewälzt haben. Dann führt kein Weg mehr daran vorbei, der Schlaflosigkeit jene autonome Rolle streitig zu machen, die sie in unserem Leben zu spielen begonnen hat: indem wir sie bewußt und vorsätzlich *herbeizitieren*. Uns also vornehmen, auf jeden Fall wach zu bleiben und keinesfalls einzuschlafen. Das klingt ein wenig eigenartig, ich weiß. Und doch liegt darin ein überaus mächtiges Mittel, nicht nur unsere Schlaflosigkeit in den Griff zu bekommen, sondern auch noch ein paar weitere Ängste (vor öffentlichen Auftritten, vor der Zukunft, vor ungewolltem Stottern etc.) und chronische Schmerzen, wie ich in der Einleitung dieses Buchs gezeigt habe.

Zum Wesen unserer Schlaflosigkeit gehört ja deren unkontrollierbares Auftreten, wie müde wir auch sein mögen. Auch wenn wir sie erwarten sollten – sie kommt, wann sie will, sie geht, wann sie will, sie dehnt sich aus, wie sie will, ohne daß wir darauf Einfluß hätten. Indem wir die Schlaflosigkeit aber vorsätzlich herbeiführen, weil wir aus eigenem Willen wach bleiben, berauben wir sie ihres zentralen

Wesensmerkmals, das sie so mächtig macht: ihrer Spontaneität und ihrer Unberechenbarkeit. Wir unterwerfen sie vielmehr unserem Willen. Und eine willentlich herbeigeführte Schlaflosigkeit ist eine ganz andere Schlaflosigkeit als eine, die wir schlotternd im Bett liegend erwarten.

In der Psychotherapie ist diese Strategie unter dem Begriff «Symptomverschreibung» bekanntgeworden; der Wiener Psychiater Viktor Frankl zum Beispiel hat sie gerne und effektiv eingesetzt, vor allem zur Behandlung sozialer Ängste. Dabei hat er die Menschen aufgefordert, exakt das zu tun, was sie bisher um jeden Preis zu verhindern versucht haben. So verlangte er von ihnen, unbedingt feuchte Hände zu bekommen, vorsätzlich zu stottern oder sich besonders heftig vor einem öffentlichen Auftritt zu ängstigen. Das heißt: In dem Augenblick, da wir dem Symptom seine Eigenständigkeit nehmen, fliegt das ganze System auseinander, das sich rund um unser Problem gebildet hat, und wir bekommen eine neue, selbstbewußte Rolle darin zugewiesen bzw. nehmen sie uns ganz einfach.

Doch damit nicht genug: Haben wir erst einmal die Erfahrung gemacht, daß wir unserer Schlaflosigkeit nicht nur ausgeliefert sind, sondern auch leichter einschlafen, wenn wir sie absichtsvoll herbeirufen, verwandelt sie sich in etwas Wohlgesonnenes. Daher schreiben Gerald R. Weeks und Luciano L'Abate[33]: «Die paradoxe Psychotherapie betrachtet das Symptom als Freund, und in dieser Rolle kann man es umarmen und mit ihm zusammenarbeiten. Statt vor ihm zu fliehen, tut man sich mit ihm zusammen und lernt von ihm auf die gleiche Weise, wie man aus dem Gespräch mit einem Freund lernt.» Das klingt in den Ohren vieler sicher ein wenig esoterisch (obwohl es so nicht gemeint ist). Watzlawick hat daher auch immer wieder andere Wege gewählt, seine Idee der «paradoxen Intervention» (wie diese Form der Intervention in der Fachliteratur genannt wird) plausibel zu machen. So hat er aufgehört, *darüber* zu schreiben, und die paradoxe Intervention *direkt angewandt.* Eine dieser Anwendungen ist in Buchform erschienen, heißt «Anleitung zum Unglücklichsein» und gehört mittlerweile zum Kanon entspannter Lebensratgeber. In diesem schmalen Band tut Watzlawick nichts anderes, als uns die eigenen Symptome zu verschreiben. So sagt er uns, die wir stets das eigene Unglück beklagen, folgendes: «Es ist höchste Zeit, mit dem jahrtausendealten Ammenmärchen aufzuräumen, wonach Glück, Glücklichkeit und Glücklichsein erstrebenswerte Lebensziele sind.»[34] Vielmehr sollten wir endlich akzeptieren: «Was oder wo wären wir ohne unsere Unglücklichkeit? Wir haben sie *bitter* nötig; im wahrsten Sinne dieses Wortes.»[35] Um uns dann minutiös zu erklären, wie wir noch schneller und effektiver unglücklicher werden können, wodurch jedem aufmerksamen Leser binnen kurzem klarwerden muß: Wenn ich dazu in der Lage bin, mein Unglück zu *vergrößern*, dann habe ich auch die Macht darüber, es gegebenenfalls auch zu *verkleinern*, um glücklicher zu werden.

Beleuchten Sie die Katastrophe, um sie ändern zu können:
So ist es auch weiter nicht verwunderlich, daß sich durch Symptomverschreibungen sogar architektonische Projekte realisieren lassen. Zumindest ist das jenen Leuten gelungen, die in Köthen für die Stadtplanung verantwortlich sind, der ehemaligen Residenzstadt und dem Wohnort des Homöopathie-Begründers Samuel Hahnemann. Der Stadt in Sachsen-Anhalt ging und geht es wie vielen anderen

ostdeutschen Städten auch: Sie schrumpft und verfällt, da Arbeitsplätze fehlen, die Jungen wegziehen und das Steueraufkommen sinkt. Besonders betroffen davon war in Köthen die Ludwigstraße, wo viele Wohnungen leer standen. So entschloß man sich im Jahr 2006 zu einer Symptomverschreibung besonderer Art. Der Journalist Tobias Timm[36] hat die Sache folgenderweise beschrieben: «Durch eine paradoxe Intervention verschlechterte man zunächst die Situation für die Anwohner: Nachts wurde die normale Straßenbeleuchtung ausgeschaltet, während die leer stehenden, vom Abriss bedrohten Altbauten mit Scheinwerfern angestrahlt wurden. Den Anwohnern wurde durch die Inszenierung der Geisterhäuser bewusst gemacht, in welch depressiver Lage sich diese Straße befand. Die Provokation zeigte Wirkung, anliegende Eigentümer kauften einige der leer stehenden Häuser auf und sanierten sie. Sie strahlen jetzt in Bonbonfarben.»

Machen Sie sich keine Sorgen, ob die anderen mitspielen – sie spielen *immer* mit: Was geschieht eigentlich, wenn die Menschen, die wir da in Doppelbindungen zu verstricken suchen, keine Lust haben mitzumachen? Diese Frage ist schnell beantwortet und ein bißchen weniger schnell erklärt: Es macht nichts, wenn sie *nicht* mitmachen, denn *auch dann* machen sie mit. Darin besteht ja gerade die Macht der Doppelbindung; daß sie unser Gegenüber zweifach bindet. Und nicht nur das: Haben Sie ihn solcherart gebunden, verschwindet dessen selbstschädigendes Verhalten auf jeden Fall. Zur Erklärung: Bei einer paradoxen Intervention sagen wir unserem Gegenüber ja erst, daß es genau das machen soll, worunter es leidet. So geben wir zum Beispiel jemandem, der unter einem Ordnungsfimmel leidet, den Auftrag: «Bitte, seien Sie von nun an *noch* ordentlicher!» Im nächsten Schritt erklären wir ihm, daß genau diese Symptomverstärkung für seine Heilung vom Ordnungsfimmel unabdingbar sei. Eine paradoxe Anweisung, sagt sie doch im Kern nichts anderes, als daß sich der andere nur ändern kann, indem er sich *nicht* ändert.

Verkürzt gesagt: «Bleib, wie du bist – nur so kannst du ein anderer werden!» Doch damit kommt die Sache erst richtig in Schwung, denn nun gerät der Ordnungsfanatiker in eine «unhaltbare Situation», wie Watzlawick schreibt[37]: «Wenn er die Aufforderung befolgt, so kann er ‹es› nicht mehr *nicht* tun; er tut ‹es› absichtlich, wodurch … ‹es› unmöglich wird und der Zweck der Behandlung erreicht ist. Wenn er der Aufforderung Widerstand leisten will, so kann er es nur durch nicht-symptomatisches Verhalten tun, womit der Zweck der Behandlung ebenfalls erreicht ist.» Mit einem Wort: Unser Ordnungsfanatiker hat nicht die geringste Chance zu bleiben, wie er ist. Denn wenn er unserer Anweisung folgt, besonders genau zu sein, dann verliert sein Verhalten jede Form von Zwanghaftigkeit – er beginnt, darüber zu verfügen, und kann es nötigenfalls verändern. So wie die eingangs beschriebenen Kinder es schaffen, über ihren Schmerz zu verfügen und ihn zu reduzieren. Denkt sich unser Ordnungsfanatiker hingegen, er werde den Teufel tun, unsere Anweisungen zu befolgen, ist es mit dem Ordnungsfanatikertum *ebenfalls* vorbei, denn die einzige Option, unserer Anweisung *nicht* zu folgen, besteht darin, mit dem Ordnungsfanatikertum – aufzuhören.

Etwas abstrakter gesprochen: Das eingespielte System des Ordnungsfanatikers kommt durch unsere Anweisung, doch *bitte noch ordentlicher* zu sein, völlig durcheinander.

[5. KAPITEL]

Dem Betroffenen bleibt keine andere Chance, als aus seinem bisherigen Regelwerk auszusteigen und sich neu zu sortieren. Egal, was er macht.

Eine kleine Warnung zwischendurch: Sie sehen: nicht ungefährlich, diese Form der Intervention. Und zwar nicht nur, weil sie alles durcheinanderwirbeln kann, sondern auch, weil wir immer davon betroffen sein werden. Außerdem kann es nicht unsere Aufgabe sein, andere durch so mächtige Strategien nachhaltig verändern zu wollen. Es geht hier vielmehr darum, Ihnen Möglichkeiten anzudeuten, wie Sie in kleinerem, überschaubarem Rahmen intervenieren können. Aber an Ihren Vorbehalten gegen diesen ganzen Firlefanz hier ist natürlich etwas dran: Selbstverständlich sind wir sehr gut damit beraten, *genau so weiterzumachen wie bisher*, denn wir haben nicht *die geringste Chance*, etwas ... aber Moment, ich greife vor. Und zwar auf weitere Anregungen, welche konkreten Formen paradoxer Interventionen wir noch ins Auge fassen könnten.

Sagen Sie den anderen voraus, daß sie recht damit haben, an ihrem problematischen Verhalten festzuhalten: Wenn Sie davon ausgehen müssen, daß Ihre Gesprächspartner nicht die geringste Lust haben, bei Ihrem Doppelbindungsspiel mitzumachen, dann sollten Sie genau diese Annahme zum Kern Ihrer Intervention machen.[38] So könnten Sie zu zwei Menschen sagen, die sich seit vielen Jahren in einem verbissenen Streit miteinander befinden: «Es ist vollkommen richtig, immer weiter zu streiten! Ja, ihr solltet euren Kampf gegeneinander noch verstärken, denn ihr seid mittlerweile absolute Großmeister darin. Außerdem sieht ja jeder Blinde, daß ihr euch nur deshalb streitet, weil ihr auf diese Weise zeigt, wie gern ihr euch habt.» Um dann im

[PARADOXE VERHÄLTNISSE]

213

letzten Satz zu sagen: «Ihr dürft daher *keinesfalls* aufhören, euch zu streiten!»

**Loben Sie andere für Dinge, die Ihnen auf die Nerven
gehen, um sie abzustellen:** Ebenso naheliegend, wie unsere
Schlaflosigkeit direkt bekämpfen zu wollen, ist es, andere
dafür zu kritisieren, was uns auf die Nerven geht. Es gibt
unzählige Ratgeber, die uns erklären, in welcher Form wir
Kritik an anderen formulieren sollten, wie das richtige
Verhältnis von positivem und negativem Feedback zu sein
hat (4:1) etc. Das Problem: Wir gehen dabei von der falschen Annahme aus, Erwachsene ließen sich einfach so
ändern, indem wir ein wenig in unserer Trickkiste kramen
und ihnen ein paar unserer schönsten Tips heraussuchen.
Solche Art der Kritik dient in der Regel mehr der Selbstbe-
stätigung (ich kann den anderen sagen, wo es langgeht),
denn es läßt die wesentliche Voraussetzung menschlichen
Verhaltens unberührt: die Art, wie unsere Beziehungen
zueinander organisiert sind. Es gibt einen klassischen Witz
in der systemischen Therapie, der das sinngemäß
beschreibt: «Man kann Pflanzen nicht dazu bringen,
schneller zu wachsen, wenn man an den Blättern zieht.»
Und die klassische Form von Kritik hat immer etwas
davon: Ich ziehe dich an den Ohren, damit du über dich
hinauswächst. Eine ziemliche Anmaßung. Deutlich effektiver erscheint es da, paradox zu intervenieren. Zum Beispiel, indem wir am anderen jene Dinge, die uns nerven,
nicht kritisieren, sondern – richtig – *loben*. Sollte Ihnen
also bei der nächsten Sitzung im Büro irgendein Quatsch-
kopf ständig dazwischenreden und damit Ihre Konzentration ebenso stören wie Ihre Präsentation, wenden Sie sich
ihm freundlich zu und sagen Sie sinngemäß: «Vielen Dank,

[**5. KAPITEL**]

daß du ständig dazwischenredest. Das zeigt mir, daß mein Vortrag hilfreich für dich ist. Fühle dich frei, jederzeit wieder zu stören, wenn du meinst, damit die Sache hier in meinem Sinne befördern zu können.» Jede Wette, er hält die nächste Stunde eisern den Mund? Sie manövrieren ihn mit Ihrem Satz nämlich in eine unhaltbare Situation: Wenn er weiterhin stört, würde er tun, was er offensichtlich mit aller Gewalt hatte verhindern wollen, daß nämlich Ihre Präsentation *gelingt*. Will er die Präsentation jedoch scheitern lassen, muß er sich Ihrer Anweisung widersetzen – und sofort aufhören zu stören.

Machen Sie sich zum Affen, wenn Sie Schlimmeres verhindern wollen: Ich weiß, das klingt erst einmal wenig verlockend. Welche Situation sollte es schon wert sein, sich selbst zum Affen zu machen? Wie wäre es mit der folgenden: Sie sitzen spätabends mit ein paar anderen Fahrgästen in der U-Bahn, als die Tür aufgeht und zwei sehr große, sehr starke, sehr betrunkene junge Männer hereinkommen, um erst mal eine halbvolle Bierdose auf den Boden zu werfen, die daraufhin durch den Wagen kollert, eine nasse Spur hinterlassend. Kaum ist die Bahn angefahren, bedrängen die jungen Männer eine Frau, die verängstigt wegläuft. Sie setzen ihr pöbelnd nach, packen sie am Arm, ziehen sie brutal zu sich – und spätestens jetzt wird klar, daß Sie einschreiten müssen, weil Sie sonst nicht mehr in den Spiegel sehen können und zudem am nächsten Tag in der Zeitung lesen müssen, wie abgestumpft die Menschen mittlerweile geworden seien. Was nun? Einmal angenommen, Sie sind mittelgroß, nicht besonders stark, nüchtern und mit Widerwillen gegen körperliche Gewalt ausgestattet, wie ihn die meisten von uns empfinden – dann haben Sie nicht wirklich viele Optionen, wirkungsvoll einzuschreiten. Fachleute raten, nichts zu unternehmen, was den herrschenden Aggressionspegel weiter heben könnte, geschweige denn, handgreiflich zu werden: «Selbst der tollste Kampfsportler sollte das lassen», sagt der Anti-Aggressions-Coach Oliver Lück.[39] Dafür hat er einen anderen Tip – den mit dem Affen: «Spielen Sie den völlig Durchgeknallten», rät er uns. «Wenn Sie sehen, daß jemand mit einem Messer bedroht wird, fangen Sie an zu schreien: ‹Scheiß rosa Elefanten hier in diesem verdammten Abteil!›» Eine Intervention, die ebenfalls das Ziel hat, jene Strukturen durcheinanderzuwirbeln, die die Ereignisse andernfalls ihren fatalen Lauf nehmen lassen würden. «Alle Gewalttäter tragen Opfermuster in sich, die sie über die Jahre entwickelt haben. Verrückte fallen da raus, und zwar komplett. Wenn Gewalttäter durch irgendetwas zu verunsichern sind, dann durch einen vollkommen durchgeknallten, verrückten Menschen.» Verrückt sollten wir in diesem Kontext wortwörtlich verstehen. Also als Eigenschaft von Menschen, die nicht dazu bereit sind, sich auf die Spielregeln aggressiver Männer einzulassen, sondern deren Schleife aus Aggression und Gegenaggression aufzulösen – und ein völlig neues Spiel zu beginnen. Und zwar ein Spiel, dessen Regeln *sie selbst* bestimmen. Was gäbe es Ehrenvolleres über uns zu sagen, als das geschafft zu haben? Da können wir durchaus in Kauf nehmen, zwischenzeitlich als wildgewordene Affen zu erscheinen.

Übertreiben Sie es nicht! Und wenn, bewußt: Ja, diesen Ratschlag hatten wir schon, und zwar im Kapitel «Einfache Regeln». Dennoch erscheint er mir so wichtig, daß ich ihn kurz wiederholen will. Wir haben gesehen, daß ein wesent-

[**5. KAPITEL**]

licher Effekt der paradoxen Intervention darin besteht, mit dem Drive des Unerwarteten daherzukommen, was dazu führt, daß wir eine gewisse Wirkung entfalten, weil unsere Gegenüber keine Erfahrung mit diesem Spiel haben und sich dadurch leichter involvieren lassen. Machen wir hingegen das Außergewöhnliche zum Gewöhnlichen, dann werden die Menschen sich bei unserem Auftauchen entweder in Sicherheit bringen («Diesmal falle ich nicht auf dieses Zeug mit dem ‹Du kannst dich nur ändern, wenn du bleibst, wie du bist› herein!»), oder sie werden Zeit genug haben, die Ebene zu wechseln, und damit beginnen, auf der Metaebene zu kommunizieren, also über paradoxe Interventionen zu fachsimpeln. Wir haben dann natürlich immer noch die Chance, eine neue Doppelbindung aufzubauen («Das finde ich ganz wunderbar, daß du mit mir über das Thema sprechen willst. Damit hilfst du mir ganz ungemein, dich in eine Doppelbindung zu verstricken»), aber es wird langsam unnötig kompliziert, und wir sind auch nur begrenzt fähig, Kommunikationsebenen übereinanderzustapeln. Denn das übernächste Mal müßten wir auf den Versuch unseres Gesprächspartners, darüber zu kommunizieren, wie wir das letzte Mal über das Kommunizieren kommuniziert haben, eine noch kompliziertere Doppelbindung aufbauen. So nach dem Muster: «Das finde ich ganz wunderbar, daß du mit mir darüber sprechen willst, wie wir das letzte Mal über das Thema gesprochen haben. Damit hilfst du mir ganz ungemein, dich in eine doppelt gebundene Doppelbindung zu verstricken.» Was einerseits für ein Kapitel ein würdiger Abschluß ist, in dem es um komplizierte Verhältnisse ging, andererseits aber einfach zuviel des Guten ist. Und zwar jetzt!

[**PARADOXE VERHÄLTNISSE**]

6. KAPITEL

GEKONNTES NICHTSTUN

Wie wir zu Verbrechern werden können, obwohl wir keinen Finger rühren; warum Buddhisten besonders gut geeignet scheinen, Weltkonzerne zu führen; und wie es kommen konnte, daß uns jemand vor dem Atomkrieg rettete, indem er nichts unternahm.

Vom österreichischen Schriftsteller, Journalisten und Schauspieler Egon Friedell gibt es einen Text, der mit dem Titel «Die österreichische Seele» überschrieben ist. Er stammt aus dem Jahr 1926 und beginnt mit dem Zitat aus einem Brief, den die *Frankfurter Zeitung* ihm geschrieben hat. Die Redaktion wäre sehr erfreut, heißt es darin, wenn sich Friedell an einer Weihnachtsumfrage unter Schriftstellern beteiligen und die Eigenart seines Landes schildern würde. «Wir sind überzeugt, daß Ihr Beitrag eine Perle werden wird.» Kaum hat er den Brief erhalten, schreibt Friedell an seinen Freund und Schriftstellerkollegen Hanns Sassmann, ihn habe noch selten eine Arbeit derart interessiert wie diese, weshalb Sassmann sich «sofort an die Arbeit» an dem Zeitungsfeuilleton machen solle. «Aber bitte, nicht zu kurz, sonst heißt es gleich wieder, daß wir nur Plaudereien schreiben.» Dann beginnt sich die Geschichte rund um den geplanten Text zu verselbständigen: Erst bleibt unklar, welches Thema behandelt werden soll, bis plötzlich der Zahlkellner aus dem Café Demimonde Auskunft darüber gibt – warum ausgerechnet er, bleibt ungeklärt. Dann erzählt Sassmann überall in Wien herum, Friedell sei von einer großen deutschen Tageszeitung um einen Beitrag gebeten worden und er wiederum von Friedell, diese Aufgabe zu übernehmen – bis ihn der Brief eines «städtischen Marktkommissärs» namens Franz Zehntbauer erreicht. Sassmann möge ihn bei der *Frankfurter Zeitung* protegieren, er sei doch deren «Hauptmitarbeiter», das habe er in seinem Restaurant erfahren. Um das bestellte Feuilleton freilich kümmert sich währenddessen niemand, weder Friedell noch Sassmann, woran auch ein flehentlicher Brief und ein durch Übermittlungsprobleme etwas verklausuliertes Telegramm aus Frankfurt nichts ändern können: «Dringendes Telegramm an Egon Friedell. Rasute blifta settmil hapta hapta 1/2. Trankfurter Leitung.» Nichts davon nimmt Friedell zur Kenntnis. Vielmehr beschwert er sich bei seinem Freund: «Weihnachten steht vor der Tür, und Du hast mir noch immer nicht die englische Seife für Lina besorgt. Echt österreichisch!»

[GEKONNTES NICHTSTUN]

Schließlich muß Friedell akzeptieren, daß es mit seinem Feuilleton nichts geworden ist: «Zu meiner Bestürzung erfahre ich im Café Eden, daß Du den Beitrag für die ‹Frankfurter Zeitung› richtig verschlampt hast. Damit hast Du mir ungemein geschadet; denn das hätte für mich der Anfang einer dauernden Mitarbeit werden können.» Sassmann reagiert erbost: Was er denn noch alles von ihm haben wolle? Friedell, bislang in wichtigen Gesellschaftskreisen unbekannt, sei mittlerweile die «populärste Persönlichkeit von Wien», weil er die Zeitung mit ihrem Wunsch nach einem Text habe aufsitzen lassen. «Und das verdankst Du mir.» Worauf ihm Friedell, sichtlich beruhigt und mit dem Lauf der Ereignisse versöhnt, antwortet (und wir endlich bei jenem Punkt gelandet wären, der die Geschichte in diesem Zusammenhang so erzählenswert macht): «Lieber Sassmann, in Österreich wird man eben nur zum großen Mann, wenn man etwas auffällig nicht tut. Kaiser Josef hat unter größtem Aufsehen keine Reformen durchgeführt, Laudon hat unter allgemeiner Aufmerksamkeit Friedrich den Großen nicht besiegt, und Lueger hat unter ungeheurem Zulauf nichts für Wien geleistet. Für die ‹Frankfurter Zeitung› haben schon viele nicht geschrieben, aber keiner ist dadurch der Mittelpunkt Wiens geworden. Weil die anderen eben alle kein Talent hatten. Zumindest kein österreichisches Talent. Friedell.» Was durch einen Bescheid der «Steuerbehörde für den 18. beziehungsweise 19. Bezirk, Wien, Niederösterreich» eindrucksvoll bestätigt wird, verlangt sie doch Jahre nach dem Ereignis von «Dr. Egon Friedell, Chefredakteur der ‹Frankfurter Zeitung›» «vorauszuzahlende Nachtragssteuern» in noch festzulegender Höhe.

Wir würden Friedells Feuilleton über das Scheitern eines Feuilletons unrecht tun, wenn wir es nur als elegante Satire auf ein paar typische österreichische Eigenarten lesen oder als kleine paradoxe Spielerei (ist doch Friedells Feuilleton über das Scheitern seines Feuilletons für die *Frankfurter Zeitung* 1926 in ebendieser *Frankfurter Zeitung* erschienen) – und nicht auch als Vorschlag, uns die vertrackte Sache mit dem Nichthandeln etwas genauer anzusehen. Freundlicherweise formuliert Friedell im abschließenden Brief an seinen Freund Sassmann zwei Gedanken, die sich meines Erachtens bestens dazu eignen, den Überlegungen eine erste Richtung zu geben. Zum einen hält Friedell das Nichtstun für einen weitverbreiteten menschlichen Hang, der dennoch (oder gerade deswegen?) kein großes Ansehen genießt. Die erwähnten Herren der österreichischen Vergangenheit – für Friedell sind sie abschreckende Beispiele dafür, wie man seiner Verantwortung nicht gerecht wird. Andererseits weist Friedell darauf hin, daß wir durch Untätigkeit einiges erreichen können, wenn wir sie nur richtig einzusetzen wissen. Es mag nicht jedermanns Sache sein, «zum großen Mann» zu werden, aber Friedells Aufforderung, das Nichthandeln als Strategie ernst zu nehmen, schimmert unübersehbar durch. Es scheint mir also sinnvoll, die Grundmechanik dieser vielgeschmähten Verhaltensweise genauer zu untersuchen, um sie für uns nutzbar zu machen. Anders formuliert: Es ist an der Zeit zu zeigen, daß wir mit dem genauen Gegenteil hektischer Betriebsamkeit genauso weit kommen können. In gewissen Momenten zumindest.

Wer das Wesen des Nichtstuns beschreiben will, steht vor dem Problem, daß es da nichts zu beschreiben gibt. Erst der konkrete Zusammenhang macht es sichtbar – wie die Socke das Loch.

Wer sich mit der Taktik des Nichthandelns beschäftigt, der wird erst einmal vor einem Dickicht aus Vorbehalten stehen, das ihm die Sicht verstellt. Daher will ich mich auch nicht allzulange mit der Beschreibung aufhalten – und gleich mit Arnold Schwarzenegger beginnen. Der glaubte im Jahr 2006, größere Chancen auf die Wiederwahl als kalifornischer Gouverneur zu haben, wenn er sich um grüne Themen bemühte und von seinem prominentesten Parteifreund George W. Bush distanzierte, dem er Untätigkeit beim Umweltschutz vorwarf.[1] Eine von Barack Obama eingesetzte Kommission wiederum vertrat die These, die Finanzkrise von 2008 sei das «Ergebnis von Gier und Untätigkeit»[2] gewesen. Auch die deutsche Bildungspolitik laboriert an diesem Übel: «Schavan will nicht handeln.»[3] Und im Mai 2010 konnten wir lesen, der deutschen Beteiligung an der Rettung Griechenlands stehe nichts mehr im Wege, denn: «Alle Experten sagen: Nicht-Handeln käme teurer.»[4]

Sucht man nach einer Persönlichkeit, die das Nichthandeln idealtypisch verkörpert, wird diese Frage bis heute mit «Helmut Kohl» beantwortet. Er habe Probleme nicht durch kluges Handeln gelöst, heißt es, sondern durch hartnäckige Untätigkeit. «Bitte aussitzen, Herr Kohl!» betitelte der *Spiegel* im April 1989 einen Artikel «über die aktuellen Handlungsmöglichkeiten des Bundeskanzlers» und stellte abschließend fest: «Diesmal ist, bis zum Wahltag 1990 wenigstens, Aussitzen gefordert, Kohls hohe Kunst.» Die Formulierung von der «hohen Kunst» war natürlich abfällig gemeint. Aber ein wenig klingt darin bereits jene Form von Respekt an, der in späteren Einschätzungen Kohls immer mehr in den Vordergrund treten sollte. Im Jahr 2005 sagte der damalige hessische Ministerpräsident Roland Koch anläßlich des 75. Geburtstags des Altkanzlers: «Tagespolitischer Opportunismus und Wankelmütigkeit waren nicht sein Ding. Was mit dem Wort ‹Aussitzen› polemisch kritisiert wurde, war in Wirklichkeit die Kunst Helmut Kohls, Wichtiges von etwas weniger Wichtigem zu unterscheiden.» So kann sich die Einschätzung unserer Person also im Laufe der Jahre wandeln – wir müssen nur lange genug dem Nichthandeln treu bleiben.

Deutlich leichter gewinnt ein anderer Menschentyp die Sympathien der Kommentatoren. Der Kampfruf «Yes, we can!» mag gelitten

[6. KAPITEL]

haben, aber der optimistische Slogan aus dem Wahlkampf von Barack Obama bringt nach wie vor jene Idealvorstellung auf den Punkt, die tief in den meisten von uns verwurzelt ist. Sie lautet: «Ja, wir schaffen das! Wir müssen nur etwas *tun*, am besten das Richtige.» Obwohl: Ganz so streng sind wir mittlerweile nicht mehr mit uns, hat sich doch die Überzeugung durchgesetzt, daß wir auch einmal das Falsche tun dürfen, weil wir aus Fehlern lernen können. An dem Ideal freilich, wir müßten ständig *aktiv* bleiben, um zu bestehen, ändert die Erlaubnis zum Fehlermachen nichts. Oder wie das der österreichische Künstler Gerald Brettschuh vor sehr vielen Jahren einmal formuliert hat: «Tun ist gut, wenn man tun tut.»

Dabei haben wir ein gesetzlich garantiertes Recht aufs Nichtstun! Nun ja, es ist nicht im deutschen Grundgesetz festgeschrieben. Vielmehr müssen wir schon ein wenig suchen, bis wir es finden – aber zu finden ist es. Zum Beispiel im Zusammenhang mit dem Urheberrecht. Im Oktober des Jahres 2008 hatte die Firma Google einen Vergleich mit dem US-Schriftstellerverband geschlossen. Danach wäre es der Internetsuchmaschine erlaubt gewesen, alle in den USA registrierten Bücher in digitaler Form auf seiner Plattform zu publizieren – und zwar, ohne vorher jeden einzelnen Autor um Erlaubnis zu fragen. Das hielten viele für problematisch und klagten gegen die Abmachung. Im März 2011 gab ihnen ein New Yorker Gericht recht. In seinem Bericht begründete Jürgen Kaube die Sinnhaftigkeit dieses Urteils mit folgendem Argument[5] (das wir mit ein wenig gutem Willen in ein prinzipielles Votum *für* das Nichtstun ummünzen können): «Es gehöre zum Recht des Urhebers, dazusitzen und nichts zu tun und sein Recht doch zu behalten. Nach den Regeln des Vergleichs hingegen würden diejenigen, die nicht handelten, ihre Rechte verlieren.» Und das sei inakzeptabel.

Das Grundproblem jeden Versuchs freilich, das Nichtstun zu beschreiben und zu würdigen, besteht darin, daß es – für sich betrachtet – nicht existiert. Was soll man über nie Getanes, nie Geschehenes sagen? Die einzige Möglichkeit, doch noch einen Begriff davon zu bekommen, besteht darin, die Sache von außen her anzugehen. Also durch den Kontext – und der wird durch die Welt des Handelns bestimmt. Das Nichthandeln verhält sich zum Handeln wie das Loch zur Socke. Das gibt es ja im Grunde auch nicht und bleibt für sich genommen unbeschreibbar. Erst die Socke drum herum macht das Loch zum Loch und in seinem Wesen plausibel: Das Loch ist jener Teil der Socke, an dem die Socke fehlt. Sie war dort vielleicht mal, aber jetzt ist sie weg. So gesehen könnten wir Löcher als Anti-Sockenmaterie bezeichnen oder als jene Stellen des Universums, an denen die Socke garantiert *nicht* ist. Zugegeben: Es gibt Milliarden anderer Dinge, die an genau dieser Stelle auch nicht sind, aber der Kontext «Socke» macht klar: Wenn hier was fehlt, dann ist es höchstwahrscheinlich ein Stück der männlichen Fußbekleidung.

Es wäre ein großer Fehler zu glauben, wir müßten uns keine Gedanken über Dinge machen, die nicht existieren. Wer anderer Ansicht ist, der sei an den Auftritt des ehemaligen Präsidenten der Weltbank, Paul Wolfowitz, erinnert. Der mußte sich, als er im Januar 2007 die berühmte Selimiye-Moschee in der türkischen Stadt Edirne besuchte, die Schuhe ausziehen. Zum Vorschein kamen zwei Socken mit Löchern an den großen Zehen. «Ein Platz in der Geschichte der Weltbank» dürfe Wolfowitz damit sicher sein, schrieb die *Süddeutsche Zeitung*[6] über die weltpolitische Bedeutung der beiden Stellen im Universum, an denen Wolfowitz' Socken *nicht* waren. Genauso verhält es sich mit dem Nichthandeln. Wenn wir *nichts* tun, so bedeutet das noch lange nicht, daß wir nichts tun – vielmehr können wir dadurch kleinere, größere, vollkommen unbedeutende Dinge bewirken. Und so verhält es sich auch mit Dingen, die *nicht* geschehen, von denen es ebenfalls unendlich viele gibt. In bestimmten Situationen spielen sie eine wichtige Rolle: Wenn zum Beispiel das lange geplante Sommerfest endlich gekommen ist und es entgegen der Wettervorhersage *nicht* regnet, dann ist dieser Umstand von großer Bedeutung, zumindest für die Leute, die gleich ihr erstes Bier trinken werden. Wenn jemand längere Zeit krank war und jetzt *keine* Schmerzen mehr hat, dann weiß er deren Abwesenheit besonders zu schätzen. Und wenn nach einer längeren Zeit schrecklicher Hektik endlich *gar nichts* mehr geschieht, dann sind wir darüber ehrlich froh.

Doch bevor wir uns damit beschäftigen, sollten wir noch kurz über die Socke rund um das Loch sprechen, also über das Handeln. Ob jemand etwas tut, ist in der Regel erkennbar, weil es sich manifestiert. Auch wenn das, was sich da zeigt, für Außenstehende nicht ganz verständlich sein mag, können wir es meistens beschreiben: daß jemand mit einer Axt gegen einen Baum schlägt, worauf der direkt auf ein Auto stürzt; daß jemand sich zweieinhalb Minuten lang die Zähne putzt und dabei eine Melodie summt; daß jemand lässig neben dem Zebrastreifen über die Straße geht; daß jemand hektisch Zeichen in einen Computer eingibt oder daß jemand sanft in seinem Stuhl schaukelt. All das sind Handlungen, auch wenn sie im Einzelfall auf ein so geringes Maß an Tätigkeiten heruntergedimmt sein mögen, daß wir sie kaum noch wahrnehmen.

Als Handlung bezeichnen wir Dinge, die wir machen, weil wir sie machen wollen und weil wir ein konkretes Ziel damit zu erreichen versuchen (und mag es auch nur darin bestehen, untätig im Stuhl zu lümmeln). Wir wissen, was wir da unternehmen (in einen Baumstamm hacken), und meist wissen wir auch, was dabei herauskommt (der Baum fällt um). Manchmal geschieht etwas, das wir so nicht geplant hatten (der Baum fällt auf ein Auto), womit wir bei einem weiteren Charakteristikum menschlichen Handelns wären: Weil wir etwas vorsätzlich tun, sind wir auch für dessen Folgen verantwortlich. Sollten wir das anders sehen, wird uns ein Gericht, unser Vorgesetzter oder Lebensgefährte dazu bringen, es zu akzeptieren.

[GEKONNTES NICHTSTUN]

Weniger Probleme dürfte es im umgekehrten Fall geben. Wenn man uns also einen goldenen Pokal für unser Handeln überreicht, werden wir ihn voller Stolz herumzeigen und sagen: «Das habe ich mir verdient, weil ich der beste Sockenstopfer der Welt bin!» Wer hingegen schläft, der handelt nicht – auch wenn er sich dabei unruhig im Bett wälzen und sprechen sollte. Diese Tätigkeit bezeichnen wir vielmehr als Verhalten. Es unterscheidet sich grundsätzlich vom Handeln, indem wir dabei etwas tun, ohne es zu beabsichtigen. Um etwa zu schlafen, braucht es keinen menschlichen Willen. Wir tun es einfach. Zum Beispiel vor dem Fernsehapparat; da fallen uns selbst dann die Augen zu, wenn wir den aktuellen «Tatort» zu Ende sehen wollen, aber einfach zu müde sind dafür. Fritz B. Simon, der Psychoanalytiker und Organisationsberater, hat den feinen Unterschied zwischen den beiden Formen des Tuns am Beispiel «schlafen» auf den Punkt gebracht[7]: Wenn wir zu Bett gehen, um zu schlafen, dann handeln wir; sobald wir aber eingeschlafen sind, verhalten wir uns.

Die Geschichte der Computerfirma Apple zeigt, daß über den Erfolg unserer Handlungen nicht nur entscheidet, was wir tun, sondern auch, was wir bleibenlassen.

Es gibt eine Reihe von Geschichten, die die innige Beziehung des Handelns und dessen Gegenstücks, des Nichthandelns, erzählen. Ich will mit einem Beispiel aus der Wirtschaft beginnen, liefert es doch diverse Einsichten, die mir sehr gut ins Konzept passen. Aber urteilen Sie selbst. Die Rede ist von einem Computerkonzern, der seit über fünf Jahren einen rasanten Wiederaufstieg erlebt. Weil Erfolgsgeschichten nach Erklärungen verlangen – allein schon aus dem Grund, weil viele hoffen, daraus ein Patentrezept ableiten zu können –, kursieren unzählige Analysen über das Weshalb und Warum seines kontinuierlich steigenden Aktienkurses. Die innovativen Produkte seien dafür verantwortlich, sagt man, das intuitiv verständliche Betriebssystem oder auch die Erfindung neuer Märkte. All diese Erklärungen erscheinen mir als interessiertem Laien (und Besitzer einiger Geräte dieser Firma) einleuchtend, verfehlen meines Erachtens aber einen wesentlichen Punkt des Erfolgs. Auf ihn hat John Sculley hingewiesen, der langjährige CEO des Unternehmens. Sculley kam 1983 zu der Computerfirma, nachdem ihn deren Gründer mit einer legendär gewordenen Frage von Pepsi abgeworben hatte: «Wollen Sie den Rest Ihres Lebens damit zubringen, gezuckertes Wasser zu verkaufen, oder wollen Sie die Chance bekommen, die Welt zu verändern?»[8] Der Name des genialen Fragestellers: Steve Jobs. In der Folge führten die beiden Männer das Unternehmen mit großem Erfolg, entwickelten das bahnbrechende Design, zukunftsweisende Werbekampagnen und brachten den ersten Mac auf den Markt – bis Steve Jobs nach einem hausinternen Machtkampf gegen Sculley im Jahr 1986 das Unternehmen verließ. Es ging noch eine Weile aufwärts mit Apple, dann nicht mehr. Sculley dankte ab. Zehn Jahre später kehrte Jobs in das Unternehmen zurück, und seitdem feiert es einen Erfolg nach dem anderen (zwar ständig bedroht von der Krankheit von Steve Jobs, aber das ist höhere Macht und daher in unserem Zusammenhang nicht von Bedeutung).

Erst vor kurzem hat Sculley ausführlich von seiner Zeit bei Apple erzählt[9] – und geschildert, worin seiner Ansicht nach das Geheimnis des Erfolgs von Apple liegt: in der einzigartigen Methode von Steve Jobs. Der sei nämlich stets davon überzeugt gewesen, daß «die wichtigste Entscheidung nicht darin bestehe festzulegen, welche Dinge man tun solle – sondern jene Dinge, die man sich nicht zu tun entschließt»[10]. Wann hätte man das schon einmal von einem CEO gehört: daß sich seine Qualität als Spitzenmanager nicht nur darin manifestiert, die Mitarbeiter von einer Höchstleistung zur nächsten zu treiben, sondern auch darin, zu wissen, wann man am besten *nichts tut*? Nun dürfen wir uns diesen Mann natürlich nicht als konsequenten Nichtstuer vorstellen. Vielmehr ist er beides in einem: konsequenter Macher und konsequenter Nicht-Macher. Das klingt erst einmal wenig hilfreich, weil widersprüchlich. Der Einwand ist nachvollziehbar, doch es gibt eine einfache Methode, diese Paradoxie hinter uns zu lassen: indem wir die Kategorie der Zeit einführen. Uns also nicht darum bemühen, der Strategie des Handelns und Nicht-Handelns im selben Moment zu folgen, sondern zwischen den beiden Polen zu oszillieren. Also erst tätig sein – dann untätig – dann wieder tätig und so fort. Jener Schleife folgend, von der wir bereits gesprochen haben. So zeichnen sich gute Fußballmannschaften dadurch aus, daß sie wissen, wann sie Druck machen und wann sie eine Partie bis an die Grenze zum Nichtstun verzögern müssen, um sie zu gewinnen. Bei einer knappen Führung kurz vor Spielende zum Beispiel.

Haben wir diesen einfachen Gedanken erst einmal akzeptiert, löst sich die Paradoxie auf, und wir können beide Anforderungen erfüllen – ein jedes zu seiner Zeit, ohne eines zugunsten des anderen abzuwerten. Und noch eine Sache können wir bei dieser Gelegenheit klären: Wer die Genialität von Steve Jobs anerkennt, virtuos zwischen Tun und Nichtstun zu pendeln, der wird die Frage für sinnlos halten, ob ersteres die Ursache seines Erfolgs sei – oder doch letzteres. Wer dennoch darauf beharrt, verhält sich wie jemand, der letztgültig entschieden haben will, ob nun das Ein- oder das Ausatmen die wichtigere Tätigkeit sei. Die Antwort kann nur lauten: keines von beiden. Oder, besser: beides. Eine einfache Antwort, zweifellos. Darin besteht auch ihr Problem. Ihr fehlt jene Aura des Außergewöhnlichen, die wir von weitreichenden Lösungen erwarten. Und doch liegt in der Entscheidung, uns aus diesem Entweder-Oder zu verabschieden, ein großer Gewinn an Handlungsfreiheit.

[6. KAPITEL]

Damit freilich ist immer noch nicht geklärt, *was* Steve Jobs genau tut, wenn er handelt – und welche Funktion seinem Nichthandeln zukommt. Folgen wir der Einschätzung von John Sculley, dann sind es vor allem zwei strategische Überlegungen, die Jobs vorangetrieben hat: Zum einen bestehe er darauf, die Apple-Produkte konsequent vom Benutzer her zu denken, um sie dessen intuitiven Fähigkeiten zugänglich zu machen; sie also gemäß jener einfachen Weltaneignungsstrategien zu gestalten, von denen im ersten Kapitel die Rede war. Zum anderen beharre Jobs hartnäckig darauf, den Geräten ein unverwechselbares klares Aussehen zu geben, das die Benutzung weiter vereinfacht. Wie weit Jobs' gestalterische Obsessionen mitunter gingen, illustriert eine Anekdote, die Sculley erzählt: Jobs habe entschieden, daß selbst die Anordnung der Bauteile *im Inneren* der Rechner seinen höchsten gestalterischen Ansprüchen genügen müsse, also auch jene Bereiche, die der Kunde nie zu Gesicht bekommt. Da Jobs den Gedanken nicht ertrug, jemand könnte am vollendeten Design von Apple «herumpfuschen», wie Sculley sagt, sorgte er bei den frühen Macintosh-Computern dafür, daß die Gehäuse nicht zu öffnen waren; alles sollte so perfekt, klar und einfach bleiben, wie von ihm erdacht.

Es waren jene Momente der bedingungslosen Suche nach dem perfekten Computer, nach dessen idealem Aussehen und nach dessen intuitivster Benutzeroberfläche, in denen Steve Jobs sich daran erinnerte, daß «die wichtigste Entscheidung nicht darin bestehe, festzulegen, welche Dinge man tun solle – sondern jene Dinge, die man sich nicht zu tun entschließt». Um schließlich nicht in einem *Mehr* an Technik und Ausstattung und Gestaltung die Lösung zu erkennen, sondern in einem *Weniger*. Wie wenig sich sein Ansatz von selbst verstand, zeigt ein Blick auf das Umfeld, in dem Jobs und die Firma Apple agierten. Dieses Umfeld wurde in der Regel von Technikunternehmen bestimmt, die nur einen Weg zum Erfolg kannten: mehr, noch mehr und noch, noch mehr. Unternehmen, die die Verbesserung des Produkts mit der Erweiterung des bereits Vorhandenen gleichsetzten, mit der Steigerung von dessen Funktionalität und damit auch dessen Komplexität.

Am einfachsten können wir diesen Kampf zwischen den beiden Prinzipien an der Entwicklung der Handys nachvollziehen. Anstatt sich wie Apple später aufs Wesentliche zu konzentrieren, stopften die allermeisten Firmen ihre Telefone über die Jahre mit immer neuen Funktionen voll – mit dem Ergebnis, daß sie völlig überfrachtet wurden. Sie konnten fortan Dinge, von denen ihre Besitzer nichts wußten, weil sie hinter den verwirrenden Benutzeroberflächen verschwunden waren und die von ihnen auch nicht verwendet wurden. So ergab eine Studie von Bitkom aus dem Jahr 2010, daß schon die Kameras von mehr als der Hälfte der Handybesitzer nicht benutzt werden, obwohl sie wirklich kein schwer verständliches Feature darstellen. Vor diesem Hintergrund wird greifbar, welchen Bruch mit der allgemein anerkannten Denkungsart es bedeutete, ein Gerät wie das iPhone zu entwickeln, das über genau eine Taste verfügt und statt mit einem dicken Handbuch mit ein paar Zetteln geliefert wird. Ein wesentlicher Grund für die Radikalität, mit der Jobs an seiner Kunst der Reduktion und des Nicht-Handelns festhielt, lag wohl darin, daß sie keinem Kalkül entsprang, sondern einer Lebenshaltung: «Ich kann mich daran erinnern, wie ich Steve einmal in seinem Haus besucht habe. Er hatte kaum Möbel. Es gab ein Bild von Einstein, den er grenzenlos bewunderte, er besaß eine Tiffany-Lampe, einen Stuhl und ein Bett. Er hatte nicht gerne viele Dinge um sich herum – aber er war unglaublich sorgsam dabei, welche er auswählte. Genauso hielt er es mit Apple.»[11] Ein bekanntes Foto aus den 1980er Jahren zeigt Jobs, wie er im Lotussitz auf einer Matte inmitten eines großen Zimmers sitzt, das durch die erwähnte Tiffany-Stehlampe spärlich erhellt wird; der mit Parkett ausgelegte Raum ist leer bis auf eine Stereoanlage, hohe Lautsprecher in Weiß, ein paar LPs und einige Zeitschriften; in seiner rechten Hand hält er einen Becher mit Tee, Sorte unbekannt.

Die reduzierte Stimmung des Bildes paßt sehr gut zu dem biographischen Detail, das über Jobs bekannt ist: Es heißt, er bekenne sich zum Buddhismus. Wenn man bedenkt, daß sich diese Religion darum bemüht, die wenigen Grundgesetze des menschlichen Lebens zu erkennen, um hinter dessen Oberfläche zu blicken – dann könnte man die These formulieren, die revolutionär-minimalistischen Apple-Geräte wie «iPhone», «iPod» und «iPad» seien Ausdruck eines ins Technische übersetzten Buddhismus. Und die idealtypische Verkörperung unseres im ersten Kapitel beschriebenen Hangs, die Komplexitäten der Welt auf wenige, einfache Annahmen und Regeln zu reduzieren. Jobs ist seiner Philosophie ebenso wie dem Buddhismus bis heute treu geblieben: «Ich kenne ihn seit den frühen Apple-Tagen und kann nicht erkennen, daß er irgend etwas an seinen Grundprinzipien verändert hätte – außer, daß er sie besser und besser anwendet», sagt John Sculley.

Über den Wert unseres Nichtstuns entscheidet der konkrete Kontext. So kann es geschehen, daß wir uns an einem Verbrechen mitschuldig machen, obwohl wir aktiv nichts dazu beigetragen haben.

Es wäre falsch, aus dem Erfolg von Apple ein Erfolgsrezept ableiten zu wollen. Das geht nicht, leider. Zu außergewöhnlich ist die gesamte Konstellation und Jobs eine zu singuläre Persönlichkeit. Dennoch lassen sich, wie eben gezeigt, einige wichtige Erkenntnisse gewinnen – ohne sie verabsolutieren zu wollen. Daher erscheint es hilfreich, die Möglichkeiten des Handelns und Nichthandelns in weiteren Schleifen zu erkunden. Schleifen, die uns zu weiteren Beispielen führen und weitere punktuelle Erkenntnisse erlauben werden. Wie jener, daß es Formen des Nichthandelns gibt, die uns geradewegs ins Verderben stürzen und die wir daher von den positiven zu unterscheiden lernen sollten. Von den gefährlichen Varianten des Nichtstuns soll nun die Rede sein.

Dazu wenden wir uns einem Mann zu, der reglos auf einer Parkbank sitzt. Diesen Mann hat es nie gegeben, vielmehr ist er der Hauptdarsteller eines kleinen Gedankenexperiments, das ich gemeinsam mit Ihnen unternehmen will. Stellen Sie sich also eine Parkbank am Ufer eines Sees Ihrer Wahl vor und einen Mann, der so lange reglos dasitzt, bis Sie sich fragen: Was ist denn hier los? Sollte weiterhin nicht mehr geschehen, als daß Enten über den See paddeln und Jogger vorbeikeuchen, bleibt die Antwort ziemlich uninteressant. Wenn wir die Szene aber erweitern und uns im See eine Person denken, die mit den Armen um sich schlägt und vernehmlich um Hilfe ruft, weil sie zu ertrinken droht – dann wird die Sache schon spannender. Dann führt uns nämlich der Mann auf der Bank eine Form des Nichtstuns vor, die nichts Positives an sich hat. Vielmehr bringt sie ihn mit den herrschenden Gesetzen in Konflikt. Denn kann er schwimmen und hört er die Rufe des Ertrinkenden, dann tritt § 323 c des Strafgesetzbuchs in Kraft. Der lautet: «Wer bei Unglücksfällen oder gemeiner Gefahr oder Not nicht Hilfe leistet, obwohl dies erforderlich und ihm den Umständen nach zuzumuten, insbesondere ohne erhebliche eigene Gefahr und ohne Verletzung anderer wichtiger Pflichten möglich ist, wird mit Freiheitsstrafe bis zu einem Jahr oder mit Geldstrafe bestraft.» Die juristische Bezeichnung für das Nichthandeln unseres Mannes: «Unterlassene Hilfeleistung».

Es gibt unzählige weitere Beispiele für Konstellationen, in denen Nichtstun negative (juristische) Folgen hat. So kann sich unser Mann auf der Parkbank, den wir nun kurzerhand in ein Einfamilienhaus verpflanzen, auch in Schwierigkeiten bringen, indem er wochenlang

[6. KAPITEL]

untätig in seinem Haus sitzt, ohne die geringste Absicht, irgend jemandem etwas zuleide zu tun. Ignoriert er nämlich das grimmige Winterwetter, wird eines Tages ein Passant auf dem Schnee vor seinem Haus ausrutschen, sich den Arm brechen und ihn verklagen – und das vollkommen zu Recht. Muß doch jeder Hausbesitzer dafür Sorge tragen, daß man den Bürgersteig vor seinem Haus ungefährdet passieren kann, und genau das hat er unterlassen. Er ist seiner Aufgabe als «Überwachergarant» nicht nachgekommen, einer Pflicht, der auch Bauarbeiter unterliegen. Die müssen nämlich nicht nur perfekte Gruben für neue Gasleitungen ausheben, sondern auch sicherstellen, daß keiner an den Folgen ihres erfolgreichen Tuns Schaden nehmen, also in die Grube fallen kann.

Während wir dieser Argumentation nach kurzem Bedenken zustimmen werden, fällt uns das mit der folgenden deutlich schwerer. So müssen sich sogar Opfer von Verbrechen bisweilen fragen lassen, ob sie nicht mitschuld sind am eigenen Schicksal. «Wie bitte?» werden nun viele denken, «da werde ich aus heiterem Himmel überfallen und muß mich so etwas Unverschämtes fragen lassen?» Ja, das müssen wir. Wenn sich nämlich herausstellt, daß wir auf fahrlässige Weise untätig geblieben sind. Darauf hat Tatjana Hörnle vom Lehrstuhl für Strafrecht an der Berliner Humboldt-Uni in einem interessanten Aufsatz hingewiesen.[12] Sie argumentiert darin, daß es zwar prinzipiell keine Verpflichtung gebe, sich zu schützen, also niemand von uns verlangen könne, mit Sturzhelm und Waffe aus dem Haus zu gehen – andernfalls würde man unsere Freiheit unzulässig einschränken, zu leben, wie wir wollen (also auch leichtsinnig). Dieses Recht auf persönliche Freiheit könne uns jedoch nicht garantieren, stets als unschuldiges Opfer betrachtet zu werden, sollte einmal etwas passieren. Es gebe sogar Situationen, in denen das Gericht zu überlegen habe, einen Täter weniger hart zu bestrafen, weil es das Opfer an der «Obliegenheit, sich selbst zu schützen»[13] habe fehlen lassen. So argumentiert Hörnle bei-

[GEKONNTES NICHTSTUN]

spielsweise, daß sich das Opfer eines sexuellen Übergriffs mitschuldig machen könne, wenn es sich mit jemandem einläßt, obwohl es das Risiko gekannt hat, daß sich der andere über sein fehlendes Einverständnis hinwegsetzen könnte, er also ein «Nein» nicht respektieren würde. Wann und in welchem Ausmaß wir für das eigene Schicksal mitverantwortlich gemacht werden (und wann wir gleichsam als «reine» Opfer gelten können) – darauf kann ein Gericht nur schlüssige Antworten finden, wenn es die konkreten Umstände berücksichtigt: die Leichtfertigkeit des Opfers, ob es Verabredungen zwischen Täter und Opfer gegeben hat und so fort. Wie auch immer dessen Urteil ausfallen mag: An der grundsätzlichen Verpflichtung, über die Folgen unseres Nichthandelns in derselben Weise nachzudenken wie über die unseres Handelns, ändert all das nichts.

Juristische Texte sind eine erhellende Lektüre (zumindest in kleinen Dosen): Sie sagen uns, in welchen Zusammenhängen wir Menschen gerne Fehler machen und welche Schwächen weiter verbreitet sind, als wir glauben. So lautet die indirekte Botschaft des vorhin zitierten Paragraphen über die «unterlassene Hilfeleistung» auch, daß es vielen Menschen ganz offensichtlich schwerfällt einzusehen, daß sie auch für die Folgen ihres Nichtstuns verantwortlich sind. Dafür wird der Gesetzgeber an anderer Stelle sehr deutlich. In § 13 StGB zum Beispiel. Der Paragraph regelt den Fall, daß jemand von einem Verbrechen erfährt, das ein anderer plant, aber untätig bleibt. Die klare Botschaft: Wer es unterläßt, «einen Erfolg abzuwenden, der zum Tatbestand eines Strafgesetzes gehört», der wird nicht mit einer eigens fürs Nichtstun definierten Strafe bedacht. Vielmehr verurteilt man ihn auf der Basis *genau jenes Gesetzes*, gegen das der Täter verstoßen konnte, weil wir ihn nicht zurückgehalten haben. Wären wir also in der Lage, einen Mord zu verhindern, unterlassen es aber, werden wir behandelt wie ein Mörder und genauso bestraft. Noch radikaler formuliert: Die Unterlassung macht uns zum Mörder und daher auch das StGB keinen

[6. KAPITEL]

Unterschied zwischen der Tat und jenem, der die Tat durch Nichthandeln ermöglicht. Folgerichtig ist § 13 mit «Begehen durch Unterlassen» überschrieben.

Eine klare Sache, sollten wir meinen. Und dennoch neigen die meisten von uns dazu, Handeln und Nichthandeln vollkommen verschiedenartig zu bewerten, weil wir ihm unterschiedliche Wirkung zuschreiben. Über mögliche Gründe für diese unterschiedliche Bewertung gibt die einschlägige Forschung der kognitiven Psychologie Auskunft. So fand der Psychologe Thomas Gilovich in einer Studie, die er gemeinsam mit Victoria Husted Medvec im Jahr 1995 publizierte[14], heraus, daß wir die unangenehmen Folgen von Handlungen stärker bedauern als jene, die sich aufgrund unseres Nichthandelns einstellen. Mit anderen Worten: Wenn wir etwas unternehmen, und es geht schief, tut uns das mehr leid als ein Unglück, das wir durch Untätigkeit hervorgerufen haben. Auf diese Erkenntnis bezog sich auch der Psychologe Michael Siegrist von der ETH Zürich, als man ihn nach den Ursachen für die Impfmüdigkeit der Menschen befragte.[15] Seine Erklärung: «Konsequenzen aus Handlungen werden immer stärker gewichtet als Konsequenzen von Unterlassungen. Die Forschung zeigt beispielsweise, daß Todesfälle durch Impfungen viel stärker gewichtet werden als Todesfälle durch einen Impfverzicht.» Wenn wir also mit unseren Kindern zur Impfung gehen und sie daraufhin erkranken, suchen wir die Schuld bei uns. Werden sie jedoch krank, weil wir sie nicht haben impfen lassen, sind wir geneigt, die Schuld überall zu suchen – nur nicht bei uns. Wir betrachten also nur unsere Handlungen als Ausdruck unseres freien Willens und rechnen nur diese unserer souveränen Entscheidungsgewalt zu, während wir unseren Nichthandlungen diese klare Anbindung ans Ich versagen; in deren Auswirkungen sehen wir etwas Schicksalhaftes, das Wirken von Mächten und Umständen, die sich unserem Zugriff entziehen.

[GEKONNTES NICHTSTUN]

Im Laufe ihres Aufsatzes schränken Gilovich und Medvec ihre Aussage freilich ein und machen damit die Klärung der Sache nicht einfacher: Sie schreiben, daß wir die negativen Folgen von Handlungen nur *kurzfristig* mehr bedauerten als jene von Nichthandlungen. Nach einer gewissen Weile aber würde sich unsere Gefühlslage umkehren und wir mehr übers Nichthandeln grübeln. Dieser Wechsel der Emotionen habe damit zu tun, daß der spontane Schmerz über unser ungeschicktes Handeln verblasse, dafür aber die Wehmut über Nichtgetanes bestehen bleibe. Außerdem würden uns die Konsequenzen verpaßter Gelegenheiten sowie der Preis, den wir für sie zu bezahlen hätten, erst im Laufe der Zeit bewußt. Mit einem Wort: Auf lange Sicht bereiteten uns die negativen Folgen unserer Unterlassungen heftigere Kopfschmerzen als jene unserer Taten.

Als wäre die Sache nicht schon schwierig genug, widersprach dieser These noch im selben Jahr der Psychologe und Wirtschaftsnobelpreisträger Daniel Kahneman. Das mit dem Nichtstun sei nicht ganz so schlimm, wie Gilovich & Co. behaupteten. Es möge ja sein, daß es uns beschäftige, aber wir empfänden beim Gedanken, in bestimmten Situationen untätig geblieben zu sein, bloß das Gefühl der Wehmut; und dieses Gefühl belaste uns nicht besonders. Der Ärger über eigene Ungeschicklichkeiten wiege da deutlich schwerer.

Es dauerte drei Jahre, bis sich Gilovich, Medvec und Kahneman – also die drei an dem Disput beteiligten Psychologen – zusammengestritten hatten. Dann setzten sie sich hin und schrieben gemeinsam einen Aufsatz mit dem versöhnlichen Titel «Varianten des Bedauerns»[16]. Darin kündigten sie eine «teilweise Lösung» für ihre Meinungsverschiedenheiten an. Und die lautete so: Manchmal reagierten wir wehmütig auf die Folgen des Nichtstuns, und das sei nicht so schlimm; in anderen Momenten hingegen würden wir darunter leiden, und das sei durchaus ernst zu nehmen. Abschließende Gewißheiten sehen zwar anders aus, aber zwei wichtige Tendenzen lassen sich dieser Kompromißformel entnehmen: Zum einen besitzen wir Menschen ganz offensichtlich *doch* ein gewisses Sensorium für die Folgen individuellen Nichtstuns, sind also durchaus in der Lage, uns ihrer bewußt zu werden. Und zum anderen wechseln unsere Gefühle je nach Situation und Zeitpunkt ihre Färbung und Intensität, so wie auch unsere Bewertung dieser unterschiedlichen Gefühle je nach Situation und Zeitpunkt wechseln. Schön, diese zigfach gemachte, subjektive Erfahrung auch von wissenschaftlicher Seite einmal bestätigt zu bekommen und solcherart legitimiert.

Wir Menschen haben eine angeborene Neigung, in Entscheidungssituationen erst einmal nichts zu tun. Das kann uns finanzielle Verluste eintragen, aber auch das Leben retten.

Wir werden also noch ein paar Schritte tun müssen, um von weiteren Ambivalenzen zu erfahren (nach einfachen «Patendrezepten» hingegen, wie das Watzlawick nannte, sollten wir aus eigenem Interesse keinesfalls suchen). Dabei hilft uns der amerikanische Psychologe Christopher J. Anderson weiter, der im Jahr 2003 den lesenswerten Aufsatz «Die Psychologie des Nichtstuns»[17] geschrieben hat. Darin faßt er die Ergebnisse einer Reihe von Einzelforschungen zusammen, die allesamt zu klären versuchen, wann und warum wir zur Untätigkeit neigen; darunter auch Arbeiten der eben erwähnten Psychologen. Folgen wir seinen Überlegungen, dann sind es vor allem Situationen der Ungewißheit, in denen wir die Tendenz entwickeln, nichts zu tun. Das ist auf den ersten Blick nicht verwunderlich. Wer zum Beispiel vor der weitreichenden Entscheidung steht, ob er ins fremdsprachige Ausland gehen soll oder nicht, der hält erst einmal inne. Wie wird es dort sein? Werden sich meine Erwartungen erfüllen? Die Versprechen des neuen

Arbeitgebers eintreffen? Was wird mit den Freunden zu Hause geschehen? Es gibt noch ein paar weitere Strategien, mit solch schwierigen Momenten umzugehen, wie Zeit zu vertrödeln oder mit dem gewohnten Tagesablauf unverdrossen weiterzumachen, als stünde nichts an. Welchen dieser Wege wir auch gehen mögen, wir verfolgen stets das gleiche Ziel: Wir versuchen, eine konkrete Entscheidung zu vermeiden und den befürchteten inneren wie äußeren Konflikten auszuweichen. Wir werden weiter unten noch sehen, daß wir *auf jeden Fall* eine Entscheidung treffen, auch wenn wir noch so lange nichts tun sollten.

Vorerst aber soll es um die Frage gehen, warum wir uns immer wieder fürs Nichtstun entscheiden. Dazu haben sich die zitierten Wissenschaftler genauer angesehen, wie wir in den Momenten der Ungewißheit agieren – und daraus ihre Schlüsse gezogen. Kahneman zum Beispiel formulierte auf Basis der Beobachtungen seine «Prospect Theory» («Neue Erwartungstheorie»). Sie wird seitdem gerne angewandt, um vor allem unsere wirtschaftlichen Entscheidungen zu erklären, die oft alles andere als klug seien. So haben wir die Angewohnheit, gegen die eigenen ökonomischen Interessen zu handeln, indem wir es etwa unterlassen, die Krankenkasse zu wechseln, obwohl sie immer teurer wird; an unserer Altersvorsorge nichts zu ändern, obwohl sich die Zeiten geändert haben; und seit Jahren vor sich hindümpelnde Aktien zu behalten, obwohl wir sie längst hätten verkaufen sollen.

Doch wie lauten nun die klassischen Gründe für diese Form des mitunter selbstschädigenden Nichtstuns? Anderson hat vier ausfindig gemacht; sie könnten einzeln wirksam werden, aber auch gemeinsam. Als ersten Grund nennt Anderson den «Status Quo Bias», also den «systematischen Fehler» («Bias»), alles so belassen zu wollen, wie es ist. Unser Motiv: Wer nicht weiß, welche Option für ihn die optimale ist, hält am aktuellen Zustand fest, anstatt mutig in eine bestimmte Richtung loszumarschieren. Es könnte ja die falsche sein. Dazu kommt unsere Überzeugung, daß wir dort, wo wir gerade stehen, aus guten Gründen sind. Wir haben viel dafür getan, irgendwie hat es bisher ganz gut geklappt – wozu also etwas Neues mit ungewissem Ausgang beginnen? Besser also wir tun – nichts! Ein Ansatz übrigens, mit dem man unzählige Mißstände in der Politik und in Unternehmen erklären könnte, aber das ist ein anderes Thema. Auf unsere Fähigkeit zur Adaption, zum Arrangement mit der aktuellen Situation, bin ich im Kapitel «Geheime Versprechen» eingegangen.

Der «Omission Bias» wiederum ist eng mit jenem Phänomen verbunden, das wir weiter oben genauer beschrieben haben, als davon die Rede war, daß wir die negativen Folgen unseres Handelns und Nichthandelns unterschiedlich beurteilen. Unser Hang zur «Unterlassung» («Omission») hat genau darin seine Ursache: Weil wir Handeln für die gefährlichere Option halten, nehmen wir regelmäßig an, es sei besser – nichts zu tun. Obwohl es eindeutig vernünftiger wäre, unsere Kinder impfen zu lassen, blieben wir untätig. Unsere unbewußte Kosten-Nutzen-Rechnung: Erleiden die Kleinen aufgrund unserer Entscheidung einen Impfschaden, dann sind wir schuld daran – schlecht. Wenn sie hingegen, ungeimpft, wie sie sind, die Masern bekommen, dann sind wir fein raus, denn wir können den unhygienischen Kindergarten dafür verantwortlich machen (oder gleich das Schicksal, je nachdem). Besser also, wir tun – nichts!

Sind die beiden bisher genannten Gründe noch nachvollziehbar, so werden sich die meisten mit dem folgenden deutlich schwerer tun, der unter «Inaction Inertia» bekanntgeworden ist. Eine Bezeichnung, die nur mit einer literarischen Formulierung zu übersetzen ist: «Sehenden Auges, aber nichts tuend». Es habe sich herausgestellt, schreibt Anderson dazu, daß wir auch *dann* gerne untätig bleiben, wenn wir zum zweiten Mal vor einer gewinnbringenden Chance stehen und die erste, vergleichbare, durch Untätigkeit haben vorbeirauschen lassen. Das heißt: Waren wir einmal untätig, bleiben wir es auch in einer vergleichbaren Situation. Doch damit nicht genug: Unsere Bereitschaft, ein zweites Mal nichts zu tun, nehme zu, wenn wir wüßten, daß der aktuelle Gewinn geringer sein werde als der, den wir beim ersten Mal verpasst haben. Klingt sehr unvernünftig und ziemlich unglaubwürdig. Aber diverse Experimente haben genau das ergeben. So arrangierte man 1995 in einem Versuch, daß drei Gruppen die Möglichkeit verpaßten, Skipässe zu kaufen, die einen Nennwert von 100 US-Dollar hatten: Die eine Gruppe versäumte es, die Pässe zum Preis von 40 US-Dollar zu kaufen, die zweite zum Preis von 80 US-Dollar. Eine dritte Gruppe blieb außen vor; die lud man erst zur zweiten Runde des Experiments ein. In der bot man nun den drei Gruppen die Möglichkeit, die Skipässe für 90 US-Dollar zu kaufen – also immerhin noch um zehn Prozent günstiger. Das Ergebnis: Es griffen vor allem die unbelastete und die 80-Dollar-Gruppe beherzt zu; wenig Bereitschaft, die zweite Chance zu nutzen, zeigten hingegen die Leute aus der 40-Dollar-Gruppe. Deren Überlegungen seien durch «kontrafaktisches Denken» bestimmt gewesen, schreibt die Psychologin Orit E. Tykocinski, die an der Studie beteiligt war[18]: «Hätte ich die Chance nicht verpasst, den Pass für 40 US-Dollar zu kaufen», so hätten die Mitglieder der entsprechenden Gruppe gedacht, «müsste ich jetzt nicht 50 US-Dollar mehr bezahlen.» Anstatt auf der Basis einer aktuellen Rechnung zu entscheiden, verstrickten sich die Menschen in die Erinnerung an eine unwiederbringliche Gelegenheit. Und taten – nichts. Schuld daran war das Gedächtnis, auf dessen wichtigen Einfluß ich an verschiedenen Stellen dieses Buchs immer wieder zurückkomme.

Mit dem vierten Grund verlassen wir das Feld der ausschließlich negativen Formen des Nichthandelns und schlagen den Bogen zu den positiven, von denen anschließend die Rede sein soll. Mit «Choice Deferral», also «Entscheidungsaufschub», wird eine Situation beschrieben, in der wir entscheiden, nichts zu entscheiden. Also erst mal nicht zu handeln. Die Gründe dafür könnten vielfältig sein: um Zeit zu gewinnen, um nach weiteren Handlungsoptionen zu suchen, um deren übergroße Auswahl zu reduzieren, um über die Chancen und Gefahren einzelner Möglichkeiten nachzudenken, um keine Verantwortung übernehmen zu müssen. Suchen wir nach einem stimmigen Bild für die Janusköpfigkeit des Nichthandelns – im «Choice Deferral» haben wir es gefunden.

Es gibt also einige gute Gründe, über unseren Hang zum Nichtstun nachzudenken. Dabei habe ich den wichtigsten dieser guten Gründe noch gar nicht genannt. Das sei an dieser Stelle nachgeholt: Tun wir nämlich in Momenten der Ungewißheit nichts, so folgen wir damit keinem *bewußten* Entschluß. Wir denken nicht über das gesamte Setting nach, um dann die Entscheidung zu treffen, nicht zu handeln (außer vielleicht beim «Choice Deferral»). Vielmehr reagieren wir auf das Gefühl der Unsicherheit mit der Strategie des Nichtstuns aufgrund tief in uns verwurzelter Routinen. Und wie wir bereits wissen, laufen diese meist *unbewußt* ab. Wir sind also nicht aus freien Stücken untätig, sondern automatisch und aus Gründen, die uns verborgen bleiben. Oft helfen uns diese Routinen bei der Bewältigung des Alltags, doch sie bringen uns immer wieder in Schwierigkeiten. In diesem Moment sind wir gut beraten, uns mit ihnen auseinanderzusetzen. Was leichter gesagt als getan ist, entziehen sie sich doch unserer Wahrnehmung. Eine Möglichkeit besteht darin, Außenstehende um Rat zu fragen, also Menschen, die nicht so sehr eingesponnen sind in unsere Versuche, mit der komplexen Realität zurechtzukommen. Indem sie *von außen* auf unser System blicken, sind sie in der Regel eher dazu in der Lage, die verhängnisvollen Auswirkungen unserer Routinen zu erkennen.

Weil wir aber nicht ständig andere danach fragen können, in welchen Verhältnissen wir eben stecken, bleibt uns nur eine Chance, ansatzweise zu verstehen, was wir den lieben langen Tag eigentlich treiben: damit aufzuhören, zu tun, was wir eben tun. Um in den Modus «Nichthandeln» umzuschalten. Wenn wir *nichts* tun, unterbrechen wir den Ablauf von Ereignissen. Uns mag es zwar nicht gelingen, aus der Situation auszusteigen, aber zumindest *stören* wir das organische Ineinandergreifen der Ereignisse für kurze Zeit, so daß sich ein winziger leerer Zeitraum ergibt, der eine andere Qualität hat als jenes Zeitkontinuum, das mit dem Summen fleißiger Betriebsamkeit erfüllt ist – ganz so, wie das der Philosoph und Psychotherapeut Matthias Varga von Kibéd in einem Interview beschrieben hat[19]: Nichthandeln sei «eine Option, die leider häufig mit Nichtstun verwechselt wird». Sie sei aber «die Fähigkeit, den richtigen Zeitpunkt abzuwarten, nach einer angemessenen Haltung zu suchen, aus der erst eine angemessene Handlung erfolgen kann, oder einen geeigneten inneren Ansatzpunkt zu wählen, der uns in die Lage versetzt, etwas zu tun». Von «hektischen Aktivitäten» hält der Psychotherapeut in diesem Zusammenhang weniger. Diese seien «oft eine Flucht, um sich der Herausforderung einer grundsätzlichen Änderung nicht zu stellen. Das Phänomen kann man häufig in Firmen und in der Politik beobachten: viel tun, ohne grundsätzlich an den Problemen was zu ändern. Auch in Beziehungen ist das häufig zu beobachten. Der eine fragt den anderen ununterbrochen: Willst du etwas? Was kann ich machen?» Dieses Beschäftigungsprogramm diene laut Varga von Kibéd einem paradoxen Zweck: Man bleibe in ständiger Bewegung, «nur um sich nicht wirklich die Ruhe zu nehmen, den Partner neu zu sehen, sich auf ihn einzulassen, über ihn zu staunen. Für diese Entdeckung braucht man einen Raum des Nichthandelns.» Das bedeutet: Wir handeln, um uns vom angemessenen Handeln abzulenken. Und da heißt es immer, wir sollten endlich etwas tun, um voranzukommen. So kann man sich täuschen. Manchmal.

[6. KAPITEL]

Im entscheidenden Augenblick nichts zu tun und auch andere davon zu überzeugen, kann mitunter den Beginn eines Nuklearkriegs verhindern – und hat es bereits.

Wie kurz diese von Varga von Kibéd angesprochenen Momente des produktiven Nichthandelns sein und welch weltpolitische Bedeutung die solcherart ermöglichten Handlungen bekommen können – das zeigt die folgende Geschichte. Sie ereignete sich in der Nacht des 26., 27. oder 28. Septembers 1983. So genau läßt sich das trotz intensiver Recherchen nicht mehr sagen.[20] Um so genauer hingegen, daß die Welt in dieser Nacht einem Atomkrieg so nahe kam wie niemals zuvor; eine These, die nicht übertrieben erscheint, wird sie doch von Bruce G. Blair vertreten, dem Präsidenten des gemeinnützigen World Security Institute und Spezialisten für amerikanische und russische Sicherheitspolitik.

Um zu verstehen, unter welchem Druck der Held unserer Geschichte stand und an welch dünnem Faden der Weltfrieden hing, müssen wir bedenken, daß im Jahr 1983 die kälteste Phase des ohnehin schon ziemlich Kalten Krieges herrschte. Auf der einen Seite Ronald Reagan, der die Sowjetunion im März als «Evil Empire» bezeichnet hatte. Daß es sich dabei um keine leere Floskel handelte, zeigte die Entschlossenheit, mit der die USA im selben Jahr begannen, neue Raketen und Marschflugkörper in Westeuropa aufzustellen, darunter jene Pershing II, die damals jedes Kind kannte, so lange war über deren Stationierung im Rahmen des NATO-Doppelbeschlusses gesprochen worden. Die gegen das «Reich des Bösen» gerichteten Raketen verkürzten die Vorwarnzeiten für den Fall eines Angriffs auf wenige Minuten, was die Gefahr eines irrtümlich ausgelösten Krieges deutlich erhöhte.

Auf der anderen Seite stand der knapp 70jährige sowjetische Staatschef Jurij Andropow. Er nahm Reagans Sprüche ernst und war fest davon überzeugt, es drohe ein amerikanischer Überraschungsangriff auf die UdSSR. Wie angespannt die allgemeine Lage war, zeigte sich am 1. September 1983, also drei Wochen vor jener denkwürdigen Nacht, von der gleich die Rede sein wird. Damals verletzte eine zivile Boeing 747 der Korean Air Lines den sowjetischen Luftraum bei der Insel Sachalin, einem Areal, in dem sich wichtige militärische Einrichtungen der Sowjets befanden. Diese stuften das Flugzeug daher auch als feindliches militärisches Ziel ein und ließen es von einem sowjetischen Abfangjäger westlich von Sachalin abschießen. Keiner der 269 Menschen an Bord der Zivilmaschine überlebte. Nicht weiter verwunderlich also, daß die beiden Großmächte einander argwöhnisch und auf vielfache Weise belauerten. Die Russen taten das unter anderem von einem Kontrollzentrum aus, das sich bei Moskau befand und dessen genauen Standort bis heute kaum jemand kennt. Von dort aus beobachteten die Sowjets jene Orte in den USA, an denen sie Interkontinentalraketen mit Atomsprengköpfen vermuteten. Sie taten das mit einem modernen, satellitengestützten System, das als stabil und verläßlich galt und seit einigen Jahren fehlerfrei arbeitete. Die Aufgabe dieses Überwachungszentrums: die politische Führung der UdSSR möglichst rasch vor einem etwaigen Angriff zu warnen. Die Politiker sollten dann über einen möglichen Gegenschlag entscheiden, ebenfalls mit Atomraketen. Das Zeitfenster zwischen dem Abschuß einer amerikanischen Interkontinentalrakete und einem möglichen russischen Gegenschlag betrug rund dreißig Minuten.

Das Kommando im Überwachungszentrum in jener Nacht hatte ein gewisser Oberstleutnant Stanislaw Petrow, der stellvertretende Leiter der Anlage; seine Nachtschicht dauerte von 20:00 Uhr bis 8:00 Uhr morgens. Was kurz nach Mitternacht geschah, schilderte er dem Autor Markus Kompa folgendermaßen: «Die elektronische Uhr zeigt 0:15 Uhr an, als das Unerwartete eintritt: Plötzlich schlägt der Alarm an und eine schrille Sirene heult fürchterlich los. Eine riesige

Anzeige, die ich das erste Mal überhaupt wahrnehme, zeigt rot das Wort START an. Das Überwachungssystem hat mit höchster Wahrscheinlichkeit den Start einer Interkontinentalrakete von einer amerikanischen Basis entdeckt!»[21]

Petrow braucht ein paar Sekunden, bis er realisiert, was das bedeutet. Dann wird ihm bewußt, daß nicht nur er diese Nachricht vom angeblichen Start einer US-Rakete bekommen hat, sondern auch die sowjetische Führung. «Wir müssen sofort handeln», sagt er. Doch anstatt zum Telefon zu greifen, um den Start zu bestätigen oder zu widerlegen, tut er – nichts. Obwohl die Rakete «25 bis 27 Minuten» braucht, «bis sie uns erreicht», läßt Petrow eine Sekunde nach der anderen verrinnen, bis eine Minute vergangen ist, dann eine zweite, eine dritte … Irgend etwas sagt ihm, daß es sich um einen Fehlalarm handeln könnte. Schließlich entschließt sich Petrow, doch zum Telefon zu greifen, um seine Einschätzung der Lage durchzugeben – da wird der Start einer zweiten Rakete gemeldet. Wieder zögert er. Dann meldet er, bei dem ganzen Aufruhr handle es sich um einen Fehlalarm. Während er mit den Leuten am anderen Ende der Leitung spricht, werden drei weitere Raketen gemeldet. «Mit der fünften Rakete wechselt die riesige rote Anzeige von START auf RAKETEN-ANGRIFF. Aber die visuelle Beobachtung sieht immer noch keine Raketen. Deshalb ändere ich meinen Entschluss nicht.»

Petrow bleibt bei seiner Strategie und läßt Zeit verstreichen, wartet. Und zwar auf die Rückmeldung eines zweiten, radargestützten Warnsystems, das aber erst zehn bis zwölf Minuten nach dem Start einer Rakete eine Bestätigung geben kann. Und – was meldet es? «Nach 13 Minuten Warten gibt das Radarsystem durch: keine Raketen.»

Was für ein wunderbares Wechselspiel von Nichthandeln und Handeln, das letztlich einem einzigen Zwecke diente: nichts geschehen zu lassen. Erst entschloß sich Petrow dazu, selber untätig zu bleiben (indem er drei Minuten verstreichen ließ), dann wurde er mit der

[GEKONNTES NICHTSTUN]

Absicht aktiv, die anderen davon zu überzeugen, untätig zu bleiben (indem er Entwarnung gab), um schließlich trotz des gemeldeten Starts dreier weiterer Raketen wieder untätig auszuharren, bis die Bestätigung seiner Einschätzung kam. Für seine Verdienste um den Weltfrieden ist Stanislaw Petrow vielfach ausgezeichnet worden. Ich bin mir nicht ganz sicher, ob die Laudatoren immer gewußt haben, daß sie weniger eine mutige *Handlung* ausgezeichnet haben – als vielmehr noch mutigeres *Nichthandeln*.

Schuld an dem Fehlalarm war übrigens ein seltenes optisches Phänomen: Sonnenstrahlen, die in der Atmosphäre reflektierten, erzeugten ein Trugbild, das von den Spionagesatelliten wie die Spur startender Raketen dargestellt wurde.

Auch wenn wir schweigen, teilen wir den anderen etwas mit. So wie wir etwas tun, wenn wir nichts tun. Damit müssen wir leben. Bisweilen klappt das recht gut.

So dramatisch diese Ereignisse auch gewesen sein mögen und wie bewundernswert der Mut von Oberstleutnant Stanislaw Petrow – die Momente seines Nichthandelns lassen sich nicht nur sehr klar beschreiben, sondern auch ihre Wechselbeziehung mit den darauf folgenden Ereignissen oder, besser, *Nicht*-Ereignissen.

Ganz anders hingegen ist das Nichtstun einer der großen deutschen Handelsketten zu bewerten. Das Management des Lebensmittel-Discounters Aldi verzichtet nämlich seit Jahrzehnten darauf, sich über die eigenen Angelegenheiten zu äußern; weil sich das Unternehmen in Privatbesitz befindet, ist das problemlos machbar. «Das Thema Kommunikation war für Aldi nie ein Thema. Es war immer klar: Wir sagen nichts. Wenn Anfragen kamen, wurden sie höflich per Brief abgebügelt.» Das sagte Dieter Brandes dem Wirtschaftsmagazin *brand eins*.[22] Er muß es wissen, war er doch in den 1980er Jahren ein wichtiger Manager bei Aldi Nord. Dort arbeitete er mit Theo Albrecht zusammen, einem der beiden Albrecht-Brüder, die den Konzern zwar unter sich aufgeteilt hatten, in ihrem kommunikativen Nichthandeln aber ein Herz und eine Seele waren. Die Erfahrungen von Dieter Brandes liegen freilich schon viele Jahre zurück, sind daher mit einer gewissen Vorsicht zu genießen. Wer weiß, was sich mittlerweile geändert hat? Weil Aldi nichts sagt, ist diese veraltete Aussage, daß Aldi nichts sagt, die einzig greifbare.

Doch halt, etwas Neues gab es vor nicht allzu langer Zeit zu hören. So hat im Sommer 2010 Karl Albrecht jr. angekündigt, eine Biographie seines Vaters Karl schreiben zu wollen; seit damals haben wir freilich nichts mehr davon gehört. Aldi schweigt eisern weiter. Eine Strategie, die um so interessanter ist, als das Unternehmen mit seinen insgesamt 4400 Filialen und 200 000 Mitarbeitern einen Jahresumsatz von rund 50 Milliarden Euro erwirtschaftet und seit Jahren das zweitgrößte deutsche Familienunternehmen ist.

Wenn Aldi nichts sagt, heißt das natürlich nicht, daß Aldi nichts sagt. Denn: «Man kann nicht *nicht* kommunizieren», wie Paul Watzlawick in einem tausendfach zitierten Satz postuliert hat.[23] «Handeln oder Nichthandeln, Worte oder Schweigen haben alle Mitteilungscharakter: Sie beeinflussen andere, und diese anderen können ihrerseits nicht *nicht* auf diese Kommunikationen reagieren und kommunizieren damit selbst. Es muß betont werden, daß Nichtbeachtung oder Schweigen seitens des anderen dem eben Gesagten nicht widerspricht.» So teile zum Beispiel ein Mann, der in einem überfüllten Wartezimmer mit geschlossenen Augen dasitze, den anderen mit, daß er nicht angesprochen werden wolle; ein Signal, das die anderen in der Regel verstünden. Sie ließen ihn in Ruhe. «Dies ist nicht weniger ein Kommunikationsaustausch als ein angeregtes Gespräch.»

[GEKONNTES NICHTSTUN]

Was also sagt uns Aldi, indem es nichts sagt? Der Autor des erwähnten Artikels glaubt, daß die Botschaft des Hauses «aus jedem der barackenähnlichen, mit Neonfunzeln erhellten Aldi-Märkte» spreche. «Sie steckt in der lieblosen Produktpräsentation, die im Wesentlichen darin besteht, aufgeschlitzte Pappkartons in die Regale zu pfeffern. Sie ist ironischerweise auch am konsequenten Verzicht auf Image-Werbung oder Pressearbeit abzulesen. Sie lautet: Wir kümmern uns um gute Qualität zum niedrigstmöglichen Preis. Und sonst um gar nichts.» So zutreffend diese Beschreibung auch sein mag – sie greift meines Erachtens ein wenig zu kurz. Wer schweigt, der läßt nicht nur seine Filialen sprechen, sondern verteilt die Kommunikation auf *alle* Mitspieler des Systems Aldi. Und dazu gehören eine ganze Menge mehr als die 4 400 Filialen: die Medien, die Kunden, die Mitarbeiter, die Aldi-Lkws, die Prospekte, die Gerüchte im Internet. Indem es nichts tut, überläßt das Aldi-Management all jenen Mitspielern die Kommunikation – offensichtlich in dem Vertrauen, daß sie den richtigen Verlauf nehmen wird. Und scheinbar tut sie das seit Jahrzehnten. Das öffentliche Reden über Aldi gleicht daher einem angeregten Gespräch sehr vieler Menschen, das diese direkt vor der Nase der beharrlich vor sich hin schweigenden Hauptperson führen.

Es ist davon auszugehen, daß die Aufregung groß sein wird, wenn die Hauptperson das erstemal mit der Wimper zuckt, denn das Schweigen des Managements wirkt auf Aldi zurück und umgibt das Unternehmen mit einer Aura der Unnahbarkeit, Unangreifbarkeit und Souveränität. Wer keine großen Worte macht, muß seiner Sache sehr sicher sein, lautet eine der vielen Botschaften dieses Nichthandelns. Es wäre leichtfertig, daraus zu schließen, Nichthandeln sei eine gefahrlos anzuwendende Strategie. Ganz im Gegenteil. Wer schweigt, überläßt es nicht nur den anderen, für die eigene Person oder Sache zu sprechen, sondern beeinflußt nachhaltig die Reaktionen seines Gegenübers. Von der Pädagogik können wir lernen, daß wir nur dann nicht reagieren

[**6. KAPITEL**]

sollten, wenn Kinder versuchen, durch so harmlose Interventionen wie Quengeln oder Jammern ständig Aufmerksamkeit zu bekommen. Versuchen wir, diese Erkenntnis auf unsere Mediengesellschaft zu übertragen, dann empfiehlt sich Nichthandeln nur für den Fall, daß Journalisten subjektive Geschmacksurteile publizieren und Leitartikel schreiben – zwei Tätigkeiten, die mir dem kindlichen Quengeln nicht ganz unähnlich zu sein scheinen. Aber ich kann mich irren.

Reagieren wir hingegen auch auf ernstgemeinte Signale unserer Kinder, Kunden und Lebensgefährten mit Schweigen, wird es uns nicht gelingen, deren Anliegen aus der Welt zu schaffen. Vielmehr könnten wir eine fatale Spirale in Gang setzen – auch das eine Erkenntnis aus der Kindererziehung: Durch unser Nichthandeln vermitteln wir den anderen das unangenehme Gefühl, nicht wahr- und ernstgenommen zu werden. Deren mögliche Reaktionen: Sie werden sich noch lauter äußern, womöglich sogar immer aggressiver werden, bis uns Nichthandelnden keine andere Wahl mehr bleibt, als doch noch zu reagieren. Unter diesem Aspekt hat Bundeskanzlerin Angela Merkel exakt das Falsche getan, als sie in der Debatte um das heftig umstrittene Buch von Thilo Sarrazin, «Deutschland schafft sich ab», erklärte, sie habe es *nicht* gelesen, werde es nicht lesen, kenne es nur aus Vorabdrucken und finde es «wenig hilfreich». Was Frank Schirrmacher zu der Feststellung veranlaßte[24], man erkenne daran eine Form der «Kälte der Macht, die nicht liest und nicht zu lesen gedenkt». Und weiter: «Die Weigerung der Politik, sein Buch zu lesen, zeigt eine fundamentale Krise der politischen Kommunikation.» Es bedarf also bloß der kurzen Mitteilung, ein bestimmtes Buch nicht zu lesen, um zumindest von den Feuilletonisten für eine veritable Debattenkatastrophe verantwortlich gemacht zu werden. Und das sollte uns zu denken geben.

Da war das Schweigen der beiden Rundfunkjournalisten Zsolt Bogár und Attila Mong von etwas anderem Kaliber. Als nämlich das ungarische Parlament am 21. Dezember 2010 ein Zensurgesetz verabschiedete, das die Pressefreiheit deutlich einschränken sollte (und das drei Monate später abgeschwächt wurde), beschlossen die beiden Moderatoren im Studio 31 des öffentlich-rechtlichen Kossuth Rádió (MR1) in Budapest, auf ihre Weise dagegen zu protestieren. Sie unterbrachen um 6.16 Uhr ihr Morgenmagazin, indem sie eine Minute lang – nichts taten. Das Resultat: Sechzig kurze Sekunden war im Radio nichts zu hören. Es herrschte eine kurze, unspektakuläre Stille, also eigentlich das Selbstverständlichste der Welt. Welch provokative Wirkung selbst so ein minimales Nichtkommunizieren entfalten kann, zeigte die Reaktion der Verantwortlichen: Bogár versetzte man in den einstweiligen Ruhestand, und seinem Vorgesetzten Mong gab man einen Job im Sendearchiv. «Wir wollen uns nicht vorwerfen müssen, wir hätten nichts getan.» So rechtfertigten die beiden ungarischen Radiojournalisten ihren Protest. Das ist nicht ganz richtig, denn sie haben ja *tatsächlich* «nichts getan»; korrekterweise hätten sie also sagen müssen: «Wir wollen uns nicht vorwerfen müssen, wir hätten *etwas* getan. Und damit zum Verschwinden gebracht, was in unserem Land Unannehmbares geschieht.»

Immer wieder tun Menschen auf die eine oder andere Weise *nichts*, um für ihre politische Meinung zu protestieren; indem sie schweigen, unbewegt ausharren oder nichts mehr essen. Meist tun sie das in Situationen, in denen ihnen die demokratisch garantierten Wege versperrt bleiben. Wie in Weißrußland zum Beispiel, wo viele Bürger gegen die Repressionen des Regimes aufbegehren, und zwar durch die jeden Mittwoch stattfindenden «schweigenden Demonstrationen». Wie ambivalent diese Form des Protestes ist, also wie mächtig und zugleich ohnmächtig, beschreibt der Journalist Reinhard Veser in einer Reportage[25]: «Weil bei diesen Kundgebungen ohne Losungen, Fahnen und Transparente nicht erkennbar ist, wer Demonstrant und wer einfach nur Passant ist, ist an den Kundgebungsorten jeder in Gefahr, von

[6. KAPITEL]

kräftig gebauten, kahlgeschorenen Geheimdienstlern in Zivil in die zum Abtransport der Festgenommenen bereitstehenden Busse gezerrt zu werden.»

Wie oft haben wir das nicht schon getan? Ein bißchen den Mund gehalten. Nichts gesagt. Einfach so vor uns hingeschwiegen. Bloß auf dem Gehweg gestanden. Der entscheidende Unterschied: Wir haben es nicht in derartigen Kontexten und nicht in so exponierten Momenten getan. Sondern wie der Mann in Watzlawicks Beispiel – in einem überfüllten Wartezimmer.

Wer die Menschen durch Schweigen verunsichert, erhöht ihre Sicherheit. Eine kleine Gemeinde bei Osnabrück hat es in einem Versuch bewiesen. Schade, daß das bisher so wenige nachgemacht haben.

Doch es gibt Konstellationen, in denen das Schweigen einer Institution, der von allen die Autorität zugebilligt wird zu sprechen, zu den überraschendsten und vor allem ermutigendsten Resultaten führt. Genau davon will ich zum Abschluß dieses Kapitels erzählen. Wie unsere Straßen auszusehen haben, wissen wir: An den Straßenrändern müssen sich Schilder und Ampeln befinden, auf dem Asphalt Pfeile und Linien. Der Sinn all dieser Zeichen: Sie sollen uns sagen, was wir zu tun und zu unterlassen haben – in der stillschweigenden Annahme, dadurch unsere Sicherheit zu garantieren. Wenn es an einer Kreuzung besonders häufig kracht, reagieren die Behörden meist durch die Verfeinerung des Regel- und Kommunikationswerks, stellen also zusätzliche Tafeln auf und malen weitere Linien. Es geht aber auch anders – indem man das genaue Gegenteil von alledem macht. Daß man mit diesem Rezept Erfolg haben kann, bewies die deutsche Gemeinde Bohmte. Dort geschah über lange Zeit dasselbe wie überall sonst auch: Die einen beschwerten sich über den Krach, den Gestank und die Gefahren des Durchfahrtverkehrs, und die anderen wußten nicht, was sie dagegen tun sollten; immerhin donnerten täglich weit über 12 000 Autos und Lastwagen durch den Ortskern der Gemeinde im Nordosten des Landkreises Osnabrück.

Bohmte wäre eine unbekannte Gemeinde geblieben, hätte sie nicht eines Tages beschlossen, bei einem Projekt mitzumachen, mit dem die Europäische Union zwischen 2004 und 2008 die regionale Infrastruktur fördern wollte und es im Falle von Bohmte auch tat. Dieses Projekt bestand weniger darin, ein paar attraktive Blumenkästen und hölzerne Sitzbänke aufzustellen. Vielmehr mutete es den Bewohnern der teilnehmenden Orte ein neues Verkehrskonzept zu, das den etwas sperrigen Namen «Shared Space» trägt. Also berief die Gemeinde von Bohmte diverse Versammlungen ein, um mit den Einwohnern die Grundidee des EU-Projekts zu besprechen, die von dem niederländischen Verkehrsplaner Hans Monderman stammte. Diese Grundidee klingt erst einmal so fremdartig, daß man sich bestens vorstellen kann, wie an Bohmtes Familien- und Gasthaustischen viele, viele Nachmittage und Abende darüber debattiert wurde. Monderman kam nämlich in den Landkreis Osnabrück und erklärte seinen Zuhörern, er habe starke Vorbehalte gegen die klassische Ausstattung der Straßen mit Schildern und Markierungen. All das bringe nichts. Und illustrierte seinen Ansatz mit einem einfachen Vergleich: «Auf einem Eislaufplatz fahren alle Leute, wie sie wollen, sie achten nur aufeinander. Wir zeichnen dort auch keine Bahnen für verschiedene Geschwindigkeiten und stellen keine Verkehrsschilder auf.» Womit bereits im Kern beschrieben ist, an welcher Idee sich die Gemeinde Bohmte orientierte, als sie ein 450 Meter langes Teilstück ihrer Bremer Straße umbaute.

Erst brachte man Straße und Gehwege auf ein Niveau, so daß niemand mehr wußte, wo die eine endet und der andere beginnt. Anschließend entfernte man sämtliche Verkehrszeichen und Bodenmarkierungen, bis nur mehr eine große, leere Verkehrsfläche übrigblieb, die allen zur Verfügung stand: Autofahrern, Lastwagenfahrern, Fußgängern, Fahrradfahrern, Kinderwagenschiebern, Skatern. Man hatte also den Straßenabschnitt erfolgreich zum Verstummen gebracht. Kein Schild mehr, das den Verkehrsteilnehmern gesagt hätte, wo sie entlangfahren, wo abbiegen, wo sie das Auto abstellen, wo sie die Straße überqueren, wo sie hinradeln und wo sie als Fußgänger gehen sollten. Die einzige Regel, die in Zukunft gelten sollte, lautete: «Rechts vor links», ganz so, wie man das in der ersten Stunde des Verkehrsunterrichts lernt. Das heißt: Die Gemeinde Bohmte machte – verglichen mit allen anderen Orten Deutschlands, ja, der Welt – exakt das Falsche, beendete sie doch einfach das gewohnte Spielchen, die Verkehrsströme lenken und reglementieren zu wollen. Aus. Ende. Schilder weg. Nichts tun und zusehen, was geschieht.

Es ist durchaus nachvollziehbar, wenn Sie nun erschrocken ausrufen: «Was soll *das* denn? Dann weiß doch keiner mehr, wie er handeln soll!» Richtig, würde Ihnen nun Herr Monderman antworten, genau das ist auch der Sinn der ganzen Sache: Wir wollen niemandem mehr die Entscheidung abnehmen, wie er sich als Autofahrer oder Fußgänger oder Fahrradfahrer bewegen soll. Und: Wir wollen Sie verunsichern, denn wir glauben an den paradoxen Satz: «Unsicherheit schafft Sicherheit.» Nun war der 2008 verstorbene Verkehrsplaner Monderman kein zynischer Anarchist, der andere aus purem Übermut aus dem Konzept brachte. Vielmehr wußte er sehr genau, wie Menschen reagieren, wenn man ihnen alle Verkehrsschilder und Bodenmarkierungen nimmt und sie darüber im unklaren läßt, wo genau sich die Straße befindet, wo der Bürgersteig und wo der Parkplatz. Sie handeln nämlich – intuitiv und unbewußt – schlagartig vorsichtiger und achten viel genauer auf die Besonderheiten des Ortes und auf die anderen Verkehrsteilnehmer. Der Grund: Es gehört zu einer anderen tief in uns verankerten Routine, auf unbekanntes Terrain und auf fremde Menschen mit erhöhter Aufmerksamkeit und Sensibilität zu reagieren.

Ganz im Gegensatz zu Situationen, die wir besonders gut zu kennen glauben: Weil unser Gehirn entwicklungsgeschichtlich auf Effizienz gepolt ist, reduziert es seine Betriebsamkeit automatisch. Es wäre wenig sinnvoll, der vertrauten Wohnhöhle jedesmal dieselbe intensive Aufmerksamkeit zu widmen; wir kennen ihre Tücken und Vorzüge, es hat also keinen Sinn, sie uns immer von neuem einzuprägen; außerdem würde dieses Verhalten unsere Aufmerksamkeit binden und wir solcherart übersehen, daß vor der Höhle ein wilder Bär (nein, diesmal kein Tiger!) darauf wartet, uns zu erlegen. Auf unbekanntem Terrain hingegen strengt sich unser Gehirn deutlich mehr an. Das Fremde muß verstanden und gemeistert werden, und das braucht unsere ganze Konzentration. Im Falle von Bohmte führte dieses Verhalten dazu, daß die Verkehrsteilnehmer automatisch langsamer fuhren, weil sie fürs Aufmerksamsein mehr Zeit und Ressourcen brauchten. Dadurch wiederum kamen die Autos flüssiger voran, weil alle im ungefähr gleichen (geringeren) Tempo unterwegs waren. Ein übriges taten die fehlenden Ampeln – kein rotes Licht mehr, das die dahinrollenden Autos hätte stoppen können. Überblicken wir dieses kleine Psychogramm der in Ratlosigkeit gestürzten Verkehrsteilnehmer, so werden wir die zentrale These des «Shared Space»-Konzepts, die ich vorhin zitiert habe, nicht mehr paradox, sondern plausibel finden: Unsicherheit schafft offensichtlich tatsächlich mehr Sicherheit. Und Nichtstun bringt die Menschen zur Vernunft. Zumindest in der Theorie.

Doch wie sah es in der Praxis aus? Was hielten Bohmtes Nachbargemeinden von den eigenartigen Vorschlägen des Herrn Monderman? Darüber gibt eine Abschlußdokumentation der Fachhochschule Osnabrück detailliert Auskunft[26], wenn sie auch zu einem Resümee kommt, das jeder Leser anders beurteilen dürfte – je nach Vorstellung, welche Auswirkungen eine ideale Verkehrspolitik haben sollte. Ich jedenfalls entdecke vorrangig Positives darin, aber urteilen Sie selbst. Beginnen wir mit der Zahl der Autos und Lkws, die vor und während des Modellversuchs durch Bohmte rauschten. Diese Zahl habe sich nur «leicht» verringert. Diesbezüglich also Fehlanzeige. Dennoch bewerteten die Anwohner die Auswirkungen des kommunalen Nichthandelns vorwiegend positiv. Sie sprachen davon, daß sie die Verkehrssituation als sauberer, gemütlicher und jugendfreundlicher empfänden als zuvor, außerdem habe sich der Verkehrsfluß deutlich verbessert. Erklären läßt sich diese Einschätzung vor allem damit, daß die Autos merklich langsamer unterwegs waren und die Fahrer aufmerksamer sein mußten, um gut durchzukommen.

Wer den Erfolg von Verkehrspolitik daran bemisst, daß sie die Zahl der im Straßenverkehr verletzten oder getöteten Menschen verringert, wird mit Mondermans Konzept *sehr* zufrieden sein: «Unfälle mit Personenschaden» seien im Vergleich zu früher «prozentual stark abgesunken», heißt es in dem Bericht. Fußgänger seien seither überhaupt nicht mehr in Unfälle involviert gewesen. Gestiegen sei hingegen die Zahl der Unfälle ganz allgemein. Eine Tatsache, die als Angelpunkt einer grundsätzlichen Kritik an dem neuen Verkehrskonzept vollkommen ungeeignet ist, verzeichnet die Statistik doch vor allem kleinere Blechschäden: «Viele dieser Unfälle waren mit dem Ein- und Ausparken im Bereich der Gaststätte Gieseke-Asshorn verbunden.» Kaum der Rede wert also. Außer, man ist der CEO einer großen Versicherung und muß auf die Dividende achten.

Viel debattierenswerter erscheinen mir die Erkenntnisse, die diese Umfrage in Sachen Sicherheit zutage förderte. Trotz der vorwiegend positiven Effekte «steht ein Teil der Befragten dem Projekt nach wie vor skeptisch gegenüber», heißt es darin. Als Ursache nennen die Autoren der Abschlußdokumentation einen Grund, der meines Erachtens nicht nur für die Verkehrssituation in Bohmte gelten kann, sondern auch für alle anderen Beispiele strategischen Nichthandelns, von

[GEKONNTES NICHTSTUN]

denen in diesem Kapitel die Rede ist. Wie die Menschen auf der Straße agierten und wie sicher sie sich dabei fühlten, hänge «stark von dem jeweiligen Individuum und seinem Selbstbewusstsein ab». Wer hätte das gedacht! Daß wir in einer Studie zu einem «städtebaulichen Planungsverfahren Ortskern Bohmte» so einfache und doch weitreichende Erkenntnisse finden würden. Es hängt also von *unserer* Bereitschaft und von *unserem* Mut ab, eigene Wege zu gehen, ob wir einen schweigenden öffentlichen Raum wie jenen von Bohmte als Chance oder als Gefahr empfinden. Und ob wir es in dem einen Moment wagen, selbstbewußt nichts zu tun, um uns im anderen einzugestehen, daß unser Nichthandeln keinen weiteren Zweck hatte, als uns um eine längst fällige Entscheidung zu drücken. Womit wir bei einer jener Ambivalenzen gelandet wären, von denen es in diesem Buch wahrlich genug gibt.

Die Kunst des Nichtstuns ist schnell erklärt. Mehr Aufwand erfordern die Überlegungen, wann sie angebracht ist und wann nicht.

Tun Sie einfach *nicht*, was Sie *nicht* tun wollen bzw. sollen – und reden Sie drüber, sonst bekommt es niemand mit:
Mal angenommen, Sie kaufen sich ein Eis am Stiel, wickeln es aus und halten nur die lästige goldene Folie in der Hand. Dann haben Sie jetzt *genaugenommen* mehrere Möglichkeiten, die sich in zwei große Gruppen teilen lassen: in die Tun-Gruppe und die Nichttun-Gruppe. Zur ersteren gehört die Option, das Papier auf den Boden zu werfen, in die Tasche zu stecken, in den Mülleimer zu tun, es aufzuessen, ein Schiff draus zu basteln und so fort. Manche dieser Tun-Optionen sind sinnvoll, andere nicht.

Zur Nichttun-Gruppe wiederum gehören mindestens ebenso viele Optionen mit dem entscheidenden Unterschied, daß Sie sie unterlassen. Das Problem: Die Optionen der Tun-Gruppe werden deutlich höher bewertet als die der Nichttun-Gruppe. Dabei sind die genauso wichtig. Wenn Sie nämlich beschließen, das Einwickelpapier *nicht* auf den Boden zu werfen, dann sind Sie zweifellos auf dem richtigen Weg, vorbildlich zu handeln. Worauf ich mit diesem kurzen Absatz hinaus will: Es spielt oft eine wichtige Rolle, was wir *nicht* tun. Damit das auch alle mitbekommen, müssen wir es freilich benennen, dieses Nichttun also gleichsam umreißen. Sonst verschwindet es im gestaltlosen, ungreifbaren, unbeschreibbaren Kosmos der ungetanen Dinge, von denen wir zwar wissen, daß es ihn gibt, aus dem aber selten Nachrichten nach außen dringen. Das Nichtstun ist also eine Art Schwarzes Loch des handelnden Kosmos, das verschlingt, was das Nichtgeschehene aufbewahrt.

Sind Sie also eine Supermarktkette und legen Sie Wert darauf, daß die Menschen wissen, daß Sie nichts Ungesundes in Ihre Bio-Produkte mischen, dann müssen Sie das auch kommunizieren. So wie das die österreichische Kette Billa getan hat. Die brachte in ihren Filialen Plakate an, auf denen zu lesen war: «Bei Bio kommt's drauf an, was nicht drin ist.» Die Berliner Gaswerke wiederum warben zu Recht mit dem Slogan für sich: «Alles wächst im Frühling. Unsere Preise nicht.» Genauso sollten wir es halten: den Menschen mitteilen, was wir alles Wesentliche *nicht* getan haben. Seit drei Tagen nicht mehr Auto gefahren. Seit Wochen kein Fleisch mehr gegessen. Seit zwei Stunden keine mehr geraucht. Mit einem Wort: Seien Sie nicht bescheiden. Manchmal zumindest.

[GEKONNTES NICHTSTUN]

Tun Sie einfach nichts, wenn Sie Menschen zum Lachen bringen wollen: Wie das klappt, wußte der kürzlich verstorbene Komiker Leslie Nielsen sehr genau, war er doch der Großmeister eines schauspielerischen Ausdrucksmittels, das man im Englischen als «Deadpan» bezeichnet. Darunter versteht man die schauspielerische Technik, «den größten Unsinn» von sich zu geben, «ohne eine Miene zu verziehen»[27]. Oder anders formuliert: Deadpan ist der Trick, sehr witzig zu sein, indem man als Schauspieler das Gegenteil des Gewohnten tut – nämlich nichts. Wobei das in diesem Fall nicht ganz korrekt beschrieben ist. Leslie Nielsen und mit ihm die anderen Deadpan-Künstler, Buster Keaton und Bill Murray, machen ja eine ganze Menge: Sie tigern durch ihre Filme, lassen sich bekleidet und mit einem Whiskyglas in der Hand vom Trampolin in einen Swimmingpool fallen (wie Bill Murray in «Rushmore») oder stehen vor einer explodierenden Feuerwerkskörperfabrik und fordern die Menschen mit dem Satz «Bitte gehen Sie weiter, es gibt nichts zu sehen!» auf, nicht stehenzubleiben (wie Leslie Nielsen in «Die nackte Kanone»). Nur auf ein wesentliches Ausdrucksmittel verzichten die beiden dabei: ihre Mimik zu verändern. Die beiden Komiker blicken völlig unbewegt in die Kamera. Im Kontrast zum allgemeinen Chaos, das sie handelnd anrichten, wirkt dieses fokussierte Nichthandeln sehr lustig – zumindest auf mich. Womit wir unserer Sammlung nützlicher Erkenntnisse eine weitere hinzufügen können: Nicht zu handeln bedeutet nicht zwangsläufig, alle Aktivitäten einzustellen und gleichsam als ganze Person in Reglosigkeit zu verfallen. Vielmehr zeigen Keaton, Nielsen und Murray, daß schon kleinste Inseln der Inaktivität ausrei-

[6. KAPITEL]

chen, um die Dynamik großer Szenen merklich zu beeinflussen.

Eine Variante dieser Strategie führte ein anderer begnadeter
Schauspiel vor. Robert Mitchum hatte die legendäre Angewohnheit, seine Drehbücher daraufhin durchzusehen, aus
welchen Szenen er sich gleichermaßen raushalten konnte.
Diese markierte er mit dem Kürzel «NAR». Es stand für
«No Action Required» – also kein Schauspielen erforderlich. Manchmal müssen wir uns eben daran erinnern,
wirklich nichts zu tun, um damit Wirkung zu erzielen.

Leihen Sie sich ein paar Minuten Stille aus dem Kosmos des Schweigens: Eine existentielle Frage beschäftigt zu Weih-
nachten viele Menschen in Großbritannien: Welcher Song
wird diesmal an der Spitze der UK Single Charts stehen[28]?
Diese Bestenliste wird zwar wöchentlich veröffentlicht,
aber das Ranking zum Jahresende ist von besonderer
Bedeutung. Sowohl für die Musiker, denn zu keinem
anderen Zeitpunkt bietet sich ihnen die Chance, binnen
weniger Tage so viele CDs bzw. Downloads zu verkaufen;
und für das interessierte Publikum, hat sich doch der
Kampf um den Spitzenplatz längst zum Kult entwickelt,
auf dessen Ausgang Wetten abgeschlossen werden. Es ist
die Aufgabe der «Official Charts Company», diese Liste
zusammenzustellen; sie agiert im Auftrag der «British
Record Industry» und hat dabei nichts anderes zu tun, als
die absoluten Verkaufszahlen zu addieren, daraus eine
Liste der 200 bestverkauften Singles zu kompilieren und
die ersten 40 zu publizieren. Rund um diese seit 1952
erhobenen Charts hat sich eine Betriebsamkeit entwickelt,
wie wir sie vom Eurovision Song Contest kennen: Es gibt
unzählige einschlägige Statistiken, die zum Beispiel

darüber Auskunft geben, wer zweimal mit demselben Song
vorneweg lag (Queen mit «Bohemian Rhapsody», 1975 und
1991).

Unsere Geschichte beginnt damit, daß die Beobachter und
Fans der Charts immer unzufriedener wurden mit der
Qualität der Nummer-1-Hits, landeten doch zwischen 2005
und 2008 regelmäßig jene Musiker an der Spitze, die aus
dem britischen Casting-Wettbewerb «The X Factor» hervor-
gegangen waren. «Retortenware statt ernstzunehmender
Musiker», so läßt sich der Widerwille der Fans zusammen-
fassen. Und: «Da muß etwas geschehen!» Und es geschah
tatsächlich etwas: So organisierte unter anderen das
Ehepaar Jon und Tracy Morter via Facebook eine Gegen-
ewegung, der im Laufe des Jahres 2009 weit über eine
halbe Million Menschen beitraten. Die beiden Engländer
forderten die Mitglieder des sozialen Netzwerks dazu auf,
zwischen dem 13. bis 19. Dezember 2009 einen Song der
Metal- und Hip-Hop-Band «Rage against the machine»
runterzuladen. Der Titel: «Killing in the Name». Das
Ergebnis: Rund eine halbe Million Mal wurde die 1992
erstmals veröffentlichte Nummer gekauft. Platz 1! Damit
belegte zu Weihnachten 2009 ein Song den ersten Platz,
der mit der zigfach wiederholten Textzeile «Fuck you,
I won't do what you tell me» endet.

Zu Weihnachten 2010 wollten der Künstler David Hilliard,
dessen Frau Julie Hilliard und dessen Freund John Rogers
dem guten Geschmack ein weiteres Mal zum Durchbruch
verhelfen, und zwar mit noch radikaleren Mitteln als im
Jahr zuvor. Die ungeliebten Favoriten von «The X Factor»,
die schon wieder den Spitzenplatz zu übernehmen drohten,
sollten nicht durch Popmusik besiegt werden, sondern

[6. KAPITEL]

durch ein Stück des Avantgarde-Komponisten John Cage. Deshalb hieß die – wieder über Facebook vorangetriebene Aktion – auch «Cage against the machine»[29], eine unübersehbare Anspielung auf die erfolgreiche Kampagne von 2009. Ins Rennen schickte man die Komposition mit dem Titel «4'33"», die von rund vierzig britischen Künstlern extra neu eingespielt wurde.

Die Komposition «4'33"» von John Cage ist in die Sätze I bis III gegliedert, enthält keine Noten, sondern pro Satz nur eine einzige Anweisung an die Musiker: «TACET». Das ist lateinisch und bedeutet er/sie/es schweigt. Die Musiker kamen also Anfang Dezember 2010 im Studio One der legendären Dean Street Studios in London zusammen, nahmen ihre Gitarren zur Hand, setzten sich hinter ihr Schlagzeug und ihr Klavier – und rührten keinen Finger.[30] Wodurch ein musikalisches Unikat ins Rennen um die UK Single Charts geschickt wurde: das Ergebnis von exakt 4 Minuten und 33 Sekunden Nichthandelns. Stille also. Produziert von Paul Epworth, Clive Langer und Charlie Rapino, drei Profis ihres Fachs.

Nein, «4'33'» hat es nicht an die Spitze der Charts geschafft; die Komposition landete auf Platz 21. Und dennoch erzähle ich die Geschichte an dieser Stelle, zeigt sie doch auf eine einfache (und vergnügliche) Weise, worauf es bei der Kunst des Nichthandelns im Kern ankommt: die Zusammenhänge genau zu verstehen, in denen wir sie anwenden, und auf das genaue Timing zu achten. Wie wir beides idealerweise miteinander verbinden, zeigen die revolutionäre Komposition von John Cage, deren Neueinspielung im Jahr 2010 sowie die Positionierung in den Single-Charts: in einem Umfeld, das sich durch (kommerzielle) Songs definiert,

[GEKONNTES NICHTSTUN]

muß jeder zum wirkungsvollen Akteur werden, der sich ihm durch exakt dosiertes Nichthandeln zu entziehen und ihm auch den passenden Ausdruck zu verleihen weiß. Viereinhalb Minuten Stille zu produzieren ist freilich nur dann eine Frage von Könnerschaft und Widerstand, wenn man sich der von Moment zu Moment wechselnden Zusammenhänge unseres Lebens in einer Weise bewußt ist wie John Cage. Er hat den Musikern, die sein Werk aufführen wollen, daher auch zwei wichtige Entscheidungen überlassen: mit welchen Instrumenten sie sein «TACET» umsetzen und wie lange das Stück dauern soll. Cage ging es also darum, ein Stück Nicht-Musik zu schaffen, das von seinen Nicht-Interpreten den konkreten Bedingungen angepaßt werden kann, um seine maximale antithetische Kraft zu entfalten. Sollten Sie es also für sinnvoll halten, können Sie die Komposition von Cage auch durch ein Alphorn und zwei Nasenflöten realisieren, und zwar sieben Stunden und 20 Minuten lang. Sollten Sie die Aufführungsrechte besitzen, befinden Sie sich mit Ihrem Vorhaben in vollkommener Übereinstimmung mit dem künstlerischen Willen des 1992 verstorbenen Komponisten.

Bedenken Sie, was alles *nicht* ist: Wie es uns geht, wie unser Leben verläuft und wie erfolgreich wir sind, hängt nicht nur davon ab, was *ist*, sondern auch davon, was alles *nicht ist*. So können Sie diese Zeilen hier auch deshalb lesen, weil *kein* Mann neben Ihnen steht, der Ihnen mit seiner Trompete ins Ohr trötet. Und Sie sind auch deshalb dazu in der Lage, weil Sie *nicht* blind sind und *keine* rasenden Schmerzen haben, die Sie daran hindern würden. Die Empfehlung, uns vorzustellen, welchen nicht existierenden Dingen wir unser Glück verdanken, mutet absurd an, ist es aber nicht.

[**6. KAPITEL**]

Denn genau das machen wir jeden Tag von neuem, nur mit leicht verschobenem Akzent. So denken wir immer wieder darüber nach, was wir *noch nicht* erreicht haben. «Was? Immer noch nicht weitergekommen? Keine größeren Erfolge gefeiert? Keine längeren Strecken gelaufen?» Das übliche Programm der Selbstbezichtigung eben. Auch in diesem Fall machen wir unser Wohlbefinden von nicht existenten Ereignissen oder Zuständen abhängig. Es spricht meines Erachtens *nichts* dagegen, immer wieder mit dieser Gewohnheit zu brechen. Um auf einem paradoxen Weg zu der Erkenntnis zu gelangen, daß wir ziemlich glückliche Menschen sind – bei *der* Menge an Dingen, die wir *nicht* haben und die uns *nicht* zugestoßen sind.

[GEKONNTES NICHTSTUN]

HILFREICHE NEINS

Warum es uns das Leben leichter macht, wenn wir bestreiten, was wir gerade vor aller Augen tun; wie es
kommt, daß wir einen Politiker am effektivsten mit der
Mafia in Verbindung bringen, indem wir es in Abrede
stellen; und wie es uns gelingen kann, die Kraft des Unbewußten zu nutzen, ohne dafür esoterisch werden zu
müssen.

Als Ariane Sherine am 19. Juni 2008 in London zur Arbeit ging, stellte man ihr zweimal hintereinander dieselbe Frage. Sie prangte auf zwei vorbeifahrenden Bussen und lautete: «Doch wenn der Menschensohn kommen wird, meinst du, er werde Glauben finden auf Erden?»[1] Das gab der britischen Journalistin und Comedy-Autorin zu denken. Also tippte sie, kaum nach Hause zurückgekehrt, die Internetadresse jesussaid.org in ihren Computer ein, die auf den beiden Bussen zu lesen gewesen war. Doch anstatt auf der Webseite eine (tröstliche) Antwort zu finden, stieß sie auf dunkle Drohungen: Wer die Worte von Jesus nicht akzeptiere, der werde unter ewigen Qualen in der Hölle schmoren. Damit brachten die Jesus-Leute in Ariane Sherine offensichtlich etwas in Gang. Denn – obwohl überzeugte Atheistin – machte sie sich die Mühe, über die ganze Sache einen verwundert-ärgerlichen Artikel für die Online-Ausgabe des *Guardian* zu schreiben.[2] Und nicht nur das: Sie recherchierte der Frage auf den Bussen sogar hinterher. Und was bekam sie zu ihrem Ärger zu hören? Die britische «Advertising Standards Authority», eine unabhängige Kontrollinstitution für die Seriosität von Werbung, habe nichts gegen die Anzeigen einzuwenden. Woran sich Frau Sherine denn stoße, fragte eine freundliche Dame von der Authority, die Frage stamme doch aus der Bibel. Und die wüsten Drohungen auf der Homepage – die gingen sie eindeutig nichts an.

Dann nimmt der Artikel von Sherine eine etwas abrupte Wendung. Die Journalistin will von der Dame wissen, ob sich denn jemand über eine andere Anzeigenkampagne beschwert habe, und zwar über jene des Bierproduzenten Carlsberg; der hatte nämlich behauptet, sein Bier sei «the best lager in the world». Nein, habe die Dame geantwortet, keine Einwände. Schuld daran: das von Carlsberg verwendete Wörtchen «probably», also die Einschränkung, besagtes Getränk sei nur «wahrscheinlich» das beste helle Bier der Welt und nicht zweifelsfrei. Hintergrund von Sherines Frage war ein Gedankenspiel, über das sie abschließend berichtet: Darin rechnet sie vor, solche Busanzeigen, wie sie die christliche Organisation gebucht habe, würden bloß 23 400 Pfund kosten, was bedeute: «Wenn 4680 Atheisten das hier lesen und jeder fünf Pfund beisteuert, dann wäre es möglich, eine höchst notwendige atheistische Anzeige für einen Londoner Bus zu finanzieren.» Einen Textvorschlag für die Kampagne habe sie auch schon: «There's probably no God. Now stop worrying and get on with your life.» Aha, deswegen die Frage nach den Bierbrauern mit ihrem Zauberwort.

Der Vorschlag war anfangs wohl als Gag gedacht. Aber rund vier Monate später machte Sherine Ernst damit. Wieder schrieb sie über ihr Anliegen, eine atheistische Anzeigenkampagne zu finanzieren. Und brachte einen Prominenten mit: Richard Dawkins, den Evolutionsbiologen und Autor des Bestsellers «Der Gotteswahn», auf dessen deutschsprachiger Taschenbuchausgabe das unmißverständliche Zitat prangt: «Ich bin ein Gegner der Religion. Sie lehrt uns, damit zufrieden zu sein, daß wir die Welt nicht verstehen.» Dawkins' Auftritt sorgte für den entscheidenden Kick: Die Sache kam ins Laufen, die Menschen spendeten und spendeten. Als über 150 000 Pfund zusammengekommen waren, schloß man schließlich das Konto mit dem Versprechen, alles Geld direkt in die Kampagne zu investieren.

Es gibt ein Foto vom Start der Aktion im Januar 2009, auf dem man Ariane Sherine und Richard Dawkins – lächelnd, Arm in Arm – vor einem Bus stehen sieht.[3] Auf dem roten Gefährt klebt der leicht modifizierte Spruch: «There's probably no God. Now stop worrying and enjoy your life.» Allein in London gondelten in der Folge rund 200 Busse durch die Straßen, um den Menschen die Botschaft zu übermitteln, es gebe wahrscheinlich keinen Gott und man solle daher aufhören, sich Sorgen zu machen – vielmehr möge man das Leben genießen. Doch die britische Aktion war erst der Anfang einer internationalen Welle ähnlicher Anzeigen, die auch Deutschland erreichte. Am

9. März 2009 startete die Gruppe buskampagne.de eine Spenden-
sammlung mit dem Ziel, Busse in Berlin, München und Köln auf die
Reise zu schicken. Ihre Botschaft war ein wenig forscher formuliert als
das britische Vorbild. Sie lautete: «Es gibt mit an Sicherheit grenzender
Wahrscheinlichkeit keinen Gott. Ein erfülltes Leben braucht keinen
Glauben.» Auch in Deutschland hatte man ein paar Tage später das
nötige Geld beisammen, und Ende Mai startete in Berlin eine drei-
wöchige Rundreise, um die Botschaft unter die Leute zu bringen. Das
Resümee der Initiatoren: «Die ‹Atheist Bus Campaign› war international eine der meistbeachteten und umstrittensten Werbekampagnen
2009. In Deutschland haben wir mehr als 20 Millionen Menschen mit
unserer Botschaft erreicht.»[4]

**Nein sagen zu können ist eine wichtige Vorausset-
zung, um sich zu einem selbständigen Menschen zu
entwickeln. Daher üben sich bereits Zweijährige darin,
indem sie Schüsseln mit Karottenbrei werfen.**

All das klingt nach einem sehr großen Erfolg für die atheistische
Sache. Doch sehen wir ein wenig genauer hin, wird sich zeigen, daß
die Anti-Gott-Kampagnen des Jahres 2010 allesamt recht paradoxe
Projekte waren. Es beginnt damit, daß Ariane Sherine sich dazu von
jemandem provozieren ließ, den es ihrer Ansicht nach *nicht* gibt. Um
ihn dann auf eine Art zu behandeln, als gäbe es ihn *doch*. So schreibt sie
in ihrem ersten Artikel: «Ein Mann mit einem Bart wird für immer
über dich aufgebracht sein, weil du dich weigerst, seine Existenz anzu-
erkennen, ungeachtet des Umstandes, dass er zu unsozial ist, auf die
Erde zu kommen, um ‹Hallo› zu sagen.» Wer solcherart bedroht
werde, so Sherine weiter, sei versucht, sich vor einen der Busse zu werfen, auf denen die erwähnten Anzeigen prangten. Warum denn das?

wird sich da jeder logisch Denkende fragen. Wie kann mich jemand, der nicht existiert, bedrohen? Wie kann mich jemand, von dem ich annehme, er sei dem Wahn anderer entsprungen, dazu bringen, mich vor einen Bus zu werfen? Gibt es ihn vielleicht doch? Und wenn ja, wie paßt das mit dem eigenen Selbstverständnis als Atheist zusammen? Wir könnten diese Textpassage als fröhliche Ironie verstehen (und als einen guten Gag), hätte es Sherine damit bewenden lassen und sich kopfschüttelnd von den vorbeirauschenden Bussen abgewandt. Hat sie aber nicht. Vielmehr verfiel sie gemeinsam mit Richard Dawkins in monatelange Betriebsamkeit, um die Frage aus der Bibel zu beantworten; und ließ sich diese Antwort eine Menge Geld kosten (wenn es auch das Geld anderer Menschen war).

Doch damit nicht genug der Paradoxien: Die lancierte Buskampagne wurde nämlich ein großer Erfolg, zumindest waren die klassischen Medien voller Berichte, Twitter und viele Blogs ebenfalls. Auch das ein eigenartiges Phänomen, das so recht nicht verständlich ist. Der Ökonom Steven Levitt, Co-Autor des Bestsellers «Freakonomics», nimmt in seinem Blog[5] das Buch von Richard Dawkins zum Anlaß, um über den Erfolg von Anti-Büchern nachzudenken. So findet es Levitt zwar nachvollziehbar, daß sich beispielsweise Titel verkaufen, in denen Liberale attackiert würden, denn «viele Konservative hassen Liberale», und darin wolle man sich gerne bestätigt sehen. Der Erfolg von Dawkins jedoch bleibt Levitt ein Rätsel. «Niemand schreibt Bücher darüber, daß es Zeitverschwendung ist, Vögel zu beobachten; alle Menschen, die keine Vögel beobachten, mögen der These zwar zustimmen, haben aber keine Lust, 20 US-Dollar dafür auszugeben, um das zu lesen.» Menschen, die Gott ablehnten, müßten sich doch eigentlich genauso verhalten, mutmaßt Levitt. Daher sei es doppelt überraschend, «daß Anti-Gott-Bücher nicht mit demselben Gähnen aufgenommen werden wie Anti-Vogelbeobachter-Bücher», sondern zu Bestsellern würden.

[7. KAPITEL]

Und schließlich ist da die Frage nach dem Erfolg der atheistischen Buskampagne. Alle Anzeichen deuten darauf hin, daß Sherine & Co. gescheitert sind. Denn wer einen Bus losschickt, auf dem steht, es gebe *keinen* Gott, will vor allem eines: die anderen davon überzeugen, daß sie sich die Idee aus dem Kopf schlagen sollen. Gott sei ein Irrtum, sagen sie. Nicht weil er die falschen Ideen vertrete, sondern weil es ihn schlicht und einfach *nicht* gebe. Na gut, höchstwahrscheinlich nicht.[6] Atheisten formulieren also eine Negation, indem sie sagen, etwas oder jemand existiere *nicht*. Und übersehen dabei, daß es damit nicht verschwindet, sondern sich nur um so hartnäckiger in unseren Köpfen hält. Daß sie also durch ihre Anti-Gott-Kampagne weniger der atheistischen als der christlichen Sache gedient haben. Der Grund dafür ist die Macht so kleiner Wörtchen wie «nicht» und «nein» und «niemals». Daher soll hier die Rede von ihnen sein.

Wir Menschen sind besondere Geschöpfe, und das aus vielen Gründen. Einer davon liegt in unserer Fähigkeit, Negationen zu formulieren. Es gibt kein anderes Lebewesen, das dazu in der Lage wäre, «nein» und «nicht» zu sagen. Das klingt ganz interessant – aber ist es ein eigenes Kapitel wert? Was soll schon so außergewöhnlich daran sein, wenn wir Sätze formulieren können wie «Ich mag das nicht!», «Du bist nicht pünktlich!», «Das kommt nicht in Frage!» oder «Stell das Glas nicht so weit an den Rand!»? Es *ist* ein eigenes Kapitel wert. Sobald wir uns näher mit der Negation beschäftigen, werden wir sehen, welche wichtige Rolle sie spielt – für die kindliche Entwicklung, für die Bewältigung des alltäglichen Lebens, für das Phänomen, daß so oft das Gegenteil des Gewünschten geschieht. Und für die Strategie, diesen Mechanismus im eigenen Sinne zu nutzen. Dabei sollten wir eines im Kopf behalten: Wir beschäftigen uns in diesem Kapitel vorrangig mit unserem Denken und mit unserer Sprache – wozu den beiden das kleine Wörtchen «nein» dient, wie sie damit umgehen, wie sie es verarbeiten.

[HILFREICHE NEINS]

Daß wir dazu in der Lage sind, «nein» zu sagen, verdanken wir dem Umstand, daß wir auch «ja» sagen können – und umgekehrt. Die beiden Begriffe bedingen einander und gehören zusammen, wie gut und böse oder innen und außen. Erst wenn es zu einem Zustand einen Gegenzustand gibt, sind wir in der Lage, sie voneinander zu unterscheiden. Objekte können wir beispielsweise erst dann erkennen, wenn ihre Oberfläche nicht bloß aus Licht besteht, sondern Schatten und Ränder aufweist. So verhält es sich auch mit dem Neinsagen: Wir sind erst dann in der Lage, zwei Zustände voneinander zu unterscheiden, wenn wir ja und nein sagen können. Folgen wir Fritz B. Simon, dann bestimmt dieses Ja-Nein-Schema unser gesamtes Reden und Denken: «Sprachliche Beschreibungen sind durch binäre Unterscheidungen geordnet.»[7]

Um zu verstehen, wie wir die Fähigkeit erwerben, «nein» und «ja» zu sagen, müssen wir kurz in die Hocke gehen. Nur so können wir den zweijährigen Kindern ein wenig genauer zusehen, wie sie da um uns herumwuseln, auf uns zugehen – und gegen uns revoltieren. Wer kennt sie nicht, diese frühkindliche Phase? Wenn freundliche Babys sich in trotzige Monster verwandeln. Wenn sie die Fähigkeit entwickeln, «nein» zu sagen. Oder diese Form der Abneigung auf andere Weise ausdrücken. Aufgeklärt, wie die meisten Eltern mittlerweile sind, wissen sie diese Zeit sowohl zu benennen («Trotzphase») als auch zu ertragen (gefaßt). Dient sie doch dem Kind, selbständig zu werden. Kleinkinder, die «nein» sagen, tun den ersten Schritt in die Autonomie. Halbwüchsige, die «nein» sagen, machen damit weiter (aufgrund eines weitreichenden Umbauprozesses, dem das Gehirn während der Pubertät unterworfen ist). Und Erwachsene, die «nein» sagen, tun es aus demselben Grund. Nicht immer, aber oft. Eine zweite existentielle Form des Neins erlernen Kinder im Alter von etwa vier Jahren. Von da an verfügen sie nämlich über die Fähigkeit, Erfahrungen nicht nur zu machen, sondern diese Erfahrungen auch zu speichern und wieder abzurufen.[8] Dadurch wird es ihnen möglich, eine aktuelle Situation mit einer früheren, ähnlichen zu vergleichen. Passen sie zusammen, wird das Kind sie bestätigt finden, widersprechen sie einander, bietet ihm die Negation die Möglichkeit, auf diese Diskrepanz hinzuweisen.

Überblicken wir unser Leben, dann verwenden wir Verneinungen meist, um anderen zu widersprechen. Sei es, weil wir ihnen nicht glauben, daß die Menschheit in einer hohlen Weltkugel lebt; sei es, weil wir ihre Ansichten über die solideste Automarke und die beste Lebensweise nicht teilen; oder sei es, weil wir nicht wollen, daß sie morgens um zwei Uhr ihr neues Schlagzeug ausprobieren. Mit einem Wort: Wir sagen «nein», wenn wir etwas für falsch halten, wenn wir unser Urteil bekräftigen wollen oder wenn es uns nicht paßt, was andere denken, tun, planen oder verkünden. Wir tun es stets in der Hoffnung, damit in den Lauf der Dinge eingreifen oder den anderen von einem Irrtum abbringen zu können – oder um wenigstens von uns selber gut dazustehen, weil wir ja rechtzeitig und nachdrücklich auf das Falsche, Unpassende oder Irrwitzige hingewiesen haben.

Auf welch subtile, aber durchaus spürbare Art es ein System beeinflussen kann, wenn man uns die Möglichkeit nimmt, auf direkte Weise «nein» zu sagen, zeigt uns ein Blick auf Facebook. Das weltgrößte soziale Netzwerk bietet nämlich eine Unzahl von Funktionen an, die es den Mitgliedern erlauben, miteinander zu kommunizieren (oder sich einfach nur die Zeit zu vertreiben): Nachrichten auf Pinnwände zu schreiben, Links zu teilen, Fotos hochzuladen, Meinungen auszutauschen, die Meinungen anderer zu kommentieren und die kommentierten Kommentare zu kommentieren. Und es gibt eine Funktion, die mittlerweile zu einem Inbild von Facebook geworden ist: Sie versteckt sich hinter einem kleinen, unscheinbaren Link. Er heißt «Like». Und damit auch jeder versteht, wozu er da ist, hat man das Icon einer Hand davorgesetzt, die eine Faust bildet und den Daumen nach oben streckt.

«Gefällt mir» soll das bedeuten, und genau so nennt sich der Button auch auf der deutschen Seite. Der Link befindet sich an allen möglichen Seiten auf Facebook, und wenn man ihn anklickt, signalisiert man den anderen ohne große Worte, daß man das entsprechende Foto, den entsprechenden Kommentar, den entsprechenden Menschen mag.

Es gibt einen Grund, warum ich diesen unscheinbaren, aber mächtigen Button erwähne. In dem Gestrüpp aus Knöpfen und Links und Bildchen und E-Mails und Statusmeldungen, das Facebook auf seinen Seiten errichtet hat, wird man nämlich *eine* Funktion vergeblich suchen: einen Button, mit dessen Hilfe man «nein» sagen kann oder «Gefällt mir nicht» oder «Alles Mist hier». Da hilft alles Suchen nichts – keiner da. Vielmehr besteht das Universum von Facebook bis zum heutigen Tag aus Zustimmung. Selbstverständlich erlaubt das Netzwerk seinen Mitgliedern, ihre Meinung frei zu äußern. Doch die Sache mit dem fehlenden Button scheint viele Menschen umzutreiben: Begibt man sich auf die Suche nach dem Facebook-Nein, stößt man auf eine lange Liste an Diskussionsseiten, die sich zum Ziel gesetzt haben, den Betreibern des Netzwerks einen «Dislike»-Button abzutrotzen. Bislang ohne Erfolg. Und das, obwohl die entsprechenden Fanseiten viele Unterstützer gewinnen konnten. So zählt die Gruppe «We Want a Dislike Option» im Juli 2011 rund 2,4 Millionen Unterstützer und jene mit dem lapidaren Namen «Dislike Button» 3,3 Millionen. Doch Facebook bleibt hartnäckig und verwehrt seinen Mitgliedern die Chance zum Neinsagen. Wie im übrigen auch Netzwerk «Google+», das es seinen Mitgliedern nur erlaubt, bevorzugte Dinge mit einem «+1» zu markieren.

Es würde sich lohnen, länger darüber nachzudenken, was es bedeutet, wenn wir von Facebook ständig dazu animiert werden, etwas zu «mögen» – also ein *Gefühl* zu äußern bzw. nach einem zu suchen. Also auch in Situationen, in denen es etwa um intellektuelle

[**7. KAPITEL**]

Debatten geht, in denen man besser «verstehe ich nicht» oder «dem stimme ich zu» sagen sollte. Aber ganz offensichtlich will man keine ambivalenten Positionen von uns erfragen, sondern einfach verwertbare Statements, die sich ebenso einfach kommerzialisieren lassen. Ich gehe davon aus, daß sich der Charakter von Facebook ändern würde, wenn man zumindest einen «Dislike»-Button einführte, wenn nicht überhaupt jede Menge «Weiß nicht»-, «Mir egal»- oder «Muß ich drüber nachdenken»-Buttons. Das ist eine bloße Vermutung. Aber zieht man ein anderes Beispiel zum Vergleich heran, dann wird sie plausibel. Die Rede ist von der Sprache, in der deutsche Arbeitszeugnisse verfaßt werden. Vor über fünfzig Jahren hat nämlich der deutsche Bundesgerichtshof entschieden, daß sich Unternehmen keinesfalls negativ über ihre Angestellten äußern dürfen, wenn diese sie verlassen – um deren weitere Karriere nicht zu gefährden. Das heißt: Es wurde den Firmen explizit verboten, Negationen zu verwenden. Weshalb ihnen nur mehr das Lob als Mittel diente, die Wahrheit zu sagen. Es gibt mittlerweile eigene Homepages, die bei der Dekodierung der solcherart entstandenen Zeugnisse helfen sollen. Das Resultat: Waren sie *unzufrieden*, dann loben sie ihren Ex-Mitarbeiter auf eine Weise, die jedem normalen Schüler als Heiligsprechung erscheinen muß, waren sie *wirklich* zufrieden, füllen sie das Zeugnis mit aberwitzigen Lobhudeleien und irrealen Superlativen. So entspreche zum Beispiel die Formulierung «seine Leistungen haben in jeder Hinsicht unsere volle Anerkennung gefunden» der Note 1, «er hat unseren Erwartungen in jeder Hinsicht entsprochen» einer 3 und «er hat die ihm übertragenen Arbeiten mit großem Fleiß und Interesse durchgeführt» nur mehr einer 5.[9] Unsere Sprache braucht also ganz offensichtlich ebenso das Nein wie unser Denken, um nicht verrückt zu spielen.

[**HILFREICHE NEINS**]

**Wir beherrschen sehr komplexe Formen der Vernei-
nung. Sie dienen nicht nur dazu, etwas abzulehnen.
Manchmal ermöglichen sie uns, das eine zu sagen,
aber in Wirklichkeit etwas ganz anderes zu meinen.**

Doch wir verfügen noch über deutlich mehr sprachliche Mittel als einfache Ja-Nein-Formulierungen. Zu welchen feinen, gleichwohl wirkungsvollen kommunikativen Leistungen wir in der Lage sind, dafür
liefert John F. Kennedy ein erstes Beispiel. Als er im Sommer 1963 eine
achttägige Europareise unternahm, die ihn nach Deutschland, Irland,
Großbritannien und Italien führen sollte, rief er vor allem in Berlin
Begeisterungsstürme hervor. Er war nämlich gekommen, um den
15. Jahrestag der Berliner Luftbrücke zu feiern. Am 26. Juni hielt der
damalige US-Präsident vor dem Berliner Rathaus Schöneberg eine
Rede, die in die Geschichte eingehen sollte[10] und in der zweimal der
bereits bis zum Überdruß zitierte Satz «Ich bin ein Berliner» fiel. Nach
vielen freundlichen Worten nimmt Kennedys Rede eine kleine, aber
markante Wendung. Anstatt bei seiner affirmativen Sprechweise zu
bleiben («ich bin stolz»), formuliert er in einem kurzen Absatz ein paar
seiner Aussagen genau andersherum, nämlich als Negationen: «Ein
Leben in Freiheit ist nicht leicht, und die Demokratie ist nicht vollkommen. Aber wir hatten es nie nötig, eine Mauer aufzubauen, um unsere
Leute bei uns zu halten und sie daran zu hindern, woanders hinzugehen.»[11] Warum tut Kennedy das? Hätte er nicht genausogut sagen können: «Ein Leben in Freiheit ist schwer, und die Demokratie ist fehlerhaft. Unsere Leute blieben freiwillig bei uns, obwohl sie die Möglichkeit gehabt hätten, auch woanders hinzugehen»?

Nein, das hätte Kennedy nicht. Denn in Wirklichkeit wollte er
sagen, daß ein Leben in Freiheit wunderbar und die Demokratie die
beste aller Regierungsformen sei – und näher betrachtet hatte er beides an diesem historischen 26. Juni 1963 auch gesagt. Nur auf eine

[7. KAPITEL]

etwas zurückhaltendere und dadurch deutlich glaubwürdigere Weise. Dafür bediente sich Kennedy einer Redefigur, die als Litotes bezeichnet wird, was auf griechisch so viel bedeutet wie «Schlichtheit»; und genau die soll mit diesem Kniff auch hergestellt werden. Dabei packt man seine Aussagen in die rhetorische Watte der Verneinung, indem man eben davon spricht, ein Leben in Freiheit sei «nicht leicht» und die Demokratie sei «nicht vollkommen», anstatt ganz direkt zu behaupten, beides sei das allergrößte – was es für die Berliner dieser Zeit zweifellos gewesen ist, bedenkt man deren Lebenssituation: umringt von einem autoritären Regime, eingekreist durch eine Mauer, bedroht durch eine neuerliche Blockade. Kennedy führt uns also vor, daß wir nur vordergründig etwas verneinen, um es in Wahrheit um so stärker strahlen zu lassen. Menschliche Kommunikation funktioniert also nicht nach einfachen Grundregeln, die es anzuwenden gilt, sondern wir können gleichsam auch über Bande spielen. Und über diese Bande nachhaltig in die Realität eingreifen.

Es gibt eine Reihe von Redewendungen, die demselben Muster folgen und durch deren Verwendung wir ebenfalls versuchen, glaubwürdiger zu wirken. Meist bedienen wir uns ihrer intuitiv und ohne uns deren Funktionsweise bewußt zu sein: Wir sagen «das ist keine Kleinigkeit» und meinen, vor einer großen Herausforderung zu stehen. Wir sagen «nicht schlecht» und meinen «gut». Und wir lesen in der Tageszeitung «Schließlich handelte es sich nicht um ein größeres Gebäude, außerdem waren die Helfer nicht unerfahren mit Bauarbeiten»[12] und verstehen, daß man uns sagen will, es habe sich um ein kleines Gebäude und erfahrene Bauarbeiter gehandelt. Wer es noch einen Grad schwieriger liebt, der bedient sich doppelter Verneinungen, um eine positive Botschaft zu formulieren. Er sagt, die Schlußfolgerung sei «nicht ganz unrichtig», ein Schauspieler «nicht ganz ohne Talent» und die aktuelle Lage im arabischen Raum «nicht ganz unproblematisch». Ein besonders schönes Beispiel liefert der Hannoveraner

[HILFREICHE NEINS]

Medienrechtler Tobias Gostomzyk. Er stellte im Zusammenhang mit der Frage, ob Anwaltsschreiben an Medien in Zeitungsartikeln zitiert werden dürften, fest: «Es hat kein Mensch ein Recht darauf, nicht negativ dargestellt zu werden.»[13] Der Zweck all dieser doppelt gemoppelten Verneinungen ist ein ähnlicher wie bei Kennedy: der Wunsch, sich indirekt auszudrücken, diskreter, eleganter. Der Vollständigkeit halber sei erwähnt, daß es eine andere Form der doppelten Verneinung gibt, die im Bayerischen durchaus verwendet wird und die mit der zitierten nichts zu tun hat. Das klingt dann so: «Das habe ich nie nicht gesagt.» Hier will der Sprecher ganz sichergehen, daß wir ihn verstehen und er etwas definitiv *nicht* gesagt habe. Ein bißchen überflüssig, lustig anzuhören, keinesfalls mit der Litotes zu verwechseln – und offensichtlich Ausdruck eines menschlichen Grundbedürfnisses, «nein» sagen zu können, wann und wie oft wir das wollen.

Wenn wir hören, es sei *kein* Adler am Himmel, dann müssen wir uns erst einen Adler am Himmel vorstellen, um zu wissen, was wir uns *nicht* vorstellen sollen. Daher erreichen wir mit negativen Sätzen auch oft das Gegenteil des Geplanten.

Bob Parr ist ein ausrangierter Superheld. Weil die Menschen von Metroville glauben, ihn nicht mehr zu brauchen, haben sie ihm verboten, weiter die Welt zu retten. Um ihm ein Leben als normaler Bürger zu ermöglichen, hat man ihm eine neue Identität als kleiner Angestellter in der Schadensabteilung einer Versicherung verschafft. Dort bearbeitet Bob nun – trotz seiner Riesenkräfte – kleine Fälle. Oberstes Ziel des Unternehmens ist es jedoch nicht, seinen Kunden zu helfen, sondern möglichst große Gewinne zu machen. Deshalb versucht es auch, die Ansprüche der Versicherten abzuschmettern, selbst wenn sie berechtigt sind. Der tyrannische Abteilungsleiter Gilbert Huph läßt keine Gelegenheit verstreichen, seinen Angestellten an diese Aufgabe zu erinnern: «Sorgen Sie dafür, Bob, daß alle Pechvögel und Unglücksraben, die sich bei Ihnen ausweinen, nicht immer gleich abräumen!» Doch Bob hat nicht nur ein weiches Herz, sondern auch einen unbezwingbaren Gerechtigkeitssinn. Daher versucht er trotz des Verbots, armen Kunden zu helfen. Und wählt dafür eine Methode, die uns direkt zum Kern unseres Kapitels führt.

Als einmal eine ältere, hilflose Dame vor seinem Schreibtisch sitzt und ihn um Rat bittet, befolgt er zwar die Anweisung seines Chefs und teilt ihr mit, daß er *nichts* für sie tun könne – tut das aber überaus detailliert: «Ich kann Ihnen auch nicht raten, in unserer Rechtsabteilung im zweiten Stock eine Schadensregulierung zu beantragen», um dann abschließend festzustellen: «Ich würde gern helfen, aber ich kann nichts für Sie tun.» Es ist unschwer zu erkennen, was Mister Incredible – eine der Hauptpersonen des Animationsfilms «Die Unglaublichen» – hier tut: Der (heimliche) Superheld sagt der alten Dame sehr genau, was er ihr *nicht* sagen kann, versorgt sie damit aber mit allen notwendigen Informationen, damit sie zu ihrem Recht kommt. Daß die alte Dame diese Informationen zu dekodieren weiß und daher genau das richtige macht, verdankt sie einer fundamentalen Eigenart unseres Gehirns, der sich fünf Wissenschaftler in einer Studie angenommen haben[14]. Gleich zu Anfang ihres Aufsatzes stellen die Autoren klar, welche These ihrer Untersuchung zugrunde liege. So würden die meisten Wissenschaftler, die sich mit der Frage beschäftigten, wie wir Menschen Sprache verstehen, in folgendem einig sein: daß wir Texte entschlüsseln, indem wir ein mentales Modell der beschriebenen Situationen produzieren, ein «situation model», wie es im Englischen heißt. Lesen wir beispielsweise einen Satz, in dem es ums Kochen geht oder ums Fahrradfahren, dann wird in unserem Gehirn exakt jenes Areal tätig, das auch dann aktiv sei, wenn wir sel-

[**HILFREICHE NEINS**]

ber kochen oder Fahrrad fahren. Salopp gesagt: Wer vom Kochen liest, der denkt wie ein Koch, um die abstrakten Zeichen eines Textes in konkrete Anschauung zu verwandeln. Mit Hilfe mentaler Modelle übersetzen wir das Geschriebene: Wir verwandeln es in ein Bild der geschilderten Tätigkeiten und Ereignisse – und verstehen sie auf diese Weise.

Doch was geschieht eigentlich, fragten sich die fünf Wissenschaftler, wenn wir negierte Sätze lesen oder hören? Wenn uns also jemand sagt: «Bitte *nicht* kochen» oder «*Nicht* Fahrrad fahren»? Lesen wir vom Nicht-Kochen und denken wir dann wie Nicht-Köche? Und wenn ja, wie sollen wir uns das konkret vorstellen? Um das herauszufinden, entwickelten die Wissenschaftler eine komplizierte Versuchsanordnung, bei der zum Beispiel Bilder von fliegenden und im Nest sitzenden Adlern eine wichtige Rolle spielten. Die Ergebnisse zeigen, daß bei affirmativen und negierten Sätzen im Kern dasselbe geschieht: Man könne davon ausgehen, schreiben sie, «dass die Verarbeitung negierter Statements die gleichen Simulationen auslöst wie die Verarbeitung korrespondierender Affirmativsätze»[15]. Das bedeutet: Egal, ob die Probanden von einem Adler hörten, der *nicht* am Himmel war bzw. von einem, der sich *zweifelsfrei* dort befand – in beiden Fällen entwickelten die Studenten erst einmal das Bild eines am Himmel fliegenden Adlers. Wir können also grundsätzlich davon ausgehen, daß jeder «negierte Sachverhalt routinemäßig simuliert wird, wenn ein negierter Satz dekodiert wird»[16], und zwar genau so, wie wir das mit affirmativen machen. Das bedeutet: Qualitativ unterscheiden sich diese beiden Prozesse nicht voneinander. Egal, ob wir hören «Mein Vater kocht nicht» oder «Mein Vater kocht» – erst einmal stellen wir uns einen freundlichen Herrn mit Schürze vor, der freudig und konzentriert einen Fisch brät.

Erst im nächsten Schritt beginnt sich der Weg der mentalen Verarbeitung affirmativer und negierter Sätze zu trennen. Dann geht es

[7. KAPITEL]

nämlich darum, das eine vom anderen zu unterscheiden. Doch wie sieht dieser nächste Schritt aus? Kaup & Co. beschreiben ihn folgenderweise: Während bei einem affirmativen Satz die Dekodierungsleistung mit der Simulation der Situation endet (Adler ist am Himmel) und wir sie in die betrachtete Wirklichkeit integrieren, gehen wir bei einem negierten Satz einen Schritt weiter. Erst einmal simulieren wir die negierte Aussage; um diese Simulation nicht mit der Wirklichkeit zu verwechseln, benutzen wir dazu eine Art Hilfssystem, das Bild «Adler ist am Himmel» stellt also bloß einen Zwischenschritt dar. Aber einen entscheidenden: Ohne ihn würden wir nicht verstehen, wovon die Rede ist. Um zu verstehen, was der Satz «There was no eagle in the sky» bedeutet, müssen wir uns erst einmal einen Himmel *mit* Adler vorstellen, um anschließend zu verstehen, was genau ihm fehlt. Wir vergleichen mental die beiden Simulationen miteinander (Himmel *mit* Adler und Himmel *ohne* Adler) und entdecken dabei – einem Suchbild gleich –, worin der entscheidende Unterschied besteht. «Aha», denken wir schließlich, «der Adler – typisch, fehlt schon wieder!» Uns ohne Umwege einen leeren Himmel vorzustellen, wäre zuwenig – sind wir uns des konkret abwesenden Dings nicht bewußt, könnte dem Himmel Unzähliges fehlen: Schnürsenkel, Pizzas, Wolken, Flugzeuge oder Adler. Will man all das etwas wissenschaftlicher ausdrücken, klingt das so: «Im negierten Fall wird die Simulation des Adlers nicht in die bisherige Simulation integriert, sondern in einem getrennten Hilfs-Repräsentationssystem gespeichert. Die Negation wird dabei implizit durch die Abweichung der beiden Repräsentationen erfasst. In der Simulation des Hilfs-Repräsentationssystems befindet sich ein Adler am Himmel; in der Repräsentation der beschriebenen Welt jedoch nicht. Indem wir die beiden Repräsentationen miteinander vergleichen, gewinnen wir die Information, dass es keinen Adler am Himmel gibt.»[17]

[HILFREICHE NEINS]

Es ist also die Eigenart des Gehirns, uns den Kern einer negierten Botschaft erst einmal als positives Bild zu simulieren. Und genau diese Eigenart sorgt dafür, daß die Neins eine so große Macht entwickeln können. Die Aufforderung «Stell dir keinen blaugrün gepunkteten Elefanten vor!» hebt also die Idee eines eigenartig gefärbten Riesentiers in unser Bewußtsein. Wo sie dann ein sehr prominentes Leben führt, denn – obwohl verneint – bleibt uns der blaugrün gepunktete Elefant über lange Zeit als klares Bild vor Augen. Es gibt viele Beispiele, die uns genau diesen folgenschweren Mechanismus vorführen. Eines stammt aus Shakespeares «Othello». In der dritten Szene kommt es zu jenem verhängnisvollen Gespräch zwischen dem Feldherrn Othello und seinem intriganten Fähnrich Jago, das die Tragödie ins Rollen bringt. Darin gelingt es Jago, die Eifersucht Othellos zu wecken, und von da an beherrscht dessen Denken die wahnhafte Vorstellung, sein loyaler Freund, Leutnant Cassio, und seine Frau Desdemona würden ihn betrügen. Ein haltloser Verdacht – in die Welt gesetzt durch Jago. Dessen Geschick besteht darin, den Verdacht der Untreue nicht durch eine einfache affirmative Aussage der Art «Ihre Frau betrügt Sie!» zu lancieren; vielmehr bedient sich Jago der Macht der Negation. Er beginnt sein Werk mit der einfachen Frage, ob denn Cassio – während Othello um seine spätere Frau warb – gewußt habe, daß er sie liebte. «Von Anfang bis zum Ende; warum fragst du?», so Othellos Gegenfrage. Worauf Jago mit einer Negation antwortet: «Um nichts, als meine Neugier zu befriedigen; Nichts Arges sonst.»

Womit es um den armen Othello auch schon geschehen ist. War die Idee, Desdemona könnte ihm untreu sein, in Othellos Bewußtsein bislang nicht vorhanden, beginnt sie nun, es zu bestimmen. Und zwar angestoßen durch eine winzige Negation: «Nichts Arges sonst.» Dieses in eine Verneinung verpackte «Arge» etabliert im Kopf des «edlen Mohren im Dienste Venedigs» ein Schreckensbild, das er nie mehr abzuschütteln vermag. Othello hakt deshalb auch nach und will von Jago wissen, warum er neugierig sei. Jago antwortet mit der nächsten Negation: «Ich glaubte nicht, er habe sie gekannt.» Und auf diese Weise geht es weiter, lockt Jago seinen verhaßten Feldherrn immer tiefer ins Verderben. Und bedient sich immer wieder der negierten Form, um indirekt neue Beweise für die Untreue Desdemonas zu liefern. So beteuert Jago, Cassio für einen ehrlichen Menschen zu halten, um gleich darauf zu sagen: «Man sollte sein das, was man scheint;/Und die es nicht sind, solltens auch nicht scheinen.» Auf diese Weise kann Jago zwischendurch sogar unschuldig behaupten, er halte Cassio tatsächlich für einen ehrlichen Mann, aber da ist Othellos Denken vom (negierten) Bild des Scheinheiligen schon so infiziert, daß er antwortet: «Nein, damit meinst du mehr:/Ich bitt dich, sprich mir ganz so wie du denkst,/Ganz wie du sinnst, und gib dem schlimmsten Denken/Das schlimmste Wort.» Und genau das tut Jago dann auch. Um Othello schließlich perfiderweise vor den zerstörerischen Auswirkungen ebenjener Eifersucht zu warnen, die er hervorgerufen hat: «O bewahrt Euch, Herr, vor Eifersucht,/Dem grüngeäugten Scheusal, das verhöhnt/Die Speise, die es nährt!» So treibt man jemanden in den Wahnsinn, indem man ständig sagt, etwas *nicht* zu wollen, zu denken und zu tun.

Wir können also Ideen, Fakten und Regeln nicht nur dadurch in die Welt bringen, indem wir sie in positive Aussagen packen – wir können auch gegenteilig verfahren: sie als Negationen lancieren. Das Internet hat eine Erzählform entwickelt, die uns diesen Mechanismus sehr anschaulich vor Augen führt. So können wir zum Beispiel in Blogs immer wieder Textpassagen entdecken, die durchgestrichen wurden. Warum wohl? Über die Motive der Autoren können wir nur Vermutungen anstellen. Was diese damit erreichen, ist einfacher zu sagen: Sie bringen Dinge in die Welt, indem sie sie negieren. Die Autoren bilden auf wundersame Weise das oben geschilderte Simulationsmodell nach. ~~Wieso lesen Sie eigentlich diese Sätze? Ich habe sie doch durchgestrichen! Und wenn etwas durchgestrichen ist, so bedeutet das klas-~~

~~sischerweise: «Weg damit!» oder «Ignorieren!» Und was tun Sie? Lesen~~
~~einfach weiter! Setzen sich über mich hinweg. Wie bitte? Ich hätte~~
~~diese Sätze ganz löschen können, um sie verschwinden zu lassen? Und~~
~~ich wolle offensichtlich, daß Sie sie lesen können? Welch eine Unter-~~
~~stellung!~~

Wollen wir also bestimmte Ideen, Fakten und Regeln erst gar nicht in die Köpfe der Menschen gelangen lassen, sind wir schlecht damit beraten, sie hinzuschreiben oder auszusprechen – in durchgestrichener Form ebensowenig wie in negierter. Eine Warnung, die übrigens unter genau dem Problem leidet, das sie anspricht, aber das läßt sich in diesem Fall nicht vermeiden. Oder doch?

Wer versucht, anderen ihre Angst auszureden, bringt sie oft erst auf die Idee, sich zu fürchten. Negationen sind nämlich ein zweischneidiges Schwert.

Genau das aber tun viele Menschen immer wieder. Indem sie zum Beispiel von Medien verlangen, jene Lügen, Gerüchte oder Verleumdungen wieder aus der Welt zu schaffen, die sie über sie verbreitet haben. Für diesen Zweck hat sich der Gesetzgeber das Instrument der Entgegnung ausgedacht. Ganz nach dem Motto: «Aug um Aug, Satz um Satz.» Es gibt gute Gründe, *keinen* Gebrauch davon zu machen – selbst dann nicht, wenn wir als Betroffene über die haltlosen Unterstellungen wütend oder gekränkt sein sollten. Denn das Instrument der Gegendarstellung sieht vor, daß alle falschen Behauptungen Satz für Satz wiederholt werden müssen, also «ohne Einschaltungen und Weglassungen in gleicher Aufmachung wie die Tatsachenbehauptung»[18].

Das ist zwar grundsätzlich vernünftig – wie sollte ein unbeteiligter Leser sonst nachvollziehen können, worum es im Detail geht? Aber die

[7. KAPITEL]

Wiederholung der beanstandeten Aussagen hat einen höchst unerwünschten Nebeneffekt: Nun erfahren auch jene Leser von der Sache,
die sie bisher nicht mitbekommen haben. Doch es kommt noch schlimmer. Die Antworten auf die Verleumdungen müssen nämlich laut
Gesetz in Form einfacher Negationen abgefaßt werden, sind also nach
allem, was wir bisher erfahren haben, kaum dazu geeignet, die Unterstellungen aus der Welt zu schaffen. Vielmehr eignen sie sich bestens
dazu, sich noch tiefer ins Gedächtnis all jener zu graben, die sie lesen –
und zwar als Tatsachen, wie wir weiter unten noch sehen werden.

Wie solche Gegendarstellungen aussehen, können wir uns in den
Zeitungsarchiven ansehen. Am Beispiel von Stefan Raab etwa. Dessen
Anwalt erwirkte eine Entgegnung auf einen Artikel, der den Titel
«Will der nur spielen?» trug.[19] Unter Punkt 3 können wir lesen: «Weiter heißt es: ‹Zur Gewinnmaximierung nimmt Raab mit schöner
Regelmäßigkeit Schleichwerbung ins Programm. Und sein Sender
zahlt in noch schönerer Regelmäßigkeit Strafen dafür.›» Raabs Antwort: «Hierzu stelle ich fest, daß ich keine Schleichwerbung ins Programm nehme und mein Sender keine Strafen dafür bezahlt.» So geht
das zwanzig Punkte lang. Darunter befinden sich gröbere wie harm-
losere Entgegnungen und solche, die man unter der Rubrik «Satire»
verbuchen muß. Dazu gehört Punkt 6: «Weiter heißt es: ‹Der Metz-
gerssohn, der heute noch das Mettbrötchen mit Zwiebeln, Gurken-
scheibe dazu, ganz hinten in seiner Stammkneipe schätzt (…).› Hierzu
stelle ich fest, daß ich nie Mettbrötchen mit Gurkenscheiben dazu esse
und auch keine Stammkneipe habe.» Auf diese Weise werden wir bis
heute daran erinnert, was der Journalist geschrieben hat und was
Stefan Raab daran für falsch hält. Noch schlimmer wird die Sache
durch den Umstand, daß die meisten Redaktionen dem Entgegnungs-
text einen sogenannten Redaktionsschwanz anfügen, in dem sie noch
ein wenig in der schmerzlichen Angelegenheit herumstochern. Und
die Entgegnung kommentieren.

[**HILFREICHE NEINS**]

Nur gut für Stefan Raab, daß die meisten der von ihm beanstandeten Behauptungen harmlos bzw. absurd anmuten (inklusive der Repliken). Nicht auszudenken, hätte der Musiker und Moderator versuchen müssen, mit einfachen Negationen die Unterstellung aus der Welt zu schaffen, jemanden vergewaltigt zu haben. Ein anderer deutscher Fernsehmoderator hatte das gerichtlich versucht und war damit gescheitert: Obwohl er von dem Vorwurf freigesprochen wurde, konnte er nicht mehr in seinen Job zurückkehren. Zu belastend erschien den TV-Verantwortlichen der Schatten der (falschen) Beschuldigungen, das Mittel der Negation als viel zu schwach, um sie wieder zum Verschwinden zu bringen. Und die verständnisvollen Artikel, die später über ihn erschienen, haben die Sache auch nicht zum Besseren wenden können, sondern sie noch mehr verschlechtert: Denn mit jeder Erwähnung seines Namens und der Feststellung, er sei *kein* Vergewaltiger, wurde das bittere Thema von neuem ins Bewußtsein der Leser gehoben. Und in manchem Kopf zur unumstößlichen Tatsache, ganz ohne Negation.

Doch nicht nur Entgegnungen haben die unangenehme Eigenschaft, das Gegenteil dessen zu bewirken, was wir mit ihrer Hilfe erreichen wollen. Auch negative Anweisungen führen oft zu ähnlich paradoxen Ergebnissen. Ein Hinweis, der vor allem für Eltern hilfreich sein könnte, wie die folgende kleine Geschichte zeigt, in der ich eine gewisse Rolle spiele. Sie ereignete sich im Jahr 1961, als ich knapp zwei Jahre alt war. Damals wohnten meine Eltern zur Untermiete im ersten Stock eines kleinen Hauses in Graz. Es gehörte der Witwe eines gewissen Dr. Schmuck. Die alte Dame hatte also mit «Frau Dr. Schmuck» angesprochen zu werden, und als solche ist sie auch in die Familienmythologie eingegangen. Als besagte Frau Dr. Schmuck eines Tages nach Hause kam, sah sie zu mir, dem knapp Zweijährigen, hoch, wie ich am Arm meiner Mutter aus dem Fenster auf sie hinuntersah. In der Angst, ich könnte auf dumme Gedanken kommen, rief sie mir von unten entgegen: «Nicht, daß du auf mich herunterspuckst!» Mit dem Ergebnis, daß ich – der ich noch nie irgendwo auf irgend jemanden hinuntergespuckt hatte – auf sie hinunterspuckte.

Diese Anekdote illustriert, wie Erwachsene Ideen in die Welt setzen, unter deren Folgen sie später nicht nur leiden, sondern für die sie auch noch die Falschen verantwortlich machen. Viele Warnungen, Befehle und Wünsche leiden unter exakt diesem Defekt. Wer kennt sie nicht, diese freundlich gemeinten Sätze, mit denen besorgte Eltern immer wieder das Gegenteil des Gewünschten bewirken: «Du brauchst überhaupt keine Angst zu haben», lautet zum Beispiel eine Beschwichtigung, die wir beim Besuch des Kinderarztes regelmäßig hören können. Er verfehlt aus doppeltem Grund seinen Zweck: Kindern, die bereits Angst haben, hilft er nicht, weil der Hinweis darauf fehlt, *was* sie gegen ihre Angst tun können. Und all jene Kinder, die ruhig und zufrieden dasitzen, kommen spätestens in diesem Moment auf die Idee, sich zu fürchten. Es gibt viele Ermahnungen, die diese Wirkung haben: «Iß nicht mit offenem Mund», «Wirf deine Klamotten nicht auf den Boden», «Ärgere deine kleine Schwester nicht», «Nimm dir keine Süßigkeiten aus dem Schrank», «Zappel nicht», «Paß auf, daß du nicht hinfällst!» Überspitzt formuliert handelt es sich bei all diesen Sätzen um unbeabsichtigte Handlungsaufforderungen. Eltern, die ihre Kinder mit Hilfe von Verneinungen zu erziehen versuchen, bringen ständig Möglichkeiten ins Spiel, an die die Kinder mitunter nicht gedacht haben. «Die kleine Schwester ärgern? Keine schlechte Idee! Könnten wir wieder einmal machen.»

Daß dieses Phänomen nicht bloß auf Kinder beschränkt bleibt, zeigt eine meiner Lieblingsanekdoten[20]. Es war auf der Geburtstagsparty eines Berliner Freundes namens Volker. Weil der DJ mitreißende Musik spielte, tanzten sehr viele Menschen sehr ausgelassen in einem Zimmer der Altbauwohnung. Irgendwann kamen ein paar Tänzer auf die Idee, im Rhythmus von «Highway to hell» zu hüpfen. Das

Ergebnis: Der Parkettboden des Zimmers begann gefährlich zu schwingen. Der panisch herbeigerufene Gastgeber drehte die Musik ab und forderte seine enthemmten Gäste mit ernster Miene auf: «Bitte *nicht* springen!» Mit dem Ergebnis, daß nun alle Anwesenden wie auf Befehl *zu springen begannen* – selbst die, die bisher bloß ein wenig herumgestanden hatten. Und nach dem bisher Gesagten werden wir verstehen, daß die Negation *tatsächlich* ein Befehl war, nur ein ins Negative gewandter.

Halten wir die Annahme für plausibel, daß Aufforderungen, etwas Bestimmtes *nicht* zu tun, mitunter dazu führen, daß wir genau *das* tun – dann werden wir menschliche Regelwerke und Vorschriften schlagartig mit anderen Augen sehen. Sie dienen durchaus dazu, gewisse Handlungen zu verbieten bzw. moralisch zu ächten, bringen aber andererseits die negierten Tatbestände überhaupt erst in die Welt. So beinhaltet das Schild «Ballspielen nicht erlaubt» folgende doppelte Botschaft: «Wehe, ihr spielt hier Ball!» und «Schon mal daran gedacht, hier Ball zu spielen?» Zusätzlichen Nachdruck erfährt die zweite Lesart des Schildes durch den Umstand, daß es exakt an diesem Ort hängt: Irgendwie, sagt das Schild indirekt, muß sich dieser Platz fürs Ballspielen recht gut eignen, sonst gäbe es keinen Grund, es zu untersagen. Warum es also nicht mal versuchen? Wo ist ein Ball?

Es wäre überzogen, daraus eine unumstößliche Regel abzuleiten in dem Sinne: Solche Aufschriften sorgen prinzipiell dafür, daß Menschen genau das tun, was die Schilder negieren. Die Möglichkeit jedoch, daß ein Verbotsschild genau diese Reaktion auslöst, haftet jeder Blechtafel an, auf der ein durchgestrichener Ball abgebildet ist. Und nicht nur dieser Tafel – allen anderen auch. So auch jenen beiden aus Stein bestehenden, die Moses einst direkt von Gott empfangen haben soll. Denn die meisten der eingemeißelten Gebote sind in Form von Negationen formuliert. Um genau zu sein: Es sind acht von zehn: 1. Du sollst neben mir keine Götter haben; 2. Mißbrauche nicht den

Namen des Herrn; 5. Du sollst nicht töten; 6. Du sollst nicht die Ehe brechen; 7. Du sollst nicht stehlen; 8. Du sollst nicht falsch aussagen; 9. Begehre nicht deines Nächsten Frau; 10. Begehre nicht deines Nächsten Gut. Zweifellos sind die Zehn Gebote Ausdruck jener Schwächen, denen wir Menschen am häufigsten erliegen bzw. vor mehreren tausend Jahren am häufigsten erlegen sind. Aber sie lassen sich eben auch wie eine Anleitung lesen, ein schlechterer Mensch zu werden. Daß es genug Ansatzpunkte gibt, über die Wechselbeziehung von Verboten und deren Übertretung nachzudenken – ganz im Sinne von Watzlawicks These von der Kreisförmigkeit von Aktion und Reaktion –, zeigt das abschließende Zitat aus einem Artikel, der sich mit dem weltweiten Handel von Kokain und Heroin beschäftigt, mit denen «nach Uno-Schätzungen weltweit jährlich über 100 Mrd. Dollar umgesetzt»[21] würden: «Den Kritikern zufolge hat die von der Uno festgelegte Verbotsstrategie in den vergangenen Jahrzehnten die illegalen Drogenmärkte nicht nur nicht einschränken können, sondern größtenteils erst geschaffen.» So mächtig kann offensichtlich ein so kleines Wörtchen sein.

Weil die Verarbeitung negativer Aussagen ziemlich anstrengend ist, unterlaufen uns dabei Fehler. So verwandeln sich Warnungen vor schädlichen Medikamenten in Empfehlungen.

Welche mitunter überraschenden und kontraintuitiven Ergebnisse wir durch unsere Negationen erzielen, hängt nicht nur davon ab, was wir *sagen*, sondern auch davon, was wir *nicht sagen*. Wenn wir zum Beispiel unseren Gesprächspartner mit der Feststellung konfrontieren: «Das ist keine gute Idee!», wird er fragen: «*Was* ist keine gute Idee?» Was weiter nicht verwunderlich ist, haben wir ihm doch den Kontext unserer Aussage nicht verraten. Er weiß schlicht und einfach nicht, wovon die Rede ist. Den brauchen wir aber, um den Überblick nicht zu verlieren. Weil es zu allem eine Studie gibt, so auch dazu. Und zwar von den beiden Psychologen Lüdtke und Kaup, denen wir in diesem Kapitel bereits begegnet sind. Sie haben festgestellt, «dass negative Sätze dann gut zu verarbeiten sind, wenn der negierte Sachverhalt entweder zuvor explizit zur Diskussion stand oder zumindest eine plausible Annahme im Diskurskontext dargestellt»[22]. Die Versuchsanordnung: Lüdtke & Co. erzählten ihren Probanden, daß die Sommerferien angefangen hätten und eine gewisse Daniela «mit ihrer Freundin Mareike im Freibad verabredet» sei. Während die beiden zum Schwimmbecken gingen, hätten sie überlegt, ob das Wasser wohl warm oder kalt sei. Das Ergebnis der Studie: Als man den Versuchspersonen anschließend einen Satz vorlas, in dem es darum ging, daß das Wasser nicht kalt sei, wurde er von den Versuchspersonen gut verarbeitet – indem sie ihn korrekterweise dem Schwimmbad zuordneten (und nicht der Antarktis). Bevor Sie nun den Kopf schütteln über die vermeintliche Trivialität dieser Erkenntnisse, lesen Sie bitte noch eine knappe Minute weiter – Sie werden sehen, daß die Sache noch interessant wird.

Also: Die Verständlichkeit negierter Aussagen hängt stark davon ab, ob der Zusammenhang, in dem sie stehen, erhalten bleibt. Daß wir also immer wissen, worauf sie sich ganz konkret beziehen. Daher würden, schreiben die Wissenschaftler, Negationen auch «stärkeren pragmatisch-kommunikativen Verwendungsbeschränkungen als affirmative Sätze»[23] unterliegen, also nicht überall genauso selbstverständlich verwendbar sein wie affirmative Sätze. Wenn wir also irgendwelche ansatzlosen Sätze mit Neins formulieren, laufen wir Gefahr, daß unser Gegenüber entweder lange über sie nachdenken muß, sie gar nicht versteht – oder sogar als ungewollte Handlungsanweisung. Wie wir Eltern das sehr gerne tun, wenn wir unsere «Tu dies nicht»- und «Tu das nicht»-Sätze anwenden. Weil wir uns auf knappe Nein-Anweisungen beschränken, ohne das größere Ganze zu beschreiben, kommen viele dieser Negationen für die Kinder wie aus dem Nichts. So zum Beispiel der Satz: «Stell das Glas nicht so nah an den Rand!» Das ist nett gemeint, aber vollkommen zweck-, weil für das Kind sinnlos. Unserer Negation fehlt nämlich die positive Basis, deshalb muß der Satz für das Kind auch unverständlich bleiben. Denn es stellt sein Glas nicht deshalb so nahe an den Tischrand, weil es glaubt, nur ein solcherart geparktes Fruchtsaftglas sei ein gutgeparktes Fruchtsaftglas. Vielmehr fehlt dem Kind das Bewußtsein dafür, daß solcherart abgestellte Gläser gerne abstürzen. Es tut einfach, was es tut. Daher erscheint dem Kind die Ermahnung auch wie ein plötzlich auftauchendes Rätsel, auf das es sich nur schwer einen Reim machen kann: «Ich soll *was* nicht *wohin* nicht *wie* nicht stellen?» Ein möglicher Ausweg aus dem Dilemma besteht für das Kind darin, die Negation als eine Aufforderung zu interpretieren. Mit dem Ergebnis, daß das Kind sein Glas *noch* ein wenig näher an den Abgrund schiebt. «Wenn die Großen das so wollen – dann mache ich es eben.»

Nach dem bisher Gesagten ist es weiter nicht verwunderlich, daß für uns negierte Sätze deutlich schwerer zu verarbeiten sind als affirmative. Unser Gehirn muß mehrere Dekodierungsschritte leisten, und das dauert. Das kann ich freilich nur deshalb so beiläufig hinschreiben, weil es auch dazu Studien gibt, die genau das nachgewiesen haben. Eine davon trägt den wunderbaren Titel «Ist eine Tür, die nicht offen ist, geistig geschlossen?»[24] Durchgeführt wurde sie von drei Psychologen, die ihre Versuchspersonen mit zwei Sätzen konfrontierten, die sich durch nichts anderes voneinander unterschieden als durch ein kleines «nicht». Auf diese Weise wollten sie herausfinden, ob unser Gehirn bei der Verarbeitung eines affirmativen Satzes («Die Tür ist offen») schneller agiert als bei der Verarbeitung eines negierten («Die Tür ist nicht offen»). Das Ergebnis war eindeutig, denn es habe sich herausgestellt, «dass die Verarbeitung eines negierten Satzes im Vergleich zu einem affirmativen Satz sehr zeitaufwändig ist», schreibt dazu Jana Lüdtke in ihrer Dissertation[25] in bezug auf diese Studie, die mir in diesem Kapitel wertvolle Hinweise geliefert hat. Ken Ramshøj Christensen vom Center of Functionally Integrative Neuroscience im dänischen Aarhus bestätigt diese Ergebnisse, indem er die Gehirne seiner Probanden mit Hilfe der funktionellen Kernspintomographie beobachtete, während er ihnen verschiedene Sätze vorsagte. Das Ergebnis seiner Studie[26]: Affirmative Sätze verstehen wir schneller, negierte langsamer.

Komplexere Prozesse wie Negationen beanspruchen in der Regel nicht nur mehr Zeit, sondern sind auch fehleranfälliger. Zu welchem Resultat das in unserem Fall führen kann, haben die drei Psychologen Gilbert, Tafarodi und Malone untersucht. Bereits im Jahr 1993 veröffentlichen sie eine Studie[27], die den vielsagenden Titel trägt: «Man kann nicht *nicht* alles glauben, was man liest». Darin zeigten sie, daß wir Menschen für Negationen ziemlich unempfänglich sind, also selbst dann etwas glauben, wenn man uns eindeutig klargemacht hat, es sei *nicht* wahr; daß wir also dazu tendieren, Negationen auf ihren affirmativen Kern zu reduzieren – und das «Nein» zu vergessen. Das geschehe zum Beispiel, wenn wir während der Verarbeitung von Negationen gestört würden. Die Psychologen führten dazu insgesamt drei Experimente durch. Sie ergaben weitreichende Einsichten in die Art und Weise, wie schwer wir uns mit negierten Aussagen tun und wie störanfällig wir bei deren Entschlüsselung sind. Wenn Menschen nämlich daran gehindert würden, «Behauptungen zu hinterfragen, die sie verstanden zu haben glauben, neigen sie dazu, sich so zu verhalten, als ob sie sie glauben. Menschen erinnerten sich nicht nur daran, diese Behauptungen seien wahr, sondern sie hielten sie tatsächlich für korrekt». Das bedeutet: Erzählt man uns beispielsweise davon, ein gewisses Produkt stehe *nicht mehr* im Verdacht, krebserregend zu sein, und

[7. KAPITEL]

werden wir bei der Verarbeitung dieser Negation gestört, dann besteht die Gefahr, daß wir das Produkt für krebserregend halten. Das gelte jedoch nur für Negationen, so Gilbert: «Jegliche Ablenkung während der Lektüre erhöhte die Wahrscheinlichkeit, daß die Probanden eine falsche Behauptung für richtig hielten, aber verringerte hingegen die Wahrscheinlichkeit nicht, daß sie eine richtige Behauptung für falsch hielten.»

Der Wissenschaftsjournalist Jochen Paulus hat in der *Zeit* auf eine Studie aus dem Jahr 1984 hingewiesen[28], die nicht nur die von Gilbert ganz wunderbar ergänzt, sondern auch bestens in diesen Zusammenhang paßt. Dort untersucht der Psychologe Daniel H. Wegner die negativen Auswirkungen von Unterstellungen, die so klingen: «Die Marke X ist nicht gefährlich.» Eine solche Aussage ist laut Wegner durch eine Doppelbotschaft gekennzeichnet: Sie stelle einerseits eine Behauptung auf («Die Marke X ist gefährlich»), bewerte diese Behauptung aber gleichzeitig als falsch («… *nicht* …»). Eine klare Angelegenheit, sollte man meinen, denn was soll die Marke X anderes sein als «*nicht* gefährlich»? Steht doch da! Tja – weit gefehlt! Nach einer Reihe von Untersuchungen hat sich laut Wegner nämlich immer wieder herausgestellt, «dass die Menschen bemerkenswert unsensibel den Bewertungen der Unterstellungen gegenüber sind». Anstatt das «nicht» angemessen zu berücksichtigen, stützten sie ihr Urteil auf das erste Element des Innuendo, die Behauptung. Von der Unterstellung kam also bloß die Aussage «Die Marke X ist gefährlich» im Bewußtsein der Probanden an, die Verneinung ging verloren. Die meisten Menschen würden Unterstellungen solcherart mißverstehen, so Wegner, weshalb sie in der Lage seien, das Ansehen von Menschen, Organisationen und Produkten merklich zu beschädigen.

Wegner weiß das deswegen so genau zu sagen, weil er andere Versuche in diese Richtung unternommen hat.[29] Bekanntgeworden ist vor allem jener aus dem Jahr 1981, in dem er Probanden verschiedene Zeitungsschlagzeilen gezeigt hatte, die eine fiktive Person namens Bob Talbert zum Gegenstand hatten. Manche dieser Headlines waren neutral formuliert («Bob Talbert ist in der Stadt angekommen»), manche behaupteten unverblümt, er mache gemeinsame Sache mit der Mafia («Bob Talbert steht mit der Mafia in Verbindung»), andere packten ihre Unterstellung in die Form einer Frage («Steht Bob Talbert mit der Mafia in Verbindung?»), und schließlich gab es auch eine Headline, die in unserem Zusammenhang besonders interessant ist. Sie lautete: «Bob Talbert steht *nicht* mit der Mafia in Verbindung»; eine klassische Negation also, die besagen soll: «Talbert und die Mafia? Nichts dran, vergessen Sie die Story!» Als Wegner jedoch die Probanden nach der Lektüre der Schlagzeilen befragte, was sie von Talbert hielten, habe sich gezeigt, daß nicht nur die Tatsachenbehauptung «Bob Talbert steht mit der Mafia in Verbindung» ihm geschadet hatte, sondern auch «die Unterstellungen tatsächlich sehr wirkungsvoll waren». Das habe nicht nur für die Frageform gegolten, sondern auch für die negierte Schlagzeile «Bob Talbert steht *nicht* mit der Mafia in Verbindung». Sie sei «genauso schädlich gewesen wie die direkten Behauptungen». Laut Wegner gibt es sogar Konstellationen, in denen Unterstellungen effektiver wirkten als Behauptungen. Und zwar dann, wenn diese Unterstellungen von Medien publiziert würden, die als unseriös gelten: «Es hat den Anschein, als würde es Medien, die eine miese Reputation besitzen, mit Unterstellungen tatsächlich gelingen, ihre belastenden Informationen überzeugender rüberzubringen als mit Hilfe direkter Anschuldigungen.» Unterstellungen würden es den Lesern offenbar leichter machen, die negativen Aussagen zu glauben, wirke doch deren Indirektheit «als eine Art Puffer» für den Leser. «Eine interessante Ironie», stellte der Psychologe überrascht fest.

Offensichtlich läßt die Frage, warum bei der Verarbeitung von Negationen in unserem Kopf so oft etwas schiefgeht, den einschlägigen Wissenschaftlern keine Ruhe. Es gibt dazu eine Reihe von Untersuchungen. Auf eine davon will ich noch kurz eingehen, bringt sie doch eine neue Theorie ins Spiel. So erschien im Jahr 2005 eine Studie, deren Ergebnis bereits durch ihren Titel deutlich wird: «Wie Warnungen vor falschen Behauptungen zu Empfehlungen werden können»[30]. Darin widmen sich zwei Marketingfachleute und zwei Psychologen der Frage, ob – und wenn ja, wie – sich eine klare (warnende) Botschaft in unseren Köpfen in ihr Gegenteil verkehren kann. Um es kurz zu machen: Sie tut es. So habe sich in den Köpfen vieler Versuchspersonen die Behauptung «Aspirin zerstört den Zahnschmelz» als Tatsache festgesetzt, obwohl sie gleich darauf als falsch bezeichnet worden war. Ein Phänomen, das man eher bei älteren als bei jüngeren Menschen beobachten konnte; aber auch die sind nicht davor gefeit, sich Unsinn als Tatsache einzuprägen. Auf die Frage nach dem Warum geben die Autoren zwei Antworten. Zum einen spiele uns das Gedächtnis einen Streich. Wir würden nämlich ganz offensichtlich die Botschaft «Aspirin zerstört den Zahnschmelz» und die darauffolgende Warnung «Stimmt nicht!» unterschiedlich gut im Gedächtnis behalten. Während wir erstere meist problemlos behalten würden, gehe die Erinnerung an den Kontext des Gesagten verloren, also an die Warnung. Es ist leicht nachvollziehbar, wozu diese Schwäche führt: Wir behalten nur mehr die Behauptung im Kopf, Aspirin lasse unseren Zahnschmelz verschwinden. Und wir vergessen, daß wir den Quatsch auf einer dubiosen Homepage oder in einer unseriösen Illustrierten gelesen haben.

Aber es gibt noch einen zweiten Grund dafür, warum aus Falschem Wahres werden kann: Daß wir uns an eine Aussage erinnern, lasse in uns das Gefühl entstehen, mit ihr vertraut zu sein. Und was uns vertraut ist – so eine tief in uns verwurzelte, entwicklungsgeschichtlich entstandene Überzeugung (der Tiger!) –, das muß auch stimmen. Und genau dieses Gefühl, «mit den Aussagen vertraut zu sein», fördere «die paradoxe Bereitschaft, die falschen Behauptungen als wahr zu betrachten». Denselben Effekt konnten die Autoren in einem zweiten Experiment nachweisen: Dabei wiederholten sie eine Behauptung mehrfach, ohne etwas über deren Wahrheitsgehalt zu sagen. Das verblüffende Resultat: Es genügt bereits, etwas bloß mehrfach zu wiederholen, um dessen Glaubwürdigkeit zu erhöhen, denn wieder schließen wir aus dem Umstand, eine Aussage bereits zu kennen, auf deren Wahrheitsgehalt. So wären Versuche, solch vertraute Behauptungen zu diskreditieren, fehlgeschlagen: Vielmehr hätten sie die Tendenz der Menschen erhöht, «diese Behauptungen als wahr zu betrachten». Eine menschliche Eigenart mit ziemlich weitreichenden Implikationen. Denn stimmt es, daß sich in eine wahre Aussage verwandelt, was nur oft genug wiederholt wird, dann gilt es zum Beispiel, Kinder von all jenen Medien fernzuhalten, die ihnen ununterbrochen dieselbe Botschaft vermitteln, wie anfechtbar sie auch sein mag.

Wer Busse mit der Aufschrift durchs Land schickt, es gebe wahrscheinlich keinen Gott, bringt die Menschen dazu, sich noch intensiver mit ihm auseinanderzusetzen – wahrscheinlich.

Nach dieser kleinen Geschichte über die Macht des Neins wird es niemanden mehr überraschen, daß die Journalistin Ariane Sherine und der Evolutionsbiologe Richard Dawkins, von denen am Beginn dieses Kapitels die Rede war, mit ihrer Buskampagne gescheitert sind (gemessen an den eigenen Ansprüchen natürlich). Anstatt die Idee Gottes zum Verschwinden zu bringen, haben sie sie am Leben erhalten oder überhaupt erst zum Leben erweckt. Wolfgang Schneider hat das grundsätzliche Dilemma, in dem sich Atheisten befinden, sehr präzise auf den Punkt gebracht.[31] Über einen Vortrag des britischen Literaturkritikers James Wood, der sich vor allem mit der Beziehung von Literatur und Religion beschäftigt, schrieb er, laut Wood müsse der Atheist sich als «Bevollmächtigter des Nichts» ebenfalls «auf ‹Etwas› beziehen: den Gott, den es nicht gibt. Die Negation ist in ihrer fortgesetzten dialogischen Verfasstheit eine verdeckte Affirmation. So lebt Gott weiter in der Grammatik des atheistischen Gedankens. Mit dem bitteren Satz von Niels Lyhne[32]: ‹Es gibt keinen Gott, und der Mensch ist sein Prophet!›» Ein wenig allgemeiner, aber im Kern genau gleich, argumentiert der Neurowissenschaftler Detlef Linke, wenn er schreibt: «Das Wort Kritik kommt von *krinein*, *Entscheiden*, und bedeutet eigentlich eine Scheidung. Mit unseren zwei Hirnhälften sind wir Menschen allerdings so angelegt, daß wir oft beide Wege zugleich gehen. Die Verneinung wird dann zum Begleitostinato der Bejahung.»[33]

Daß sich dieses Phänomen mit Händen greifen läßt, das zeigten die Reaktionen auf die Anti-Gott-Kampagne. Kaum hatten die britischen Busse ihre Rundreise beendet, starteten gleich drei andere christliche Gruppen (die «Christian Party», die «Trinitarian Bible Society» und die «Russian Orthodox Church») mit einer Kampagne: «There definitely is a God. So join the Christian Party and enjoy your life.» Ohne die mediale Aufmerksamkeit, die Sherine geschaffen hatte, wären deutlich weniger Menschen auf die Botschaft aufmerksam geworden – die es auf diese Weise sogar bis in eine abgelegene Ecke wie dieses Buch geschafft hat. In Deutschland gingen die Gegner der Atheisten, eine Gruppe namens «Campus für Christus», noch um einiges effizienter vor. Drei Wochen lang folgte deren Bus wie ein Schatten dem Anti-Gott-Bus. Auf ihm war die freundliche Frage «Und wenn es ihn doch gibt …?» zu lesen. Der *Spiegel* berichtete nicht nur über die ganze Sache[34], sondern zeigte auch, daß die Christen sehr professionell mit jener medialen Aufmerksamkeit umzugehen wußten, die die Gottlosen ausgelöst hatten – Pressesprecher Ingmar Bartsch bedauerte es sogar, daß die öffentlichen Verkehrsmittel es abgelehnt hätten, atheistische Anzeigen auf deren Bussen zu affichieren. «Sie wollen als Atheisten respektiert werden, das finde ich okay», so Bartsch. Und dann sagte er noch etwas: «Wir wollen, dass man über Gott spricht.» Wie hatte doch gleich Dawkins ein paar Monate zuvor gesagt? «Wir wollen die Menschen zum Nachdenken bringen.» Treten wir ein paar Schritte zurück, so beginnen die Unterschiede zwischen den beiden Gruppen zunehmend zu verschwimmen. Welch interessanter Anblick. Und die Illustration jener These, der zufolge Befürworter und Gegner einer Sache einander in wunderbaren Schleifen verbunden sind, treiben sie doch einander immer wieder an. Bis wir nicht mehr zu sagen wissen, wer wen erfunden hat und wer von wem abhängig ist und wer wessen Botschaft besser befördert.

Die Atheisten haben also viel erreicht. Nur eines nicht: daß Gott bzw. dessen Sohn aus den Köpfen der Menschen verschwindet. Vielmehr haben sie dafür gesorgt, daß diese religiösen Ideen noch tiefer in den Menschen verankert wurden. Und daß jene Menschen daran erinnert wurden, die sie bereits vergessen hatten. Mit jedem Bus, mit jeder Debatte, mit jedem Wort haben die Atheisten dafür gesorgt, daß uns Gott präsenter wird – ob in seiner freundlich-humanen, in seiner alttestamentarisch-strafenden oder in seiner atheistisch-negierten Variante. Ob man das für gut oder schlecht oder überflüssig hält, ist eine Frage der persönlichen Haltung. Unzweifelhaft hingegen ist der Umstand, daß letztlich das gerade Gegenteil des Gewünschten geschehen ist.

Das bedeutet: Sherine und Dawkins haben weniger wie zwei Atheisten als vielmehr wie zwei – ins Negative verkehrte – Gläubige agiert. Sie mögen das so nicht gewollt oder beabsichtigt haben. Indem sie jedoch auf Hunderten von Bussen die Botschaft lancierten, es gebe *keinen* Gott, machten sie sich zu dessen Propheten. Daher an dieser Stelle ein kleiner Hinweis: Wer auf Drohungen, Thesen oder Aussagen reagiert, die seiner Ansicht nach jeder Grundlage entbehren,

[**7. KAPITEL**]

der kann sie durch seinen Widerspruch zum Leben erwecken, mitunter sogar effektiver als deren Propagandisten. Und noch ein zweiter Hinweis bietet sich an dieser Stelle an: Wer kein Interesse daran hat, daß sich andere mit einem bestimmten Thema beschäftigen, der sollte ihnen keine Gelegenheit dazu geben. Fragen Kinder danach, ob sie fünf Stunden lang ununterbrochen fernsehen können, hat es wenig Sinn zu antworten, Fernsehen sei des Teufels. Jedes Wort über schlechte Fernsehprogramme, ungeeignete DVDs und deren Schaden fürs Gehirn verstrickt alle Beteiligten nur noch tiefer in den Gegenstand der Debatte und läßt sowohl Eltern wie Kinder erfüllt von dem Thema zurück. Besser, wir lassen ungeliebte Themen und Thesen so spurlos an uns vorbeiziehen wie schlechte Werbung. Über sie hat der berühmte Werbemann David Ogilvy einmal gesagt: «Wenn deine Werbung keine große Idee enthält, wird sie vorüberziehen wie ein Schiff in der Nacht.»[35] Womit wir beim letzten Teil des Kapitels angelangt wären.

Wer unter einer konkreten Situation leidet, der stellt am besten in Abrede, daß er tut, was er gerade tut. Es gibt aber noch weitere Möglichkeiten, zum eigenen Vorteil «nein» und «nicht» zu sagen.

Wie zu Beginn erwähnt, behandelt dieses Kapitel die Frage, wie unser Denken und unsere Sprache funktionieren, wenn sie durch das kleine Wörtchen «nein» in Bewegung gesetzt werden. So viele Drehungen und Wendungen wir dabei auch beobachtet haben mögen – die grundsätzlichen Verhältnisse sind einfach zu beschreiben. Unsere Sprache ist nämlich so konstruiert, daß sie uns glauben läßt, wir hätten immer nur die Wahl zwischen dem *einen* und dem *anderen*, also zwischen ja und nein, schwarz und weiß, oben und unten. Sobald wir uns aber unserem Verhalten zuwenden, also dem, was wir *tun*, erkennen wir, daß wir viel mehr Möglichkeiten haben. So schreibt Fritz B. Simon[36] auch, daß es in Wirklichkeit mindestens *zwei* verschiedene Arten gebe, etwas zu verneinen (und nicht bloß eine, wie wir denken): auf passive und auf aktive Weise. Wer zum anderen sage, «Ich liebe dich nicht», der verneine die Sache auf passive Weise. Wer hingegen sage «Ich hasse dich!», der mache das auf aktive Weise. Ein anderes Beispiel von Simon lautet: «Ich weiß nicht, ob es Gott gibt» (passiv) und «Es gibt keinen Gott» (aktiv). Wie wir sehen, gehören Ariane Sherine und Richard Dawkins mit ihrer Buskampagne zur zweiten Kategorie, der aktiven. Und tatsächlich, wenn wir es genau betrachten, besteht zwischen der passiven und der aktiven Option tatsächlich ein sehr großer Unterschied, der uns rein sprachlich gesehen leicht entgehen kann. Im Fall einer passiven Verneinung vermeiden wir es, uns für etwas Bestimmtes zu entscheiden. Im Fall einer aktiven Verneinung hingegen tun wir etwas, «das eine gegenteilige Bedeutung hat», so Simon.

Wir bekommen es also in der «Wirklichkeit» wieder einmal mit jenen Ambivalenzen zu tun, denen wir an vielen Stellen dieses Buchs begegnet sind. Es ist daher auch weiter nicht verwunderlich, daß es in genau dem Moment zu einiger Verwirrung kommt, wenn unser Ja-Nein-Denken und -Sprechen mit unserem konkreten Verhalten in Berührung kommt. So schreibt Simon, die Gefahr des Denkens und Sprechens rühre daher, «daß sie dem Redner ermöglicht zu behaupten, etwas nicht zu tun und es gerade dadurch zu tun»[37]. Wir haben im Kapitel «Paradoxe Verhältnisse» etwas darüber erfahren, als davon die Rede war, daß wir bestimmte paradoxe Aufforderungen nur erfüllen können, indem wir ihnen nicht folgen und umgekehrt («Sei spontan», Sie wissen schon). Das mag in vielen Fällen zu den «verwirrenden und verrücktmachenden Gefahren der Sprache» gehören, wie Simon schreibt – aber das Durcheinander bietet uns auch Chancen. Und genau von diesen Chancen, die sich immer dann ergeben, wenn unsere

Sprache mit der Wirklichkeit auf Tuchfühlung geht, soll jetzt am Ende dieses Buchs die Rede sein. Wir werden sehen, daß wir es tatsächlich *richtig* machen können, indem wir es *falsch* machen (aber auch ziemlich falsch, aber das wissen wir bereits).

Warnen Sie ohne Unterlaß: Vor all jenen Dingen, die Sie den Menschen näherbringen wollen, sollten Sie warnen, und zwar möglichst detailliert und ausführlich. Sollten Sie vergessen haben, warum, lesen Sie bitte weiter oben nach. In der Passage zitiere ich den Titel der entsprechenden Studie: «Wie Warnungen vor falschen Behauptungen zu Empfehlungen werden können».

Distanzieren Sie sich von den Dingen, die Sie gerade tun: Wollen Sie ein wenig Distanz gewinnen, sich eine Hintertüre offenhalten bzw. komplexen Angelegenheiten die Schwere nehmen, dementieren Sie einfach, was Sie gerade tun. Das klingt zum Beispiel so wie in dieser E-Mail, die ich von einer Freundin erhalten habe: «Hallo Christian, ich werde nicht nachfragen, ob sich die Herrschaften vom Verlag was gedacht haben zu meinem Manuskript, das haben wir so vereinbart. Also tue ich das auch nicht. Wie geht's denn sonst so? Alles Liebe H.» Meine Antwort lautete: «Liebe H., danke der Nachfrage, es geht – sehr unter Druck wegen des eigenen Buchs, für das ich schon diverse Fristverlängerungen erwirkt habe. Weil Du ja nicht nachfragst, was aus Deinem Manuskript geworden ist, kann ich Dir auch nicht schreiben, daß ich eben nochmals nachgehakt habe und mailen würde, sobald der Verlag sich gemeldet hat. Aber, wie gesagt – Du fragst ja nicht! Das Beste aus Hamburg (wo ich eben sitze), Christian.»

Einem schüchternen Paar wiederum ermöglichte es diese Strategie, nach monatelangen Annäherungsversuchen endlich konkret zu werden. Den Ausschlag gab ein Anruf des einen beim anderen: «Wollen wir uns heute abend bei mir sehen?» fragte der eine. Und weil er überzogene Erwartungen vermeiden und auch nichts versprechen wollte, fügte er noch hinzu: «Es gibt auch garantiert nichts Besonderes zu essen. Und Sex machen wir sowieso keinen!» Als dann der andere kam, wartete ein liebevoll zubereitetes Abendessen auf ihn. Und anschließend kam dann, was so lange schon hatte kommen müssen – nach übereinstimmenden Berichten der beiden wurde es eine wunderbare Nacht, wohl auch, weil sie vom gelegentlich wiederholten Satz «Nein, wir machen heute keinen Sex» begleitet wurde. Aus dem Abend entstand übrigens eine langjährige Beziehung.

Die Psychologie nennt diese Strategie, etwas zu tun und gleichzeitig zu behaupten, man tue es nicht, «Dissoziation», also «Trennung einer Verbindung». Wer solcherart vorgeht, löst sich von seiner Verstrickung in eine aktuelle Situation und betrachtet sie aus einer gewissen Distanz – inklusive der eigenen Person. Indem wir sagen, wir würden nicht tun, was wir eben tun, stellen wir uns außerhalb des Systems, zumindest mit einem halben Fuß. Und das erleben wir durchaus als befreiend, vor allem, wenn uns die konkrete Situation belastet oder sonstwie auf die Nerven fällt. Wir können uns dieses Tricks übrigens in fast allen Lebenslagen bedienen. Ein Artikel der *New York Times*[38] etwa beschreibt sehr anschaulich, wie Spitzensportler damit ihre Leistung steigern. Ihre Wirksamkeit verdanke die Dissoziation dem Einfluß, den unsere Haltung auf unseren Körper haben kann: Während Marathonläufer durch den Gedanken an die noch vor ihnen liegende Strecke an Kraft verlieren würden, steige ihre Leistungsfähigkeit, wenn sie an anderes denken. Zum Beispiel: «I'm Not Really Running, I'm Not Really Running ...» – wie der Titel des Artikels. Wir gewinnen also an Souveränität und Kraft, wenn wir nicht völlig in einer Situation aufgehen, sondern uns ein wenig von ihr entfernen, um uns selber zuzusehen. Das Problem an der Dissoziation: In bestimmten Situationen kann diese Strategie uns zwar helfen, den Überblick zu behalten. Aber wenn wir die gesamte Zeit neben uns stehen, beispielsweise beim Sex, dann wird das mit der Leidenschaft nicht klappen. Die braucht nämlich Hingabe. Und Hingabe bedeutet, ganz im Moment aufzugehen – das gerade Gegenteil von Trennung. Aber mit der Dissoziation ist es wie mit allen anderen Strategien auch: eine jede zu ihrer Zeit und in ihrem Kontext.

Die wohl radikalste Variante der Dissoziation stellte der Widerstand vor allem jüdischer KZ-Häftlinge dar, der nicht zuletzt darin bestand, Witze über die eigene hoffnungslose Situation zu machen. Dazu schreibt der Historiker und Schriftsteller Doron Rabinovici[39]: «Zweifellos wurden in den KZs Witze erzählt. Im Lager Theresienstadt und in den Ghettos gab es Kabaretts mit sarkastischen Liedern. Berühmt etwa das Theater im Ghetto Wilna, in dem meine Mutter war. Zunächst wurde gegen die Gründung eines Theaters heftig protestiert. Auf dem Friedhof wurde dem Judenältesten Jakob Gens entgegengehalten, man habe kein Theater zu spielen. Aber dann entwickelte sich das Theater zu einem Ort der Selbstbehauptung.»

Angesichts der drohenden Ermordung noch die Kraft zu finden, sich vom eigenen Schicksal zu distanzieren, ist aus heutiger Sicht kaum vorstellbar. Und eine Leistung, die es den Opfern ermöglichte, einen letzten Rest an Autonomie und Würde zu bewahren. Wer seinem unvorstellbaren Leiden noch eine Pointe abringt, der hat sich davon nicht unterkriegen lassen und sich von den aufgezwungenen Regeln des KZs zumindest ein Stück weit entfernt.

Sagen Sie, was Sie sagen wollen, indem Sie sagen, andere würden es sagen, nicht aber Sie: In Japan gilt es als unhöflich, die eigene Meinung direkt zu äußern. Die Menschen bedienen sich daher einer eleganten Variante der Negation, um dennoch zu kommunizieren, was sie denken. Sie sagen: «Ich selber glaube das nicht, aber man sagt, daß Tapeten mit Blümchenmuster nicht mehr ganz dem aktuellen ästhetischen Stand entsprechen.» So können wir uns eine These zu eigen machen, indem wir sie negieren. Und schon sind Sie ein Stückchen weiter. Welches konkrete Stückchen das ist, können freilich nur Sie entscheiden.

Verbieten Sie jene Dinge, die Sie durchsetzen wollen: Verbote sind wunderbar. Sie bringen uns erst auf Ideen, an die wir im Traum nicht gedacht haben, und sie animieren uns dazu, gegen sie zu verstoßen, denn nur so kann unser Ich in den Zustand der Ruhe zurückkehren. Daher sollten Sie liebenswerten Menschen auch nur jene Dinge untersagen, die diesen guttun. Wollen Sie zum Beispiel Ihre Kinder für ein neues Buch interessieren oder sicherstellen, daß sie Ihre schriftlichen Anweisungen lesen, stecken Sie sie einfach in eine Kiste und kleben Sie einen Zettel mit der Aufschrift dran: «Schaut keinesfalls in diese Kiste!» Weil der Unterschied zwischen Kindern und Erwachsenen meist deutlich geringer ist als angenommen, wirkt diese Intervention auch bei den Großen. So startete im Oktober 2008

[**7. KAPITEL**]

eine Gruppe von Hollywoodstars, zu der Will Smith, Justin Timberlake, Leonardo DiCaprio, Orlando Bloom, Julia Roberts und Dustin Hoffman gehörten, die Kampagne «5 Friends». Sie sollte Staatsbürger der USA dazu animieren, sich für die Präsidentenwahl registrieren zu lassen. Dabei bedienten sich die Schauspieler des erwähnten Tricks und forderten die Menschen dazu auf, keinesfalls wählen zu gehen; wozu auch, eine einzelne Stimme zähle doch nichts. Diese von Steven Spielberg inszenierten Clips sind aus zwei Gründen spannend anzusehen: Zum einen kann man ganz wunderbar beobachten, wie sehr diese paradoxe Strategie die Menschen durcheinanderbringt. So weigert sich beispielsweise Harrison Ford vor laufender Kamera, fürs Nichtwählen zu werben; niemand könne ihm garantieren, daß diese Strategie nicht nach hinten losgehe. Andere Stars wiederum brauchen mehrere Anläufe, bis ihnen das «Don't vote!» einigermaßen glaubwürdig über die Lippen kommt. Und schließlich ertappt man sich dabei, wie einen die ultimative Aufforderung, keinesfalls wählen zu gehen, sehr schnell dazu bringt, es unbedingt zu wollen.

Dementieren Sie Ihre Wünsche und melden Sie damit Ihre Ansprüche an: Wollen Sie ins Gespräch kommen, dementieren Sie einfach, weshalb Sie ins Gespräch kommen wollen: Daß es keine aktuellen Überlegungen gebe, das Unternehmen zu verlassen, die Stadt zu wechseln, eine ausgedehnte Weltreise zu unternehmen – was auch immer. Indem Sie etwas dementieren, machen Sie Ihre Umgebung darauf aufmerksam, daß etwas Derartiges zumindest möglich ist. Wenn Sie also betonen, aktuell nicht darüber nachzudenken, sich beruflich zu verändern, signalisieren Sie den Headhuntern Ihrer Umgebung, daß es keine

Grundsatzfrage für Sie ist, sondern bloß eine des richtigen Angebots. Es hängt von Ihrem persönlichen Geschick ab, diese Dementis so elegant und subtil zu plazieren, daß Sie als Absender nicht erkennbar sind. Sorgen Sie daher idealerweise dafür, daß jemand anders den Job für Sie übernimmt. Erfolg garantiert ein Dementi freilich nicht. Aber in die Welt setzen können Sie ein Thema mit dessen Hilfe allemal. Und wer weiß, was im Anschluß daran geschieht.

Sie können für diesen Plan auch eine Homepage ein wenig zweckentfremden, die es seit kurzem gibt. Sie heißt icorrect.com und bietet eine zentrale Anlaufstelle für alle, die sich über den Wahrheitsgehalt bestimmter Gerüchte informieren wollen, die über Persönlichkeiten im Umlauf sind. Nach dem bisher Gesagten erscheint es wenig sinnvoll, dort *wirklich* etwas berichtigen zu wollen. Denn wenn diese Seite etwas ist, dann eine ideale Anlaufstelle für alle Menschen, die sich auf den aktuellen Stand bringen wollen, welche Gerüchte über wen in Umlauf sind – und zwar *nicht*, um sie anschließend sofort wieder zu vergessen, sondern vielmehr, um sie sich zumindest zu merken, wenn nicht weiterzuerzählen: «Weißt du, was ich gelesen habe? Der Dings soll doch tatsächlich …» Um hingegen Gerüchte in Umlauf zu setzen, sind solche zentralen Dementierhomepages bestens geeignet. Einen Versuch jedenfalls ist es wert.

Raunen Sie Ungewisses in negativer Form: Milton H. Erickson war ein amerikanischer Psychotherapeut, der großen Einfluß auf eine Reihe wichtiger Wissenschaftler und Psychotherapeuten ausübte und immer noch ausübt. Unter ihnen befand sich der in diesem Buch immer wieder zitierte

Paul Watzlawick. Es würde viel zu weit führen, an dieser Stelle die Bedeutung Ericksons würdigen zu wollen. Daher muß ein Hinweis auf jene Technik genügen, mit der Erickson der Psychotherapie ein machtvolles Instrument in die Hand gegeben hat: die Hypnotherapie. Erickson war nämlich davon überzeugt, daß die Fähigkeiten unseres Bewußtsein sehr beschränkt sind – ganz im Gegensatz zu denen unseres Unbewußten. In dem schlummerten all die Kräfte und Ressourcen, die wir bräuchten, um uns selber heilen zu können. Woraus sich logischerweise die Frage ergab: Wie da rankommen? Ericksons Antwort: in hypnotischen Zuständen. Wer sich in einem solchen befinde, dessen Bewußtsein würde ausgeschaltet und dem Unbewußten die Chance eröffnet, sein (selbst)heilendes Werk zu vollbringen. Woraus sich die nächste logische Frage ergab: wie die Menschen in Hypnose versetzen und was ihnen in Hypnose sagen, damit das Unbewußte mit der Selbstheilung loslegt?

Die Antwort: Wege zur Hypnose gebe es viele und Formulierungen, mit denen man unser Unbewußtes anregen könne, ebenfalls. Welche man wähle, hänge von den konkreten Personen ab. Habe man es zum Beispiel mit Menschen zu tun, die gegen Anweisungen schnell Widerstände entwikkelten, seien wir gut beraten, ihnen mit Verneinungen zu kommen: Erickson habe geglaubt, «daß das bloße Aussprechen einer Verneinung durch den Therapeuten oft als Blitzableiter dienen kann, um kleinere Hemmungen und Widerstände, die sich im Patienten aufgestaut haben, automatisch abzuführen»[40]. Gleichzeitig werde das Bewußtsein des Menschen durch Verneinung verwirrt – wir haben weiter oben gesehen, wie schwer sich unser Gehirn damit

[HILFREICHE NEINS]

tut, Verneinungen korrekt zu verarbeiten. Durch Verneinungen könne man daher dazu beitragen, «die limitierte bewußte Einstellung eines Patienten außer Kraft zu setzen, so daß innere Arbeit möglich wird». Erickson habe dafür Redewendungen wie die folgenden verwendet: *«Sie können es versuchen, **nicht** wahr?», «Warum sollten Sie das **nicht** geschehen lassen?» und «Sie brauchen **nicht** in eine Trance zu gehen, bis Sie wirklich dazu bereit sind».* Salopp verkürzt bedeutet das: Verwenden Sie Menschen gegenüber, die Sie nachhaltig verwirren wollen, einen Haufen Verneinungen, deren Konstruktion Sie an Erickson schulen sollten.

Unter diesem Blickwinkel hatte der wahre Job des ehemaligen Vorsitzenden der US-Notenbank, Alan Greenspan, weniger darin bestanden, eine wichtige finanzpolitische Institution zu führen, als vielmehr darin, die Menschen in einen Trancezustand zu versetzen, aus dem sie möglichst lange nicht erwachen sollten und während dessen man ihnen die eigenartigsten Anweisungen geben konnte. Oder wie sonst sind Sätze wie der folgende zu verstehen? «Ich weiß, daß Sie glauben, Sie wüßten, was ich Ihrer Ansicht nach gesagt habe. Aber ich bin nicht sicher, ob Ihnen klar ist, daß das, was Sie gehört haben, nicht das ist, was ich meine.»[41] Was dieses Zitat darüber hinaus so interessant macht, ist seine Doppelkonstruktion: Greenspan hat den Satz nicht nur durch einen Negations-Fleischwolf gedreht, sondern thematisiert darin zudem das Verständnisproblem, das wir mit solcherart konstruierten Aussagen haben. Er spricht also in Negationen von den weitreichenden Auswirkungen von Negationen und verwirrt uns dadurch auf eine höchst effektive Weise.

[**7. KAPITEL**]

Sagen Sie so lange nein, bis ein Ja draus wird: In einer seiner Kolumnen[42] kommt der sich selbst als «Sprachpfleger» bezeichnende Bastian Sick auf das Thema zu sprechen, eine bestimmte Antwort möge zwar «ja» lauten, «doch die gefühlte Wahrheit lautet Nein!» Um dann die Erkenntnis zu zitieren: «Von mehr als 50 Prozent der Weltbevölkerung weiß man, dass sie, wenn sie Nein sagen, in Wahrheit Ja meinen.» Anschließend belegt Sick diese These anhand eines kleinen Frage-Antwort-Spiels, das uns als Vorbild dafür dienen kann, wie man durch ein standhaftes Nein schließlich doch bei einem Ja enden kann – ein sehr passender Schluß für dieses Kapitel, wie ich finde:

«Darf ich Sie noch auf eine Tasse Kaffee einladen?»

«Nein!»

«Mit Milch und Zucker?»

«Nein!»

«Nein mit Milch oder Nein mit Zucker?»

«Keinen Zucker, bitte!»

Ach ja, eines noch: Erwähnen Sie niemandem gegenüber dieses Buch! Niemandem! Nie! Weder auf Facebook, auf Twitter, auf Google+ noch im nächsten Gespräch. Weder Geschäftsfreunden gegenüber noch engen Freunden! Am besten, Sie denken ganz einfach nicht mehr dran, daß Sie dieses Buch jemals gelesen haben. Und daß ich es geschrieben habe.

Ihr Dr. Christian Ankowitsch, Berlin, im Januar 2013

DANK

Wenn ich die Eintragungen in meinem Kalender richtig verstehe, dann haben wir im Januar 2010 zum ersten Mal über dieses Buch gesprochen. «Wir», das sind Gunnar Schmidt, der Leiter von Rowohlt • Berlin, und ich. Ihm sei an dieser Stelle herzlich gedankt, für seine Loyalität und die insistierend-konstruktiven Fragen zu meiner Grundidee.

Daß aus der Idee schließlich dieses Buch geworden ist, verdanke ich einer Reihe von Menschen, die mich dabei unterstützt haben. Elisabeth Gronau, wie so oft, durch ihre Recherchen und Hinweise. Bettina und den Jungs für ihre Anregungen und ihre Geduld. Andere haben mir mit ihren Ideen, Einwänden, Anekdoten, Fragen, Ratschlägen und ihrer freien Zeit geholfen. Und zwar: Peter Ankowitsch, Detlef Borchers, Christoph Demand, Michael Dobe, Michael Ebert, Carola & Björn Finkenstedt, Peter Glaser, Dirk Helbing, Jens Landvogt, Heidi List, Sarah Otter, Doron Rabinovici, Vijay Sapre, Franz Schuh, Christoph Schulte-Richtering, die Programmierer des Schreibprogramms «Scrivener», Thomas Sevcik, Erik Spiekermann, Sebastian Turner, Katharina von den Leyen und Kerima Wahl.

Christian Kämmerling wiederum, dem geschätzten Kollegen, verdanke ich den Titel dieses Buchs. Entstanden ist er bei einem spontanen Chat auf Facebook, den Kämmerling mit der originellen Anrede «Anko!» startete.

C. A.

ANMERKUNGEN

Heilsame Zumutungen

1   Der offizielle Name der Klinik: Vodafone Stiftungsinstitut und Lehrstuhl für Kinderschmerztherapie und pädiatrische Palliativmedizin an der Vestischen Kinder- und Jugendklinik Datteln (VIKP). Die VIKP ist weltweit eine der größten Einrichtungen für Kinderschmerztherapie; sie behandelt pro Jahr 220 Kinder stationär und 1400 ambulant. Geleitet wird sie von dem Kinderarzt Prof. Dr. Boris Zernikow und wird seit der Gründung im Oktober 2002 von der Vodafone Stiftung unterstützt.

2   Michael Dobe, Tanja Hechler, Boris Zernikow: «The Pain Provocation Technique as an Adjunctive Treatment Module for Children and Adolescents with Chronic Disabling Pain: A Case Report», in: *Journal of Child & Adolescent Trauma*, 2009, S. 297–307 sowie Tanja Hechler, Michael Dobe, Uta Damschen, Markus Blankenburg, Sandra Schroeder, Joachim Kosfelder, Boris Zernikow: «The Pain Provocation Technique for Adolescents with Chronic Pain: Preliminary Evidence for Its Effectiveness», in: *Pain Medicine*, 2010, Jahrgang 11, Nummer 6, S. 897–910

Einfache Regeln

1   Für die *Zeit*, abgedruckt in der Ausgabe 24/2001.

2   www.diogenes.ch/leser/verlag/geschichte

3   *Frankfurter Allgemeine Zeitung* vom 16. Dezember 2006, S. Z1

4   Offizielle Verkaufszahlen von Diogenes für Frank O'Connor, «Meistererzählungen»: 2006: 29 verkaufte Exemplare, 2007: 288, 2008: 36, 2009: 33, 2010: 21, 2011: 8 (Stand: 25. Mai 2011).

5   Gerhard Roth: «Aus Sicht des Gehirns», 2003, S. 81

6   Roth: «Aus Sicht des Gehirns», S. 78

7   Roth: «Aus Sicht des Gehirns», S. 78

8   «Hauptsache irrational», in: *Das Magazin*, 41/2010, S. 43

9   Paul Rozin, April Fallon, Robin Mandell: «Family Resemblance in Attitudes to Foods», in: *Developmental Psychology*, Bd. 20, Ausgabe 21984, S. 309–314

10 Roth: «Aus Sicht des Gehirns», S. 84

11 So lautet der Titel des 1982 erschienenen dritten Bandes von Douglas Adams' Romanreihe «Per Anhalter durch die Galaxis».

12 vgl. Roth: «Aus Sicht des Gehirns», S. 138 ff

13 Gerd Gigerenzer: «Bauchentscheidungen: Die Intelligenz des Unbewussten und die Macht der Intuition», 2007, S. 37 f

14 Gigerenzer: «Bauchentscheidungen», S. 15

15 Gigerenzer: «Bauchentscheidungen», S. 158

16 Gigerenzer: «Bauchentscheidungen», S. 92

[17] vgl. Niehaus, «Die Wahrheit über die Lüge», S. 508–513

[18] Werner Tiki Küstenmacher, Lothar Seiwert: «Simplify your Life», 2001

[19] www.simplify.de, Stand: Juli 2011

[20] In dem Magazin McK Wissen, Nr. 5, 2. Jahrgang, 2003

[21] www.icosystem.com

[22] McK Wissen, Nr. 5, 2. Jahrgang 2003

[23] E-Mail vom 4. Juni 2011

[24] vgl. Nassim Taleb: «Der schwarze Schwan. Die Macht höchst unwahrscheinlicher Ereignisse», 2008

[25] Alex Rühle: «Ein kosmisches Minderwertigkeitsgefühl», Süddeutsche Zeitung vom 17. Juli 2009

[26] Roth: «Aus Sicht des Gehirns», S. 84

[27] Roth: «Aus Sicht des Gehirns», S. 81

[28] Herbert A. Simon: «Die Wissenschaften vom Künstlichen», 1990, S. 65, zitiert nach: Gigerenzer, «Bauchentscheidungen», S. 84 f

[29] Gigerenzer: «Bauchentscheidungen», S. 84

[30] Nachzulesen in: «The Abilene Paradox and other Meditations on Management», 1988

[31] Eigene Übersetzung des Zitats aus: en.wikipedia.org/wiki/Abilene_paradox

[32] Gigerenzer: «Bauchentscheidungen», S. 203

[33] Gigerenzer: «Bauchentscheidungen», S. 193

[34] Florian Rötzer: «Das Böse steckt im System», Telepolis vom 27. November 2004

[35] www.spiegel.de/spiegel/0,1518,719873,00.html

[36] In der Frankfurter Allgemeinen Zeitung vom 18. März 2010, S. 29

[37] «The Net Delusion: The Dark Side of Internet Freedom», 2011

[38] Frankfurter Allgemeine Zeitung vom 26. August 2010, S. 13

[39] www.freakonomics.com

[40] So der englische Untertitel des ersten Bandes: «Freakonomics: A Rogue Economist Explores the Hidden Side of Everything», 2005

[41] www.freakonomics.com/2010/06/08/what-car-thieves-think-of-the-club/

[42] Paul Watzlawick: «Vom Schlechten des Guten oder Hekates Lösungen», 1986, S. 24

[43] Interview mit Uniprisma. Das Wissenschaftsmagazin der Universität Koblenz-Landau, 2009, S. 15

[44] Watzlawick: «Vom Schlechten», S. 24 f

[45] Watzlawick: «Vom Schlechten», S. 7 f

[46] Watzlawick ist sich der Problematik dieses Begriffs natürlich bewußt. Er schreibt dazu: «Der Ausdruck Endlösung dagegen ist in seiner schaurigen Bedeutung nur uns älteren Europäern noch unmittelbar bekannt», «Vom Schlechten», S. 3

[47] Deutsch: «Anleitung zur Unzufriedenheit: Warum weniger glücklicher macht», 2004

[48] Aus einem Interview mit dem Titel «Die Last der grossen Auswahl», das Daniel Weber mit Schwartz führte, in: Neue Zürcher Zeitung, Folio, Nr. 3, 2009

[49] Gigerenzer: «Bauchentscheidungen», S. 40

[ANMERKUNGEN]

50 Fritz B. Simon: «Meine Psychose, mein Fahrrad und ich. Zur Selbstorganisation der Verrücktheit», 2009, S. 246

51 Seung Ki Baek, Petter Minnhagen, Sebastian Bernhardsson, Kweon Choi, Beom Jun Kim: «Flow Improvement Caused by Agents Who Ignore Traffic Rules», 2009, in: Physical Review E, Bd. 80, Ausgabe 1

52 mitnicksecurity.com

Verführerische Störungen

1 C. M. Mills, F. C. Keil: «Knowing the Limits of One's Understanding: The Development of an Awareness of an Illusion of Explanatory Depth», 2004, Journal of Experimental Child Psychology, Bd. 87, Ausgabe 1, S. 1–32

2 Dominique Gosselin, Sylvain Gagnon, Arne Stinchcombe, Mélanie Joanisse: «Accident Analysis & Prevention», 2010, Bd. 42, Ausgabe 2

3 Zeit Wissen vom 2. Februar 2005, Autorin: Andrea Schuhmacher

4 Der Artikel erschien im Magazin New York vom 4. Juli 2010.

5 Zitiert nach der synchronisierten Fassung des Films «Invictus – Unbezwungen» (2009). Die Synchronfassung stammt von der FFS Film- & Fernseh-Synchron GmbH, Berlin; der Übersetzer war trotz intensiven Bemühens nicht zu eruieren.

6 Martin J. Binser; Friedrich Försterling: «Paradoxe Auswirkungen von Lob und Tadel: Personale und situative Moderatoren», 2004, in: Zeitschrift für Entwicklungspsychologie und Pädagogische Psychologie, S. 182–189

7 Simon: «Meine Psychose», 2009, S. 29 f

8 Thomas Buchholz; Anke Gebel-Schürenberg; Peter Nydahl; Ansgar Schürenberg: «Der Körper: eine unförmige Masse. Wege zur Habituationsprophylaxe», in: Die Schwester Der Pfleger, 37. Jahrgang, 7/98, S. 568–572

9 Simon: «Meine Psychose», S. 128

10 Milton H. Erickson, Ernest L. Rossi: «Hypnotherapie. Aufbau, Beispiele, Forschungen», 2010, S. 57

11 Paul Watzlawick, Janet H. Beavin, Don D. Jackson: «Menschliche Kommunikation. Formen, Störungen, Paradoxien», 2000, S. 135 ff

12 Simon: «Meine Psychose», S. 87

13 Simon: «Meine Psychose», S. 86

14 Es gibt natürlich Momente, in denen sich dieser Mainstream in eine reißende Strömung verwandelt, die uns verschlingt wie zum Beispiel bei Massenpaniken – ich gehe darauf im Kapitel «Paradoxe Verhältnisse» näher ein.

15 So lautet der Titel eines Buchs von James Surowiecki, das den Untertitel trägt «Warum Gruppen klüger sind als Einzelne und wie wir das kollektive Wissen für unser wirtschaftliches, soziales und politisches Handeln nutzen können», 2005.

16 Jan Lorenz, Heiko Rauhut, Frank Schweitzer, Dirk Helbing: «How social influence can undermine the wisdom of crowd effect», 2011, in:

Proceedings of the National Academy of Sciences, S. 5

[17] Frankfurter Allgemeine Sonntagszeitung vom 26. Dezember 2010, S. 45, Autorin des Textes ist Elaine Lipworth.

[18] www.blaghag.com/2010/04/in-name-of-science-i-offer-my-boobs.html

[19] Stand: Mai 2011; www.facebook.com/pages/Boob-quake/115608248460905

[20] en.wikipedia.org/wiki/Boobquake

[21] vgl. Frankfurter Allgemeine Zeitung vom 25. Juni 2010, S. 32

[22] Juliano Laran, Amy N. Dalton, Eduardo B. Andrade: «The Curious Case of Behavioral Backlash: Why Brands Produce Priming Effects and Slogans Produce Reverse Priming Effects», 2011, Journal of Consumer Research, Jahrgang 37

[23] Walter Moers: «Ensel und Krete. Ein Märchen aus Zamonien von Hildegunst von Mythenmetz», 2002, S. 142 f

[24] Das Interview erschien unter dem Titel «Zu dick, zu blond, zu blöd», Der Spiegel, Ausgabe 49/1999, S. 160 ff

[25] und zwar am 27. September 2009

[26] am 19. Februar 2011 von sportschau.de

[27] Hans-Joachim Schade: «Das Handbuch zur Selbstzahlerpraxis. Gesetzliche Voraussetzungen – Praxisstruktur – Abrechnung – Leistungsbereiche», 1999

[28] www.igelarzt.de/01/0101/meld58.html

[29] Christian Weymayr: «Ich hätte da was für Sie», in: brandeins, 06/2008, S. 132 f

[30] «MiniMax-Interventionen: 15 minimale Interventionen mit maximaler Wirkung», 2009, S. 44 f

[31] Gerald R. Weeks, Luciano L'Abate: «Paradoxe Psychotherapie», 1985, S. 87

[32] Matthias Varga von Kibéd, Insa Sparrer: «Ganz im Gegenteil. Tetralemmaarbeit und andere Grundformen Systemischer Strukturaufstellungen – für Querdenker und solche, die es werden wollen», 2009, S. 90

Doppelte Botschaften

[1] www.cumbria.ac.uk/AboutUs/Subjects/ScienceNaturalResources/Meetthestaff/DrBillySinclair.aspx

[2] Simon: «Meine Psychose», S. 101

[3] Berliner Zeitung vom 16. März 2011

[4] Michael Lewis: «Wall Street Poker. Insider-Story über die skrupellosen Machenschaften an der Börse», 1990, S. 9 f

[5] Frankfurter Allgemeine Sonntagszeitung vom 9. Mai 2010, S. 25

[6] Äußerung vom 9. Juni 2005, zitiert nach: www.stern.de/kultur/buecher/reich-ranicki-biografie-kritiker-leben-gefaehrlich-541536.html

[7] Paul Watzlawick, Janet H. Beavin, Don D. Jackson: «Menschliche Kommunikation. Formen, Störungen, Paradoxien», 2000, S. 121

[8] Ausgabe 07/2010

[9] in: Der Nervenarzt, 2002, Ausgabe 73, Nr. 1, S. 41–49

[10] So Hegerl und Ziegler, «Der Werther-Effekt». Der Titel von D. P. Phillips' Aufsatz lautet: «The Influence of Suggestion on Suicide: Substantive and Theoretical Implications of the Werther Effect».

[11] So seine Äußerung in einem Gespräch mit *Deutschlandradio Kultur*, das am ersten Jahrestag des Amoklaufs von Winnenden am 11. März 2010 ausgestrahlt wurde.

[12] Brief vom 24. Februar 2011, www.wirsindhelden.de/ 2011/02/1069/

Geheime Versprechen

[1] Erschienen am 17. Januar 2011 von Hilmar Schmundt: www.spiegel.de/ spiegel/0,1518,739726,00.html

[2] «Annals of Gullibility: Why We Get Duped and How to Avoid It», 2008

[3] N. Axmacher, M. X. Cohen, J. Fell, S. Haupt, M. Dümpelmann, C. E. Elger, T. E. Schlaepfer, D. Lenartz, V. Sturm, C. Ranganath: «Intracranial EEG Correlates of Expectancy and Memory Formation in the Human Hippocampus and Nucleus Accumbens», 2010, Neuron. Siehe auch: www.ukb.uni-bonn.de/ 42256BC8002AF3E7/vwWebPages ByID/2A4A30671B62DE3BC12576D 60042DE67

[4] Joachim Müller-Jung: «Warum wir nicht lassen, was uns allen doch schadet», in: *Frankfurter Allgemeine Zeitung* vom 31. März 2010, S. N1

[5] www.mckinsey.de/html/karriere/ ihr_einstieg/experienced_hire/ experienced_hire.asp

[6] Horst Siebert: «Der Kobra-Effekt: Wie man Irrwege der Wirtschafts- politik vermeidet», 2001, S. 11

[7] «Global 50 Remuneration Planning Report», www.watsonwyatt.com/ render.asp?id=20263&catid=1

[8] Randall Fitzgerald: «When Government Goes Private: Successful Alternatives to Public Services», 1988; zitiert nach: www. thefreemanonline.org/columns/ the-failures-and-fallacies-of- foreign-aid/

[9] am 10. März 2010 in der *Frankfurter Allgemeinen Zeitung* auf S. N5

[10] In der Ausgabe 35/2010; in einem Artikel beschäftigt sich Mathias Binswanger mit dem Thema «Der sinnlose Wettbewerb: Im Gesund- heitsbereich, in Bildung und Wissenschaft werden jede Menge künstliche Wettbewerbe inszeniert. Höchste Zeit zur Umkehr».

[11] In einem Artikel für die *Frankfurter Allgemeine Zeitung* vom 30. April 2010 mit dem Titel «Was soll nur aus unseren Gehirnen werden?»

[12] www.tagesanzeiger.ch/ausland/ naher-osten-und-afrika/Frauen- duerfen-keine-Buestenhalter-mehr- tragen/story/29091742/print.html

[13] news.bbc.co.uk/2/hi/south_ asia/3392809.stm

[14] Mit dem Titel «Wirtschaftskrimina- lität 2009. Sicherheitslage in deutschen Großunternehmen», verfaßt von Claudia Nestler (PwC), Steffen Salvenmoser (PwC) und Kai-D. Bussmann von der Martin- Luther-Universität Halle-Witten- berg

[ANMERKUNGEN]

15 Renate Daimler, Insa Sparrer, Matthias Varga von Kibéd: «Basics der Systemischen Strukturaufstellungen. Eine Anleitung für Einsteiger und Fortgeschrittene», 2008, S. 147

16 NZZ *am Sonntag* vom 26. Oktober 2003, die Autorin ist Birgit Schmid.

17 Dietmar Stiemerling: «Wenn Paare sich nicht trennen können», 2006, S. 117 f

18 NZZ *am Sonntag* vom 26. Oktober 2003

19 Das Zitat stammt aus Gottfried Kellers Novellenzyklus «Die Leute von Seldwyla», Bd. 1, 1856.

20 Und zwar im Jahr 1996; das Interview habe ich selbst geführt, es trägt den Titel «Straßenverkehr: mehr Sicherheit durch Lob. Wie man einen Haufen verwahrloster Raser im Straßenverkehr zur Räson bringen könnte».

Paradoxe Verhältnisse

1 So steht es im Waschzettel zum Buch: Raj Patel: «The Value of Nothing: How to reshape market society and redefine democracy», 2009; deutsch: «The Value of Nothing – Was kostet die Welt?», 2010.

2 www.colbertnation.com/the-colbert-report-videos/261500/january-12-2010/raj-patel

3 www.nytimes.com/2010/02/05/us/05sfmetro.html

4 www.colbertnation.com/the-colbert-report-videos/267526/march-15-2010/i-can-t-believe-it-s-not-buddha---raj-patel

5 19. August 2010, www.nytimes.com/2010/08/20/us/20bcjames.html?_r=1&scp=4&sq=raj%20patel&st=cse

6 Ihm verdanke ich meinen «Dr.». Der Titel meiner Dissertation: «Zur Genese der Abstraktion. Piet Mondrian und seine Beziehung zur Theosophie», 1988, Universität Graz

7 Diese orientierte sich, einem eigenartigen Zufall folgend, ebenfalls stark an der Theosophie, die den Mitgliedern von Share International als Basis ihres Glaubens dient.

8 Piet Mondrian: «Die neue Gestaltung (Das Generalprinzip gleichgewichtiger Gestaltung)», 1920, in: Piet Mondrian: «Bauhausbücher», Nr. 5, 1924, S. 28.

9 Nelly van Doesburg: «Some memories of Mondrian», in: Ausstellungskatalog zu «Piet Mondrian. Centennial Exhibition», S. R. Guggenheim Museum, New York, 1971, S. 70

10 So zum Beispiel in der *Neuen Zürcher Zeitung am Sonntag* vom 25. März 2007 unter dem Titel «Sich selbst zu finden, reicht nicht»

11 Sigmund Freud: «Das Unbehagen in der Kultur», in: «Werkausgabe in zwei Bänden», Bd. 2, 2006, S. 415

12 Stand: Juni 2011

13 zitiert nach: www.stern.de/panorama/psychiatrisches-gutachten-ueber-kachelmann-vielschichtiger-mann-mit-widerspruechlichen-trieben-1681745.html sowie der *Frankfurter*

Allgemeinen Zeitung vom 1. Juni 2011, S. 29

14 Antonio R. Damasio: «Ich fühle, also bin ich. Die Entschlüsselung des Bewusstseins», 2002, S. 63 f

15 Roth: «Aus der Sicht des Gehirns», S. 151

16 Die Studie wurde 2008 an den drei britischen Universitäten Greenwich, Ulster und Liverpool durchgeführt, vgl. *Frankfurter Allgemeine Zeitung* vom 10. September 2008, S. 9.

17 «Extreme Fear: The Science of Your Mind in Danger», 2010

18 «When Crowds Panic», in: www. freakonomics.com/2010/08/03/when-crowds-panic/

19 https://www.cia.gov/library/center-for-the-study-of-intelligence/csi-publications/books-and-monographs/analytic-culture-in-the-u-s-intelligence-community/chapter_5_methodologists.htm

20 Damasio: «Ich fühle, also bin ich», S. 360 f

21 Paul Watzlawick: «Menschliche Kommunikation», S. 121

22 Watzlawick: «Menschliche Kommunikation», S. 120

23 Watzlawick: «Menschliche Kommunikation», S. 122

24 Simon: «Meine Psychose», 2009, S. 273

25 «Eine Frage noch. Sich melden», *Frankfurter Allgemeine Zeitung* vom 8. Dezember 2010, S. N3

26 So wird Stockdale vom Unternehmensberater James C. Collins in seinem Buch «Good to Great» 2001 zitiert; von Collins stammt auch der Begriff «Stockdale Paradox».

27 Simon, «Meine Psychose», S. 269 f

28 Watzlawick: «Menschliche Kommunikation», S. 196

29 Simon: «Meine Psychose», S. 140

30 Watzlawick: «Menschliche Kommunikation», S. 201

31 Watzlawick: «Menschliche Kommunikation», S. 201

32 in: «Die Tante Jolesch oder Der Untergang des Abendlandes in Anekdoten», 1995, S. 165

33 Gerald R. Weeks, Luciano L'Abate: «Paradoxe Psychotherapie», 1985, S. 22

34 Paul Watzlawick: «Anleitung zum Unglücklichsein», 2004, S. 10

35 Watzlawick: «Anleitung», S. 12

36 «Wie schrumpft man Städte?», in: *Zeit* vom 27. Oktober 2009

37 Watzlawick, «Menschliche Kommunikation», S. 225

38 Viele der Anregungen für konkrete paradoxe Interventionen verdanke ich den beiden bereits erwähnten Psychologen Weeks und L'Abate.

39 Interview mit dem SZ-Magazin vom 23. Juli 2010

Gekonntes Nichtstun

1 vgl. stern.de, 30. Oktober 2006

2 *Berliner Zeitung* vom 28. Januar 2011

3 taz.de, 28. Dezember 2010

4 *Frankfurter Allgemeine Zeitung* vom 2. Mai 2010

5 *Frankfurter Allgemeine Zeitung* vom 24. März 2011, S. 31; wer das Urteil nachlesen will, kann das online tun unter: www.nysd.uscourts.gov/cases.php

6   Ausgabe vom 30. Januar 2007

7   vgl. Simon: «Meine Psychose», S. 207

8   «Do you want to spend the rest of
    your life selling sugared water or do
    you want a chance to change the
    world?»

9   Interview vom 14. Oktober 2010,
    www.cultofmac.com/john-sculley-
    the-secrets-of-steve-jobs-success-
    exclusive-interview/21572

10 Weil das eine so weitreichende
    Erkenntnis darstellt, hier das Zitat
    im Original: «What makes Steve's
    methodology different from
    everyone else's is that he always
    believed the most important
    decisions you make are not the
    things you do – but the things that
    you decide not to do.»

11 «I remember going into Steve's
    house and he had almost no
    furniture in it. He just had a picture
    of Einstein, whom he admired
    greatly, and he had a Tiffany lamp
    and a chair and a bed. He just didn't
    believe in having lots of things
    around but he was incredibly careful
    in what he selected. The same thing
    was true with Apple.»

12 vgl. *Frankfurter Allgemeine Zeitung*
    vom 8. September 2010, S. N3

13 Tatjana Hörnle: «Die Obliegenheit,
    sich selbst zu schützen, und ihre
    Bedeutung für das Strafrecht», in:
    Goltdammer's Archiv für Strafrecht,
    2009, Vol. 156, Nr. 11, S. 626–635

14 «The Experience of Regret: What,
    When, and Why», in: *Psychological
    Review*, 1995, Vol. 102, Nr. 2,
    S. 379–395

15 *Neue Zürcher Zeitung* vom 16. Dezem-
    ber 2009

16 «Varieties of Regret: A Debate and
    Partial Resolution», in: *Psychological
    Review*, 1998, Vol. 105, Nr. 3,
    S. 602–605

17 Christopher J. Anderson: «The
    Psychology of Doing Nothing:
    Forms of Decision Avoidance Result
    From Reason and Emotion», in:
    Psychological Bulletin, Vol. 129, Nr. 1,
    S. 139–167

18 Orit E. Tykocinski, Thane S. Pittman,
    Erin E. Tuttle: «Inaction Inertia:
    Foregoing Future Benefits as a
    Result of an Initial Failure to Act»,
    in: *Journal of Personality and Social
    Psychology*, 1995, Vol. 68, Nr. 5,
    S. 793–803

19 *Zeit*, 25/2000: «Der große
    Kompromiss», Interview mit
    Christian Ankowitsch

20 Ich beziehe mich in der nachfolgen-
    den Darstellung des Falles stark auf
    den Artikel «Stanislaw Petrow und
    das Geheimnis des roten Knopfs»
    von Markus Kompa, erschienen in:
    Telepolis vom 20. Juni 2009

21 Markus Kompa, in: *Telepolis* vom
    20. Juni 2009

22 Harald Willenbrock: «Reden ist
    Silber, Schweigen ist Gold»,
    Ausgabe 09/2009

23 Paul Watzlawick, Janet H. Beavin,
    Don D. Jackson: «Menschliche
    Kommunikation. Formen,
    Störungen, Paradoxien», 2000, S. 51

24 *Frankfurter Allgemeine Zeitung* vom
    20. September 2010

25 *Frankfurter Allgemeine Zeitung* vom
    13. Juli 2011, S. 3

[ANMERKUNGEN]

26 Sie wurde 2009 veröffentlicht und trägt den Titel «Städtebauliche Planungsverfahren Ortskern Bohmte im Rahmen des EU-Projektes Shared Space», erstellt von LOGIS.NET, dem Institut für Verkehr und Logistik der Regionalen Innovationsstrategie (RIS) Weser-Ems in der Science to Business GmbH – Hochschule Osnabrück

27 Nachruf auf Leslie Nielsen in der *Frankfurter Allgemeinen Zeitung* vom 29. November 2010

28 http://www.theofficialcharts.com/

29 catm.co.uk

30 wie auf YouTube zu sehen: http://www.youtube.com/watch?v=yBWhNLbdQto

Hilfreiche Neins

1 Im Original war die Frage auf englisch formuliert und lautete: «When the son of man comes, will he find faith on the earth?» Die Frage stammt aus dem Lukasevangelium, Kapitel 18, Vers 8, zitiert nach der Luther-Bibel, 1984.

2 www.guardian.co.uk/commentisfree/2008/jun/20/transport.religion

3 de.wikipedia.org/w/index.php?title=Datei:Ariane_Sherine_and_Richard_Dawkins_at_the_Atheist_Bus_Campaign_launch.jpg&filetimestamp=20 090 127 065 528

4 www.buskampagne.de

5 www.freakonomics.com/2007/08/02/cut-god-some-slack/

6 Die Formulierung «wahrscheinlich» ist ja, wie erwähnt, den positiven Erfahrungen der Bierbrauerei Carlsberg geschuldet. Der war es mit Hilfe dieser kleinen Einschränkung gelungen, in ihrer Werbekampagne zu behaupten, sie stelle das weltbeste Bier her; solche absoluten Feststellungen sind normalerweise verboten, es sei denn, man relativiert sie augenzwinkernd durch ein «wahrscheinlich». Genau so ging Ariane Sherine vor, die eigentlich hatte sagen wollen, daß es keinen Gott gibt. Dawkins reichte noch eine zweite Erklärung für die Verwendung des Begriffs «wahrscheinlich» nach: Da man wissenschaftlich nicht beweisen könne, daß Gott existiere, sei es auch nicht möglich, ihn mit letzter Wahrscheinlichkeit wissenschaftlich auszuschließen. «Atheisten glauben nicht; und Vernunft allein kann niemanden antreiben, restlos davon überzeugt zu sein, dass irgendetwas definitiv nicht existiert», www.guardian.co.uk/commentisfree/2008/oct/23/atheist-bus-campaign-ariane-sherine?INTCMP=ILCNETTXT3487.

7 Simon: «Meine Psychose», S. 172

8 An die Zeit vor dem vierten Lebensjahr haben wir keine Erinnerungen; wir leiden an der klassischen «infantilen Amnesie», also an kindlichem Gedächtnisschwund.

9 www.zeugnisdeutsch.de/arbeitszeugnis/geheimcodes.php

[10] unter anderem hier: www.berlin.de/
rubrik/hauptstadt/geschichte/
kennedyrede.html

[11] de.wikisource.org/wiki/John_F._
Kennedy_-_Rede_vor_dem_
Rathaus_Schöneberg_am_26._
Juni_1963

[12] *Der Tagesspiegel* vom 7. August 2009

[13] *Frankfurter Allgemeine Zeitung* vom
8. April 2010, S. 35

[14] Barbara Kaup, Richard H. Yaxley,
Carol J. Madden, Rolf A. Zwaan,
Jana Lüdtke: «Experiential
simulations of negated text
information», 2007, *The Quarterly
Journal of Experimental Psychology*, 60,
S. 976–990

[15] Kaup: «Experiential simulations»,
S. 981

[16] Kaup: «Experiential simulations»,
S. 985

[17] Kaup: «Experiential simulations»,
S. 987

[18] So heißt es in § 56 des Rundfunk-
staatsvertrags.

[19] *Focus* vom 25. Oktober 2010, S. 161 ff

[20] Aufmerksamen Lesern wird
auffallen, daß ich sie schon einmal
verwendet habe, und zwar in
meinem letzten Buch «Dr. Ankowitschs Kleiner Seelenklempner»,
2009, S. 196 f – sie erscheint mir so
treffend, daß ich mir erlaubt habe,
sie nochmals zu verwenden.

[21] Max Borowski: «Kalifornien rüttelt
am globalen Drogenverbot», in:
Financial Times Deutschland vom
28. Oktober 2010, S. 13

[22] Jana Lüdtke: «Sprachpragmatische
Aspekte der Negationsverarbeitung:
Bestätigen und Zurückweisen mit

negativen Sätzen», 2008, Technische
Universität Berlin, S. 51

[23] Lüdtke: «Sprachpragmatische
Aspekte», 2008, S. 53

[24] Barbara Kaup, Jana Lüdtke, Rolf
A. Zwaan: «Processing Negated
Sentences With Contradictory
Predicates: Is a Door that is Not
Open Mentally Closed?», 2006, in:
Journal of Pragmatics, 38, S. 1033–1050

[25] «Sprachpragmatische Aspekte der
Negationsverarbeitung: Bestätigen
und Zurückweisen mit negativen
Sätzen», 2008, Technische
Universität Berlin, S. 30

[26] «Negative and Affirmative
Sentences Increase Activation in
Different Areas in the Brain», 2009,
in: *Journal of Neurolinguistics*, Vol. 22,
Ausgabe 1, S. 1–17

[27] Daniel T. Gilbert, Romin
W. Tafarodi, Patrick S. Malone: «You
Can't Not Believe Everything You
Read», 1993, in: *Journal of Personality
and Social Psychology*, Vol. 65,
Nummer 2, S. 221–233

[28] Daniel H. Wegner: «Innuendo and
damage to reputations», 1984, in:
Advances in Consumer Research, Vol. 11,
S. 694–696

[29] So zeigte Wegner in einer Studie
von 1980 sehr eindrucksvoll, wie
wenig Negationen dazu in der Lage
sind, eine Aussage ins Negative zu
wenden – wie schlecht wir also
damit beraten sind, sie zu verwenden, wenn wir einem Tatbestand
widersprechen wollen. So
konfrontierte Wegner seine
Versuchspersonen sowohl mit
affirmativen als auch negierten

[ANMERKUNGEN]

Aussagen – und zwar positiven und negativen Inhalts. Sie hörten Sätze wie «John gab einem älteren Menschen Geld» oder «Roy gab einem älteren Mann kein Geld», «Diane schlug ihren kleinen Bruder» oder «Jeannie schlug ihren kleinen Bruder nicht». Das Ergebnis war stets gleich: «Die Menschen gewannen immer den selben Eindruck von den erwähnten Personen», ob durch die affirmative oder die negierte Version der Innuendos.

30 Ian Skurnik, Carolyn Yoon, Denise C. Park, Norbert Schwarz: «How Warnings about False Claims Become Recommendations», 2005, in: *Journal of Consumer Research*, Bd. 31, S. 713–724

31 *Frankfurter Allgemeine Zeitung* vom 2. Dezember 2010, S. 35

32 Niels Lyhne ist die titelgebende Hauptfigur des 1880 erschienenen Romans von Jens Peter Jacobsen, dem der Vortrag von James Wood Ende 2010 in Berlin galt.

33 Detlef Linke: «Einsteins Doppelgänger. Das Gehirn und sein Ich», 2000, S. 118 f

34 *Der Spiegel* vom 19. Juni 2009

35 Im Original lautet das Zitat: «Unless your advertising contains a Big Idea, it will pass like a ship in the night.»

36 Simon: «Meine Psychose», S. 171 f

37 Simon: «Meine Psychose», S. 269

38 *The New York Times* vom 6. Dezember 2006, www.nytimes.com/2007/12/06/health/nutrition/06Best.html?pagewanted=2&_r=3&ref=health&a
dxnnlx=1197813606-T3Oh3EB HbGV5Yhn6kJqxjw

39 Doron Rabinovici: «Instanzen der Ohnmacht: Wien 1938–1945. Der Weg zum Judenrat», 2000. Darin schreibt der Autor über die jüdische Gemeinde im nazistischen Wien und über die Couplets des Kabarettisten Walter Lindenbaum.

40 Milton H. Erickson, Ernest L. Rossi: «Hypnotherapie. Aufbau, Beispiele, Forschungen», 2010, S. 57 f

41 zitiert nach: Juli Gudehus: «Das Lesikon der visuellen Kommunikation», 2010, S. 3000

42 www.spiegel.de/kultur/zwiebelfisch/0,1518,394969,00.html